- 本书系 2018 年度黑龙江省哲学社会科学研究规划项目"新时代背景下翻译中的文化自信与建构研究"；
- 黑龙江省教育厅教育科学规划课题"全球化背景下翻译教学中的文化建构研究，GJC1316123"；
- 牡丹江师范学院博士科研启动基金项目"翻译的文化介入研究"MNUB201708；
- 牡丹江师范学院 2016 年教改项目"应用型高校外语人才跨文化交际能力培养研究"16-JG18081；
- 牡丹江师范学院 2018 年教改项目"翻译专业'对分课堂'模式下的文化与文学类课程教学改革研究与实践"18-XJ20027；
- 牡丹江师范学院横向课题"日本王子制纸的产能调节及其海外业务政策研究"的阶段性成果。

U0653696

翻译与文化：
翻译中的文化建构

徐晓飞　房国铮　著

上海交通大学出版社
SHANGHAI JIAO TONG UNIVERSITY PRESS

内容提要

全书分十章。先探讨了翻译的社会属性、全球化与翻译的文化属性，其后对中西方的文化翻译理论进行了对比研究，并对翻译的距离进行了多元探析，之后对翻译与文化心理、文化间的交际与翻译进行了研讨，最后从翻译与文本的再创作、文化语言学与当代翻译教学、全球语境下基于文化自觉的现代翻译教学的微观探析以及当代翻译教学几点思考进行了实践性的总结与探讨。

本书是语言研究类专著，基于新时代的研究背景，从理论分析入手而后指导实践，对语言学习及相关领域的研究有很好的参考价值，本书适读性很好，也可供语言爱好者参阅学习。

图书在版编目（CIP）数据

翻译与文化：翻译中的文化建构 / 徐晓飞，房国铮

著 . -- 上海：上海交通大学出版社，2018

ISBN 978-7-313-20116-4

Ⅰ .①翻… Ⅱ .①徐… ②房… Ⅲ .①英语 – 翻译 –
文化研究 Ⅳ .① H315.9

中国版本图书馆 CIP 数据核字 (2018) 第 199981 号

翻译与文化：翻译中的文化建构

著　　者：	徐晓飞　房国铮			
出版发行：	上海交通大学出版社	地　　址：	上海市番禺路 951 号	
邮政编码：	200030	电　　话：	021-64071208	
出 版 人：	谈　毅			
印　　制：	定州启航印刷有限公司	经　　销：	全国新华书店	
开　　本：	710×1000mm　　1/16	印　　张：	12	
字　　数：	212 千字			
版　　次：	2018 年 9 月第 1 版	印　　次：	2018 年 9 月第 1 次印刷	
书　　号：	ISBN 978-7-313-20116-4/H			
定　　价：	49.00 元			

前　言

　　20世纪80年代，经济学家蒂尔德·莱维特提出了"全球化"的概念。现在，它已成为最热门的术语之一，代表着世界发展的趋势，在各个领域都具有重要意义。在此背景下，"对话"应是不同文化共处和交流最有效的方式和途径之一。文化既关联着世界各民族的现在，又联系着各民族的历史和未来。所以，研究和发展中国文化离不开历史源流，也离不开外国文化。而翻译是各民族文化交流的重要渠道，不论在外国文化的引进方面还是中华文化的输出方面，翻译都是重要的手段和媒介。在中国历史上，翻译一直是文化革新的先导，对中国社会文化转型发挥着重要作用。通过翻译，中国文化吸收了异域文化的养分得以发展，并与国际文化接轨，走出国门，丰富了世界文化元素。为了提高语言的接受性，达到语言间的无障碍流转，让中国文化走出去，并让西方文化更好地传进来，就需要在翻译研究中，加强翻译的文化意识，进一步确立文化观，进而在翻译文化观的指导下，在多元文化的语境下深化对翻译的研究，让语言可以实现跨文化沟通与交流。

　　跨文化翻译实质上是异质文化间的一种较量，要使翻译服务于自己的文化和人类文化，译者有必要树立这种文化自觉。对待跨文化翻译问题，我们要熟悉自己文化的过去、现在与未来，同时看到自己文化和世界其他民族文化之间的普遍和差异之处，也就是形成"文化自觉"。一方面，坚持自己的文化传统，通过翻译增强自己文化的转型能力；另一方面，通过翻译为世界文化多元化的和谐发展作出贡献。在跨文化翻译实践中，既要开放思想，尊重差异，坚持"和而不同"的原则，让翻译充当文化大使，促进世界文化多样性的和谐发展，又要坚持自我、更新自我，恰如罗新璋先生所言，只有立足本源，培其本根，才能更好地吸纳西学，触发新机。

　　笔者一直关注认知视角下英语教学的一些问题，发现要想达到良好的跨文化沟通，必须重视文化与心理语言的交流，落实到翻译中便是翻译中文化的构建。而目前国内对英语与文化的研究大多集中在英语教学上，本书结合笔者前期所研究的课题"全球化背景下翻译教学中的文化建构研究""全球化背景下翻译研究的文化转向"和在翻译《我们时代的神经症人格》时所遇到的问题，切实讨论了翻译过程中的文化接受性及翻译过程中的文化建构问题，是此方面鲜有的系统性论著。本书以翻译的基础理论为基点，对其进行了文化阐释，通过对翻译与文化、翻译与时代、翻译与意义的建构等方面中核心理论与问题的探讨，剖析了翻译中文化建构的重要性及迫切性。而后在理论研究的基础上指导实践，以翻译的文化建构为核心，对语义的文化诠释、文本的文化解读、文本的再创作等方面进行了透析，并提出了自己的见解，为英语学习者以及教研人员、译员等提供了一定启发，为其翻译之路提供了助益。同时，为切合目前翻译界文化转向的时代背景，本书从理论到实践，结合实际全方位对翻译与文化问题进行了探讨，对英语学习者、教研人员、语言爱好者及译员等都具有很好的学习及参考价值。

本书作者分工如下：本书共 10 章，其中牡丹江师范学院徐晓飞老师负责本书的整体的统筹和规划，并完成 1，4，5，9，10 章以及第 7 章 1，2 节的撰写工作，共 10.8 万字，牡丹江师范学院房国铮老师负责 2，3，6，8 章以及第 7 章 3 节的撰写工作，共 10.4 万字。

目 录

第一章　翻译的社会属性

第一节　何谓语言

从翻译理论家雅各布森（Roman Jakobson）对翻译的分类就能发现，翻译关乎语言，因为翻译要么在同一种语言之间发生，即语内翻译（intralingual translation），指在同一类型言语中用某些言语符号解释另一类言语符号，这就是人们通常认为的"变换说法"（rewording），要么在不同的语言之间发生，即语际翻译（interlingual translation），也就是两种语言之间的翻译，还可以说是用一种言语的符号去诠释另一种言语的符号，这就是人们通常所说的严格意义上的翻译。

第三种翻译是符际翻译（intersemiotic translation），它是指用非言语的符号系统去阐释言语符号，也可以指用言语符号去阐释非言语符号，如把旗语、手势变成言语传达（谭载喜，2004）。基于语言与翻译之间不可分割的关系，有必要在谈论翻译以前明确对语言的认识。在此，提出一个看似简单却不太好回答的问题：何谓语言？对于这个问题的回答是五花八门的。常人对这个问题的问答也许是，语言是什么？这还用说吗？我们每天说的话不就是语言吗？语言是用来表情达意的工具。在语言学家眼里，语言被看作是人类进行人际交往的一种随意的、口头语的符号系统。

首先，语言包括语音系统和意义系统。语言的任意性是指词汇与它们所代表的客观实体或抽象概念之间没有内在的、必然的联系。语言有口语性是因为语言的根本渠道是口语，文字只是辅助手段。语言有符号性是指语音或文字只是一种象征，本身没有实际价值，这是从另一个角度指出语言的任意性（刘润清，2002）。对于哲学家来说，语言是神赐予希腊人的礼物，代表和体现着神的至善至美。语言是一种理性，因为"理性的东西只是作为语言而存在的"（黑格尔，1960）。语言是存在的家，人便居住在这个家中（海德格尔）。语言是一种世界观（洪堡特）。语言是理解的普遍媒介，是一种基本的先见（伽达默尔）。语言是一种权力（布迪厄）。以下从三种不同的视角对语言观进行阐述：

第一，语言是一种神性；第二，语言是一种存在；第三，语言是一种工具，旨在为"语言观和翻译观"作铺垫，进而阐述语言观给翻译研究带来的启示。

一、语言是一种"神性"

通常对语言的理解如下：语言是人类特有的宝贵财富，是人类区别于动物交际系统的一种最抽象的概念，是人类劳动的结果。但是，如果翻开《圣经·创世纪》，似乎可以得出一条结论：语言是一种神性，因为世界是神说出来的。

神以"说"的语言形象出现，物在神说中出现：从第一天到第六天，世界万物在每天的神说中以其特有的顺序出现，并日渐完善，这就说明神说决定了客观世界的内在逻辑与外在的秩序性；在第七日没有出现神说，那是因为"神停止了他所有的创造工作，就寝了"。也就是说，神说是神做的工，言语与神、神意、神工是一样的，拥有登峰造极的影响力、感染力、驱动力。在《圣经》中，随处可见"神说""耶和华说""先知说"等字眼，一切的号召、明示、预测、警戒、律例、咒骂、惩罚、赞美等都是用语言来表达并实践的。正是有了语言的这种神性和威力，耶和华才变乱了人们的语言，使人们语言不通，导致巴别塔的建造半途而废。

在《圣经·约翰福音》中对"道成肉身"的描述如下。

When all things began, the Word already was. the word dwelt with god and what god was, the word was.

He was with God in the beginning... The Word became flesh and made his dwelling among us.

太初有道，道与神同在，道就是神。这道太初与神同在……道成了肉身，住在我们中间。

——（《圣经》，1997）

很显然，"Word"在这里并不是"词语、言语"的意思，这里特指基督教里的福音。在古希腊语中，大写的"Word"指"逻各斯"（logos），表示言语的能力和理性的能力（卡西尔，1988）。由此，这就可以很好地理解上文了：万物因神说而存在，神即是 Word，神通过说而拥有 Word，道便成了肉身。语言是一种超自然的神力，所以语言不是人创造的，语言的本性就是思维的逻辑性，人因为拥有了语言才拥有了思维的逻辑性和系统性。因此，"语言在某种意义上构成了人类所有理智活动的基础，它向人类展示了一种新颖的方式，借此可逐渐对客观世界作全新的概念诠释。语言使我们第一次走进客观性的大门，它就像是开启概念世界理解之门的钥匙"（卡西尔，1988）。人们正是借助语言这种能量，才能够成功地建构和组织起一个知觉、概念、直观的世界。在这个意义上，语言所具有的就不仅是再现性特征，还具有创造性和建构性的特征和价值。

这种对语言的认识应该是古代西方人的共识，正因为如此，柏拉图（Plato）以神本思想为出发点，提出了诗人神性说，把诗人看作神的代言人，即灵感神授者。他给出了"迷狂""灵魂回忆""灵感神授"等概念，概括了诗人神性说，说出了浪漫主义的心声。古希腊人身处一个他们自己认为是人神一家的社会。在他们的心目中，所有奇迹的发生都是有了神的意志或神的参与才实现的，所以人类初期的诗人几乎都相信诗的灵感来源于神明的启示。伟大的诗人荷马（Homer）在史诗"序曲"中就号召诗神缪斯，请求神赋予诗人灵感。另一位著名的诗人赫西奥德（Hesiod）在《神谱》的"序曲"中也谈到他在赫里岗（Helicon）山上放羊时诗神教他歌唱。在希腊文中，"灵感"一词原意为"神来附体""神灵感发"，含有"神助""神启"等意义。柏拉图借鉴希腊文化中的"灵感说"，阐释了灵感的来源以及灵感在诗人创作中的作用和体现的状态。柏拉图提出灵感的动力是诗神。所谓的灵感，就是诗神凭附后的神力驱遣。灵感来源于神，诗人仅仅是接受恩赐，并负责传递神的启示。"这些高雅的诗歌从根本上看不是人的而是神的，不是人的创作而是神的指示；诗人只是神的传达者，有了神的庇佑，最普通的诗人也会唱出最美妙的诗歌。"（柏拉图，1963）柏拉图认为，"诗人是一种长着飘逸的羽翼的神明的物种，得不到灵感，又没有失去平常理智而陷入迷狂，就没有能力去创造，就不能作诗或代神传话"。因为有了神附，古希腊时期的诗人是神的代言人，像神一样，有着全知全能的视角，是真理的见证者，担负着为芸芸众生寻求归宿的使命（刁克利，2006）。神借着诗人之口，说出了真理、理性和逻辑，诗人的诗歌传递的仍然是"神说"。

"语言神性说"发展到 19 世纪，在本雅明（Benjamin）这里演变成了"纯语言"理论。本雅明强调语言是最高的知识模式，它集本体和认识、知识和信仰、科学和艺术于一体。他主要从语言与犹太教的关系角度，根据《创世纪》的前几章来讨论语言的性质。在他的语言观中假设了三种语言：上帝的语言、人类的语言和物体的语言。纯语言就是上帝的语言，是伊甸园里的语言，这种原初的语言是完美的、尚未分化的知识，由于亚当与夏娃的原罪，伊甸园里的语言堕落成多种语言（人的语言和物的语言），语言也因此失去了其纯洁性。人类进入世俗社会，语言就丧失了自己神圣的光环和发展潜能，堕落为随意的符号语言。随着伊甸园的失去，"此后，语言的多样性再次将所有知识作了无限的区分，事实上，名称中的创造作为一个较低层次上的符号已经被迫将自身驱赶出去"（陈永国，1999）。也就是说，从失乐园开始，诗意的纯语言就丧失了，语言成为表达其他物质的媒介，这在本雅明看来是语言的退化。另一学者埃柯（Eco）在《完美语言的追寻》中也讲述了一种和纯语言相似的完美语言："有一种完美语言，能够没有歧义地表达一切必然事物和一切非必然概念的本质，哲学家、神学家、神秘主义者已经拥有这种思想两千余年了。从黑暗世界到文艺复兴，所有人都认为伊甸园中所说的语言是完美语言，人类理解存在的真义就在于这种本真的语言能否再度存活。"

这种完美语言概念在语言学家乔姆斯基（Chomsky）的转换生成语法中也有一定的体现。乔氏在研究中发现：尽管一个五六岁的儿童智力还不是很发达，但是他可以完全掌握母语；尽管儿童在五六年内接触的话语是有限的，但是他学到的句子却是无限的；尽管每个孩子的生活环境千差万别，但是在物质和精神上得到的经验的差别都不会影响孩子对母语的习得。因此，乔姆斯基认为儿童天生有一种学习语言的潜力，语言经验与语言潜能两者之间有着不相等的状态，语言潜能在人的语言习得过程中发挥的作用要比语言经验大得多。而在人脑中存在着一个语言的初级阶段，所以拥有这样的潜能，这是一个共同的形式，也就是普遍语法。这是一种超越时空与个体的语言系统，它也决定了人类语言的基本形式，人们因为遗传基因而拥有它，从而储备了天生的语言潜力和语言知识，这样，人的语言行为就必须被它控制与支配（乔姆斯基，1992）。乔姆斯基的转换生成语法强调语言的普遍性（linguistic universals）。他认为，尽管各种语言在表层结构（surface structure）上有各种不同的表现形式，但是它们的深层结构（deep structure）都是非常相似的，而相似的语言深层结构是语言的本质和普遍规律，乔姆斯基所要追求的语言本质就是那个永远存在的先在。

二、语言是一种存在

德国哲学家海德格尔（Heidegger）的著名论断"语言是存在的家园"是广为人知的。引起他注意的是哲学层面上的语言，即存在论的语言和自然的语言，也就是被他称为"道说"的语言。海德格尔对"逻各斯"一词的根源进行查究，他提出"逻各斯"的本义应该是"言谈"或"言说"，是"把谈话时话题所涉猎的东西公布给大家，是让人看其中一些东西，让人看言谈所涉猎的东西。在谈话中，谈话的话题来自谈话所涉猎的东西（海德格尔，1987）。海德格尔经常重复这样的观点："因为人能从属于说而听从说，从而能够照着说而说一个个的词，所以能够说话。"海德格尔试图告诉我们，"人说"是为了应和"道说"。因此，他把人与自然的主客体关系进行了转换，人的言说唯有遵从"道说"才是本真。也就是说，并非语言属于人，而是人归属语言。海德格尔反对传统哲学中主客体的观点，把"语言"同"人"分开，"栖息在语言筑造的家中"，并且任命"诗人和思者"承担起守护"这一家园"的重任。海德格尔否定了人们长期持有的观点：人具有语言潜能。他说："有一种保守的观点认为，人天生就是会说话的动物，是掌握语言的动物，并且语言潜力远远超出了其他一切人拥有的能力。说话能力展示着人之所以为人的特征。"海德格尔认为，语言是让艺术作品拥有生命的最基本的东西，是一种"道说"，是拥有着步入敞开领域的先决条件的，"只有语言才能让存在者作为存在者步入敞开领域里去。在没有语言的环境中，如在物体、植物和动物的存在中就找不到存在者敞开性的痕迹，所以也没有非存在者和虚空的敞开性的痕迹"（Heidegger，1993）。艺术作品被认为是诗，诗是筹划者的言辞，"在这种道说中，一个历史性民族的根本的概念，也就是它的世界历史的归属性概念，早已经被赋形了"（Heidegger，1993）。因此，诗也被称为初级语言。无论中国的《诗经》还是古希腊的《荷马史诗》，全部民族在诗歌中都占据自己的"灵魂"和"存在"。诗人对这种存在的召唤给予回答，通过诗人的命名存在，所以诗人是"真理"的制造者。"存在之所以为存在就在于它穿越了本身的区域，而这个区域被标记了，是因为存在是在词语中形成它的本质。语言是存在的外部表现形态——存在的宝地，也就是说，语言是存在的区域。语言的本质既不能穷尽，也绝对不是某些符号或密码。因为存在的宝地是语言，所以我们能够通过语言不断地穿梭在这片宝地上。"（Heidegger，1975）

蔡新乐教授在《翻译与汉语》一书中对翻译中的汉语使用状况进行了分析，他指出就近代以来的中西方文化交流来看，从萌芽之初就有了一边倒的"大倾斜"趋势。近百年来，中国一味崇拜西方文化，而西方对中国文化的态度却很冷漠。这个时代是西方文化当令的时代，人们一切皆以西方为标准，翻译中的体现则是对汉语的"政治化与丑化""低俗化与野蛮化"。他认为，这种状况在翻译教材中表现得最为明显的是"文本对汉语的任何意义上的规则、程序或格式的无所顾忌"。如果教材编写者的语感不断丧失，学习教材的学生的语感就会发生重大的变化，最终不再能保持这种语感的特有的检验错误、发现问题的能力。这一"发现"是让人震惊的。原因是，假若学习英语的人已经不再对自己的母语具备基本的语言感受力，这是不是在暗示这种语言正在消亡的途中呢？对此，蔡教授发出质问：既然"语言是人的家园"，那么汉语还能称得上是这样的"家园"，这样的精神寄托之地，这样的安身立命之所吗？也许，我们越是远离文化资源，汉语受到的损害也就越大。这些不合格的、不能加以模仿的译文，如果被当作范本让学生进行学习，那么这些学生究竟是在学习，还是在进一步做民族语言的"掘墓人"？他指出，在一味学习西方的过程中，中华文化已经被埋葬了几千年，所以在一个世纪后，我们尝到了这种慢性文化自杀的恶果，21 世纪人类还将面临更严重的灾难，我们渐渐忘记了自己的文化，也难以在 21 世纪找出一个有代表性的中国大诗人。中文的衰落还体现在一些悲剧性的历史变迁中，如努力将文字拉丁化，简化汉字，以及将汉字拼音化这些都体现了中华民族在文字之中的文化寄托的消亡，也失去了让人流连忘返的美学情趣。"换句话说，那个改变成可以容纳（文化）回归的所在的文字之中的文化家园已经不存在。在文字就快要变成一种纯粹的书写工具的情况下，就会陷入对自己的家园越来越无法'留恋'的恶性循环。"（蔡新乐，2006）

　　语言是一种存在的观点，在 18 世纪德国哲学家洪堡的思想中可以窥见其类似表现，洪堡提出任何语言都内含着一种特别的世界观，就像一些存在于事物和人之间的音，整个语言也存在于人和那些内部与外部对人有影响的自然之间。也可以说，完全是语言在引导人们的生活。语言出自人类自身，而人类通过相同的行为也把自己装在语言之中。每一种语言都在统治它的民族周围设下一道屏障，一个人只有穿过另一种语言的屏障并进入里面，才有机会跨越母语屏障的束缚。因此，也可以说，掌握一门外语就标志着在已经成形的世界观领域里占据了一个新的立足点。从某个角度来说，这就是事实，因为一些人类团体的概念和思维方式的完整体系都内含在某种语言中。人们之所以没有清楚地认识到掌握外语的重要性，就在于人们常常习惯把自己本身的世界观或者语言观注入某种陌生的语言（姚小平，1995）。综上所述，语言是一个介于人与自然之间的奇特的世界，从某种程度上说，人只有通过语言的世界，才能了解自然的世界，语言成为约束人的认识活动的认知手段。

　　国内学者潘文国教授认为，语言是一种世界观，主要表现在以下三个部分。

　　（1）不同意义体系和民族的概念通过语言体现出来。人类所认识的世界并不与现实世界的客观存在完全契合。这种不同通过对事物的命名体现出来。比如，被中国人称为"北斗星"的星座被西方人称为"大熊星座"。从某种程度上说，人们用语言架构的概念体系里包裹着世界。就像洪堡特所言，任何概念都是依附语言存在的，同样，我们的心灵也会因为丧失语言而不再有任何对象，因为就心灵而言，任何一个外在的对象要想获得真实的存在就必须通过概念才能成形。也就是说，个人更多的是通过语言而达到世界观。

（2）语言体现出不同民族的价值系统。在价值系统里，语言仍然体现着各个民族的世界观。这些主要体现在词语的表征意义上。人们遵照自己的世界观对事物作出所谓的好坏、善恶等固执的分类。就像鸟类被分为"益鸟"和"害鸟"，植物被分为"香花"和"毒草"，老虎、狮子被当成是猛兽，兔子和绵羊被看作温良。语义的引申和习惯搭配也表现了不同民族的世界观。像"高、低、深、浅"等这样的形容词，中文的词义引申具有强烈的主观评价色彩，而英文的引申多为物理方面的，是一种客观的描述，因为在中文中这些词都可以和人的品质、属性等互相搭配，如"高"风亮节、人品"低"下、城府很"深"、为人"浅"薄等，而英文的搭配则是 high spirit, low spirit, deep feeling, shallow argument。

（3）语言反映不同民族的思维方式。从语法上来看，内蕴语言形式的一部分是人类所共同的，另一部分是各民族所专有的。每一种语言的词语都是遵照一个完备的系统去组织的，所以语言上的各种不同就表现为思考方式的不同。如"性"，英语文化在思维上重视"性"，在英语中缺乏最一般概念的"人"的表达，而是用"man, woman, boy, girl, lady, gentleman"等不同表示特指的词汇来表达。在法语、德语、俄语中，"性"对名词来说更是不可缺少的属性，一个名词出现而不表示任何"性"是不可想象的。这些语言的语法形成了说这种语言的人的思维定式：世上所有的事物（包括抽象事物）都分成两类（或三类），不是阴性就是阳性（或中性），而汉语的单音节性及节律性的特点也体现了中国人的思维定式（潘文国，2001）。

语言是一种存在的思想同样体现在哲学家伽达默尔的理论中，他认为不是我们一起生活在包含着语言的世界里，而是世界已经表现在语言里，不再是人用语言去阐释世界、认识存在，而是"谁想拥有世界，谁就必须征服语言"，语言呈现了存在，"语言是能够被理解的存在"。语言要想成为阐释世界的符号、说明存在的方式，先要作为世界遭遇的方式和人的存在状况。"语言是人类认识世界所有事物的媒介"，人征服世界一直是利用语言，人对世界持有的别致的态度或世界观是语言赋予的。伽达默尔借鉴并且重新阐释德国著名古典学家洪堡特说过的著名观点"世界观也就是语言观"，并对人进行重新定义，即"人是拥有语言的存在物"。（伽达默尔，1991）人在语言中存在，同时就是他在历史和传统中的存在。所以，语言自身就是一种初级的先见，这是人一直不能逃离的社会性存在，它框定了阐释者特殊的理解"视域"，成为阐释的真实起点。

三、语言是一种工具

在中国文化中，语言作为工具的思想是根深蒂固的。与西方创世记说法不同的是，在中国创世纪的神话传说中，"盘古开天辟地""女娲抟土造人"中所展现的并不是西方的"神说"，而是中国式的"化身"。这种"化身"是一种"做"的行为，而非"言"的行为：

天地混沌如鸡子，盘古生其中。万八千岁，天地开辟，阳清为天，阴浊为地，盘古在其中，一日九变，神于天，圣于地。天日高一丈，地日厚一丈，盘古日长一丈。如此万八千岁，天数极高，地数极深，盘古极长。

俗说天地开辟，未有人民，女娲抟黄土做人。剧务，力不暇供，乃引绳于泥中，举以为人。故富贵者，黄土人也；贫贱凡庸者，绳人也。（段宝林，2010）

在创造世界的过程中，没有看到一点语言的痕迹，在创世记这么重大的叙述中，没有给语言留下任何位置，这本身就反映了中国古人对语言的态度。这种语言缺席的中国创世记神话和西方以语言为本的创世记神话暗示着从一开始中西方就存在两种不同的语言观。除此以外，中国人的语言观可以在被奉为儒家经典的《论语》中窥见一二。孔子曰："有之志，言以志忠，文以言足。谁知其志若不言？无文之言，行而不远。"不管是言或是行，这里语言都是为表明"志"并传承"志"而存在的。很明显，孔子把语言作为"宣传"的载体，所以，孔子游历列国，四处游说，上到王公贵族，下到平民书生，去宣扬自己的思想。中国这种"文以载道"，即语言是工具，文章为目的服务的思想传到近现代汉语变革之中，更有过之而无不及。

四、语言观与翻译

语言是翻译的载体，是翻译中不可或缺的基本要素，不管翻译研究发展到什么阶段，有什么样的转向，有什么新的热点，唯一不能丢掉的就是语言，没有语言，翻译就失去了存在的依托。因此，语言问题一直是翻译中的重要问题，在翻译中存在的不同观点归根结底是由于不同的语言观所造成的，以下通过分析翻译中的几种观点与语言观之间的关系，详细阐述语言观是如何影响翻译观的。

（一）神似与化境的语言观

在《翻译论集》中，罗新璋教授把我国沿袭的翻译理论概括为"案本—求真—酷似—化境"，他认为这四个概念既互相联系，又各自独立，逐次发展，形成一个系统，而这个系统就是我国翻译理论整体中的重要构成部分。刘靖之则认为，我国的翻译理论自从严复以来虽然经历了几个成长期，也有不少的争论，但大方向却是一致的，那就是"重神似不重形似"，以便达到翻译上的"化境"（罗新璋，1994）。由此可见，"神似"与"化境"在我国翻译研究上的地位和价值。

"神似论"是傅雷的翻译主张。他是我国 20 世纪最著名的法国文学翻译家，以翻译法国文学名著闻名于世，他翻译的作品中以巴尔扎克、罗曼·罗兰的作品为主。

傅雷先生在近 40 年的翻译生涯中为中国的文化事业贡献了 15 卷、500 多万字的《傅雷译文集》和 50 多万字的《傅雷文集书信卷》等，被称为"中国当代的翻译专业户"（王宏印，2003b）。傅雷先生很少谈及翻译理论，因为在他看来，谈浅了是浪费笔墨，谈深了又恐由于见仁见智而引起不休的争论，而且他认为"翻译重在实践，我就一向以眼高手低为苦"。1951 年，在《〈高老头〉重译本序》中，他指出"凭效果而言，翻译应该和临摹一样，但求神似而不求形似"。他在 1963 年给罗新璋的信里又写道，"愚对译事看法实甚简单：重神似不重形似"（傅敏，2006）。事实上，在中国译论研究中主张"神似说"的并不只有傅雷一人，提出类似说法的还有茅盾、王以铸、朱生豪、陈西滢等。早在 1921 年，茅盾在发表于《小说月报》上的《新文学研究者的责任与努力》中指出："神韵是文学作品最突出的艺术色……出色的译本绝对是具备这些条件的，也唯是这样的译本才有文学的价值。"同年，茅盾又在《译文学书写方法的讨论》中谈道："就我的灼见判断，与其丧失'神韵'而留下'形貌'，还不如保留'神韵'，而且在'形貌'上下功夫时，应有区分。"其理由是文学作品以神韵感人者甚于形貌。王以铸在 1951 年也发表了《论神韵》一文来表明自己的观点。我国著名的莎士比亚戏剧翻译家朱生豪在其 1944 年 4 月写的《〈莎士比亚戏剧全集〉译者自序》中也谈道："余译此书之宗旨，第一在求于最大可能之范围内，保持原作之神韵：必不得已而求其次，亦必以明白晓畅之字句，忠实传达原文之意趣；而于逐字逐句对照式之硬译，则未敢赞同。"（陈秀，2007）陈西滢把翻译比作塑像或画像，认为翻译有三个层次，即第一个层次的"形似"、超乎形似之上的"意似"以及最高层次的"神似"。注重形似的人太想保存原有的种种特殊之处，结果因风俗、习惯、思想的不同，往往得到相反的效果。意似的翻译就是要超越形似的硬译，而要把灵动的归还灵动，轻巧的归还轻巧，可爱的归还可爱，优雅的归还优雅。译者有了这样的认识，便应该像个透明的玻璃似的。但是，由于人不能像玻璃那样死板，因此译文终究少不了要折一些光，而且或多或少会歪曲一些。这样的模拟无论有怎样的手段，也终究达不到著作者的神韵，因为神韵就像是从诗人内心里散发出来的香味，是个性的聚结，如果无法体会诗人本来的情感，就不能体会到诗人的神韵。只有一个译者与原作者有同样的心智，才有可能得到原著的精髓，产生神似的译本。这也是古今中外精品难获的原因（罗新璋，1994）。

　　钱钟书先生提倡的"化境说"是我国传统译论的另一种代表性言论，他在《林纾的翻译》文本中指出："'化'是文学翻译中最规范的标准。把一国文字形成的作品中改换成其他国文字形成作品，既能完整保存原本的风味，又不因语言惯例的差别而显露出勉强晦涩的迹象，那就算入了'化境'的门道。17 世纪就有人称赞此为特别的翻译，就像是原著的'脱胎换骨'（transmigration of souls），骨骼被换掉了，而风采和精神依旧。也可以说是，译本应该对原著绝对忠诚，要达到读起来不像是译本，因为在阅读作品原著时绝不会读出翻译的味道来。"（罗新璋，1994）长期以来，"神似论"与"化境论"主张一直深刻地影响着我国的文学翻译，成为译者在翻译中的追求和评判文学译本优劣的最高标准。

　　如果仔细考察"神似"与"化境"这两种被看作中国传统译论代表的学说，不难发现二者的相似之处，那就是它们都强调一种主观的直觉判断，并不是一种具有可操作性的标准，都要求译者和作者在心灵和精神上有一种共通的默契，即译者能够像原作者一样参透原文的思想内容，并用几乎和原作者相同的语言风格产出译文。这种译论的要求其实是一种无法达到的境界，因为这样做无疑要求译者和作者不仅拥有相同的语言把握能力，更要求他们有共同的心智和世界观。因此，傅雷和钱钟书都坦言这是一种无法达到的境界。傅雷在给儿子傅聪的信中谈及翻译时感慨："无论译哪一本书，总觉得不能从头至尾都好，可见任何艺术最难的是'完整'。"因此，这种翻译的完美是一种理想，是译者终身追求的目标，因为"人的愿望、梦想，没有尽头，因此 perfection（完美）就像镜中花、水中月，始终遥不可及。但只要能在其中一个阶段获得整体的'完整'或者差不多的'完整'，就非常了不起了"（傅敏，2006）。钱钟书也认为由于翻译涉及的两种语言文字的不同以及译者理解、文风等因素的影响，从"一种文字出发……一路上仆仆风尘，历经艰辛，免不了丢失或受些损害。所以，译文总会出现不逼真或变样的地方，在意义或旨意上背离或不完全契合原文"（罗新璋，1994）。

虽然持类似翻译观点的学者并没有旗帜鲜明地陈述过自己的语言观，但是通过分析可以发现这种翻译观的语言观基础：语言是一种艺术。这种艺术语言观引导下的翻译理论注重主观直觉判断，看重译者的天资与涵养，注重译者的感悟能力与发散思维，欣赏神来之笔，讲求神似，其评论也只重个人感受。这种观点重视个性差异和创造性，忽视理论性和系统性，使翻译成为一种神秘的东西，并没有具体可操作的标准，是一种完美的、难以企及的标准。

这种语言观的形成一方面是因为受到我国传统古代哲学"形""神"之辩的影响，另一方面与学者本人的艺术修养有关。下面以傅雷、钱钟书两位先生为例进行简要说明。

我国早期的"道""器"关系论的祖先是古代先哲中的"形""神"之辩。中国早期哲学中最高的哲学标准是"道"，是包罗万象的统一性，是先天地之生的万物之"神"。"形而上者称之为道，形而下者称之为器。""器"与"道"是相对应的，指有形的、具体的和各种派生的事物。在老子对"道"和"器"的阐述中可以发现，万事万物始终都在一个"神"与"形"的范围内。中国先哲的形神理论进入艺术领域，在音乐、绘画领域都有所体现。在《道德经》中，老子就提出："至乐少乐""大音希声"和不假人工的"天乐""天籁"等思想是中国音乐形神论的开端，认为"神"是灵魂的核心，它既依附于音乐的"形"，又依赖人的心灵去领悟与渗透，所以"大音"能够"希声"，"至乐"才能"少乐"。在绘画领域，形神论则体现在西晋学者的"存形莫善于画"、东晋顾恺之的"形神兼备""以形写神"以及齐白石的"妙在似与不似之间"等阐述中。而傅雷先生爱好多元，博闻强识，对音乐、雕绘、戏剧、美术等都有特有的理解（沈家会，2008）。傅雷是学艺术史出身的，在巴黎修读的也是欧洲艺术史，在音乐方面的修养是极高的。傅雷先生强调音乐的"神"，他认为艺术是人类都通晓的语言，"具有艺术家天赋的人对此有绝对的辨识度"，因为任何民族的艺术应该都隐含着或咸或淡、或浓或薄的畅通气息。傅雷神似论的影子在他对黄宾虹的论断中也有所体现："宾虹则是博采众长，不亲一家一派，浸透唐宋，聚各代各家之精髓，而形成自己的面貌。允可贵者，他对之前的前辈，都只承其神而不传其貌。"（金圣华，1996）因为傅雷在音乐、美术上的造诣，所以他时时将翻译与绘画、音乐相比，并提出"神似"的翻译主张。他的学识背景让他将语言与艺术等同起来。在他看来，语言也是一种艺术，他认为"文字问题基本也是个艺术眼光的问题"（傅敏，2006）。因此，在翻译中要贯彻"神似"原则也是很自然的事情。傅雷凭借自己长期养成的文艺修为和翻译历程，把中国古典美学融入翻译理论，借鉴美术和诗文范畴的"形神论"来斟酌文学翻译的技术问题，将文学翻译融入文艺美学的领域，将翻译活动上升到审美的高度。

作为我国文学领域的全才，钱钟书学贯中西，精熟英、法、德等国的文字与艺术，在中国古典诗词、西方语言文化等方面都有着突出的建树，是中国几千年文化习俗风气开通、历史转型时期的特殊结晶。钱钟书所提倡的"化境"的翻译是在不显示出痕迹的、不歪曲文本内涵的先决条件下的一种语言方式的转换，要求译者在完全领悟原著的内容及格调，并完全通晓翻译的一般变换规则和译文的语言规则时，将自己的表达潜能、表现技术和要体现的对象（原文）融为一体，达到尽善尽美、不露痕迹的结果，是译者独具匠心的结果，也是天然而成的艺术佳作，是美学传统中的"天人合一"。在《论不隔》中，钱钟书就将翻译和艺术联系在一起，既探究艺术化的翻译，又探讨翻译化的艺术。在他看来，翻译是有据可依、有证可溯的艺术佳作，而艺术是以读者自身的考察经验、情绪感触等为"原文"的翻译。翻译作为艺术的一个种类，天生就被赋予艺术创造的品格。而作为特别的翻译，艺术也需要和读者内心的体验与感触相类似，就像翻译必须与原文相契合。可见，"不隔"是"化境"的最好注脚。而"化境"也预设了文学翻译的性质，即艺术的本质。（赵巍，2009）

（二）可译与不可译的语言观

可译与不可译是翻译研究中经常讨论的一个重要话题，二者也是古老的二律相悖的命题。数千年的世界进化史毫无疑问地阐明了翻译在推动世界各民族交流，促进民族文化的沟通和丰富中所起的无法估量和不可替代的作用。但是，古往今来不少学者又对翻译的真实性表示怀疑或困惑，提出不可译的论断。

可译论者认为，尽管不同民族、不同地域的语言文化有着差异性，但是由于文化具备超越地域、超越民族的一致性趋向和融通性的特点，各个民族之间一直存在着文化肯定，他们强调一个物种凭此存在和生活的一般性原则。所以，即使存在局部不可译，不同语言之间存在不必计量既成事实的交流，足以证明可译论者是正确的，这就是常说的"我译，所以我在"（蔡龙权，2008）。可译论者关注的是宏观认同，他们认为人们的生存环境、身体结构、生理需要等方面的相同之处大于不同之处，因而思维上产生了很多的共性，使任何语言都具有可理解性，这是不同语言之间进行交流和翻译的基础。同时，由于语言不仅具有对已知事物和环境的表达能力，对陌生的环境和事物也具有表达和认知的能力，因此一种语言既可以认知和表达本土环境中所出现的各种事物，也可以去表达另一种语言环境中所出现的各种事物和活动，从原则上来说，某种语言是可以翻译为另一种语言的。正如斯坦纳所说，对于可认知的世界，人类的思想有着共同性，他们的思维方式也具有普世性，而是这种普遍的人性，使翻译成为可能。

相对于可译论者比较一致的论调，自古以来不可译者的内容却是五花八门。古代意大利先哲的"翻译者即叛逆者"是不可译的先声。文艺复兴时期的诗人但丁曾提出，每一个音韵协调的作品都不可能翻译成另外一种语言而不损害它原本的整体的优雅和协调。西班牙作家塞万提斯把从背面欣赏佛拉芒毯看成是翻译的喻体，图案轮廓即使能看见，但是正面那清楚、工整与艳丽的色彩则全都没有了，从而显示出了作家对翻译的可靠性的明显怀疑。启蒙运动先驱伏尔泰认为，翻译就是增添一部作品的纰缪并磨灭它的光芒。狄德罗认为，各种语言系统上的差别使翻译原则上不成立，因为一些语言专属的境界自身就是语言的精华，总是要毁灭的。意大利哲学家一语中的："翻译就像女人，忠诚的不美丽，美丽的不忠诚。"周煦良在的《翻译三论》中坚持表示"格调是不能转译的"，因为"语言是翻译的载体，就像是用铅笔或钢笔临摹山水笔墨画，怎么能体现出原作的格调呢？"（杨衍松，2000）

在诗歌的翻译方面，不可译论调尤为突出，罗伯特·弗罗斯特（Robert Frost）说："What lost in translation is poetry."（诗歌在翻译中迷失了方向。）因为在诗歌创作中需要运用"全语言"，即既注重语义信息，又关注语言形式。实用语言一般说来更为注重语义信息的传递，其翻译也就是强调信息等价的"有限翻译"，诗歌之所以为诗，和它的审美形式有密切关系，故而诗歌语言中的翻译是一种既强调语义又注重形式的等价、等值的"完全翻译"，实用语言在语言的审美形式范畴中有着不同的独特要求。从理论上看，诗是能翻译的，因为一种语言里的审美成分（语言的、音节的、象征的、形式的）是无法和其他语言整体共有的，或者可以说翻译也分可译性与不可译性，诗歌更偏重不可译性，可译性是相对来说的，只可能有某种相似性，但不可译性是必然的。认为诗歌能译的人大多注重诗歌的内容，他们认为诗歌的一些意蕴要素（如景象、情景、人物、事件、感触等）是可译的。诗歌意蕴的可产实行是诗歌的可译性。而表明诗歌不能译的人除介意语言文化成分外，大多集中在语言的审美方式上，他们表示诗歌翻译必须是创造，译诗的过程就像是做诗的过程。"语言制约着翻译，所以从某种意义上来看，不可译性是毫无争议的。任何人类语言必然存在它专有的组成要素、语音及词汇，故而要做到完整的翻译是不可能的，而这最困难的就在于追求'完整'。如果达不到'完整'的翻译的追求，那最起码也要达到'令人满意'的翻译的标准——也就是把主要部分翻译出来，而且翻译得要标准。语言上必然的相等本质上是不可能的。我们所说的直译很明显是不存在的。"（郭建中，2000）

英国翻译理论家卡特福德将不可译分为两类：一类是语言不可译；另一类是文化不可译。巴斯奈特则更深层次地表明，语言不可译是直截了当的，但文化不可译却是要繁杂、艰巨得多，而且文化的不可译通常体现在语言方面的不可译。可以认为，语言文化之间的可译和不可译是并存的一组矛盾，可译和不可译其实就是"度"的问题，是一个相对的观念，也就是可译的相对性。可译的相对性有以下两种内涵。

第一种，译者自身就是学者，必定由内而外散发出文化气息，加之自身的阅历和知识构成有限，不可能一直没有失误地解释并翻译原话所隐含的所有文化内容。

第二种，阅读翻译后的文章的读者，因为自身文化结构的制约，而且受认知度以及对文化敏感度的限制，也无法获得同原话阅读者一致的文化内容，并涌现出类似的心理反应。

不管从词汇、句子还是篇幅上来看，翻译文化都具有对应性，那都存在着不可译的现象。从词汇层面来看，造成可译相对性的原因主要有三点。一是文化词汇的空白，即在翻译语言中没有显示语源的一些表示独特文化事物的词语。比如，2008 年的北京奥运会的吉祥物"福娃"最终的译文采用了音译的方式，翻译为"Fuwa"。面对这样的翻译，西方人能理解多少其中的内涵。能够明确知道的是，外国人对"Fuwa"的理解与感触同中国人对"福娃"的理解和感触肯定是不相同的。二是在两种文化中，有些词汇的概念意义相同，但是联想意义却大不相同。比如，"月亮"一词，在中国的延伸意义通常和"羁旅""故乡""亲人""团聚""和谐"等有联系，但美国人看见月亮，可能会想到"火箭""登月""外层空间"等。三是某些词汇在使用过程中被赋予了新的意义，使原来所指意义消失而发生转义。比如，英文里的"Trojan horse"要是翻译成"特洛伊木马"，不知道古希腊人和特洛伊人有过十九年的特洛伊大战的读者是不能从译文中体会到语源的"推翻阴谋"的意义转换的。这些词汇的可译程度会因为两类文化的融通而逐步提高（杨才元，2009）。

对于可译性问题，目前人们基本达成以下共识：由于语言和文化之间的诸多差异，语言中确有不可译者，但不可译又是相对的，这主要表现在：此时不能译的，一段时间后也许就能译了；对于甲来说不能译的，乙或许可以译。在特定条件下，不可译能够通过变通而变为可译（杨全红，2001）。

至于与可译性与不可译性相联系的语言观，可以从德国哲学家洪堡特关于语言和翻译较为系统的论证来进行说明。洪堡特对翻译有一种似乎矛盾的说法。一方面，他认为所有的翻译只是在尝试解决一个无法解决的问题。每个译者都会陷入以下两个困境之一：要么以牺牲本族语的语言特点为代价去接近源语，要么以牺牲源语的语言特点为代价去靠近本族语。介于二者之间的道路不但困难重重，而且根本就走不通。语言的特性决定了翻译的困难，乃至成为不可译的理由。没有任何的翻译是理想的，没有任何的翻译可以达到等值的效果。另一方面，他认为可以放心大胆地说，在任何一种语言中，所有的事物都是可以表达的，即便是非常原始不为人所知的语言，也可以表达什么是最高的，什么是最低的，什么是最强大的，什么是最柔软的。

洪堡特的上述论断说明，尽管不同语言之间存在着结构上的种种不同，翻译还是可能的，因为翻译就是一个阐释的过程，而且所有的语言（包括所谓的最原始的语言）都隐藏着大致相似的进行表达的潜在能力，这种潜在能力能进行多维发展，而且拥有很强的"生成性"，给了让语言系统用自己的语言完整说明外界事物的机会，包含那些超越人类本身历史文化经验的事物。换句话说，因为不同语言之间内部组成的差别与言语系统之间思考方式的差异，翻译明显是不可能的，而这种不可译性却被潜在的可译性消解了。这种翻译观的悖论其实是其辩证语言观的体现和延伸。洪堡特是最早提出语言世界观的语言学家，他认为"每一种语言都包含一种独特的世界观""人从自身中造出语言，而通过同一种行为也把自己束缚在语言里面；任何一种语言都在统治它的民族四周画了一个圆圈，人要想从原来的那个圈子里跳出来，就必须同时迈入另外一种语言的圈里。因此，掌握第二语言也就意味着在迄今为止的世界观范畴里获得一个新的起点"。

洪堡特的语言世界观是其语言理论"语言是一，又是多"的基础。语言是各个民族看待世界的方式，客观事物的一致性决定了不同民族看待世界时的共性认识，而每一种体现人民个性的语言都是该民族使用者的个性展示，是该民族的心理特性的表现。因此，一方面，洪堡特认为，任何一种语言，即便是最受人蔑视的方言，也是此类语言或者方言的使用者的个性的展现，都是该民族的个性心理的特殊表现。即使语言潜能是人类共同具备的，但不同语言的个性却是本民族或操这种语言的群体的宝藏。另一方面，洪堡特认为，语言潜能是人所共同拥有的，"不得不承认，如果我们没有驻足表面，而是潜入到里层组织里去斟酌，就能看出，在语法层面上，一切的语言都展现出隐含的相似性"（潘文国，2001）。由以上分析可看出，在洪堡特看来，语言的共性是可译性的基础，语言的个性是不可译性的理由。

（三）对等与等值的语言观

在翻译研究的结构主义阶段，"科学""对等""等值"是译界出现频率最高的关键词。持这一观点的核心人物是美国的奈达和卡特福德。一般认为，西方语言学派开始对翻译进行"科学"研究的标志是美国著名学者奈达于1947年出版的《论〈圣经〉翻译的原则和程序》。奈达提出了"翻译的科学"这一概念，是"翻译科学说"的倡导者；他在语言学研究的基础上，把信息论应用于翻译研究，提出翻译就是交际，建起了研究翻译的交流团体；他创立了"动态相等"的翻译标准，而且进一步创立了"功能对等"的翻译标准，这是从历史语言学与语言沟通功能的思想开始的；他还从翻译过程中指明"剖析""变换""重组"和"考察"的四个形式。这些观点都在西方翻译理论发展史上占据了重要的地位。《论对等原则》一文集中而完整地阐发了奈达的动态对等思想。他认为，语言之间不存在绝对的对等，因此必须辨别翻译的不同类型，以确立不同的对等原则。他对翻译中源语文化同译语文化之间的三种联系进行了分析，而决定这三种关系的是文化与语言的距离。在这个前提下，他概括出两种翻译的大致方向。他认为等价有两种基本的不相同的类型：动态平等（dynamic equivalence）与方式同等（formal equivalence）。方式同等强调信息自身的内容与方式两个层面。在此类翻译中，人们更注重：从诗词到诗词、从句子到句子、从概念到概念的一一对应，这样的形式导向表明源语里的不同成分要力图与接受语的信息一一对应。动态平等把"等效原则"作为前提，它翻译的原则是"信息与接受的人之间的联系必须同原文信息与源语接受的人之间已有的联系一样"。奈达认为，把绝对自然的阐释形式作为目标是动态平等的翻译，译者不会被读者认识的源语语境里的文化形态所束缚，而是试图把接受的人同他本身所处的文化语境里的活动形式联系在一起。动态平等的翻译以表达方式的完全自然为目标，更关注动态的关系，即接受者和信息之间的关系应该和源语接受者和原文信息之间存在的关系相同。英国翻译理论家卡特福德出版于1965年的《翻译的语言学理论》用现代语言学视角诠释翻译问题，引起很大反响。在书中，他将翻译定义为"用一种等值的语言（译语）的文本材料去取代另一种语言（源语）的文本材料"，并提出关键词是"对等"，探索对等被看成翻译研究与实践的核心题目。他将语言学家韩礼德（Halliday）的观点应用于对翻译的不同语言方面开展刻画探究，运用统计手段概括所考察到的对等局面，非常精致严谨，《论翻译转换》就将这种研究方法体现得淋漓尽致。卡特福德提出，转换是"源语转换到目的语的过程中与形式上的对等相背离的形式"。他认为，这种转换是类型转换（level shift）与层次转换（category shift）。在源语中的一个语言层面的成分，在目的语里的对等物却在另一个不同的层面上被他称为层次转换。

例如，语法层次表明原文里的意义，因为在译文里没有标准的对应的语法形态，所以才需要向词汇层次转换，用词汇方式来阐释必须阐明的意义。他认为，翻译对形式对等的背离是类型转换。他把类型转换作了分类：结构转换（structure shift）、类别转换（class shift）、单元转换（unit shift）和系统内转换（intra-system shift）。他对法语文本中的冠词在英语中的对等翻译进行了统计，给出 6 958 例法语冠词的英语翻译在系统内转换的百分比，并绘制成表格。这个表格说明尽管法语冠词系统和英语冠词系统各自拥有的四种冠词在形式上一一对应，但在翻译中并不完全存在形式对等，源语中的一种冠词往往被译语中的另一种冠词所取代（谢天振，2008）。

这种"等值"与"对等"的翻译原则是结构主义语言学的产物，抑或说是由于翻译学者采用了结构主义的方法对翻译进行研究的结果，这种翻译理论映射的语言观为语言是理性的，不同语言之间具有同一性，不同语言之间具有相同的表达能力，因而它们之间可以找到一个语言的共核并进行转换。因此，一种语言所能表达的事情，必然能用另一种语言来表达（郭建中，2000）。由于受到了法国哲学家笛卡尔哲学思想的影响，人们认为哲学所代表的是一种理性，理性无处不在，一切的知识都源于理性。这种哲学思想为之后的结构主义思潮奠定了基础。结构主义最大的特点就是，关注事物的普遍性和规律性，以及追求事物的确定性。所以，在它看来，个别现象以及具体经验都是不重要的，它所寻求的是事物的抽象性、规律性、稳定性和同一性以及普遍性。它认为，不论是纷繁复杂的表面现象，还是简简单单的表面现象，它们都共同拥有一种普遍性。所以，在语言学研究中，语言系统得到了重视，他们对语言系统进行了理性的分析，通过这种方式找到了内部的规律性，因而认为言语现象只是这种语言系统的衍生物，不必去深究。最终，语言研究演变成了一种纯理性的研究，意义是由语言规律设定的，它是明晰的，是确定的，其中人的因素应该是被排除在外的。语言系统也因此变成一种自足的封闭性系统，甚至到最后人们认为只要掌握语言规律就可以表达一切，描摹一切，即语言具有普遍的表达力，用一种语言所能表达的东西，用另一种语言也可以完全表达出来，这种思想逐渐演变成一种工具（吕俊，2002）。

第二节　语言的实践性

一、实践的语言

如果把整个社会活动和社会生活看作一种具有象征性的交换活动，那么这种交换活动就是一种可以通过语言作为中介而进行的社会互动。社会中的任何一个事件、任何一次活动，不论是在其最初的准备过程中，还是在其最终的贯彻过程中，也不论是正在实现的、已经实现的，还是无法实现的，都与语言的使用息息相关。由此来看，语言的实践性特征不言而喻。也因此，语言被称为一种"不偏不倚的旁观者"。索绪尔将语言（langue）和言语（parole）区分开来，他认为语言是一种语法系统，是一种社会资源，是由在不同层次上结合起来的单位和规则组成的可继承性稳定系统，而言语是在特定场合被人采用的具体化的语言，具有具体性和变化性的特征。在索绪尔看来，语言是一个自足的整体，是一套分类原则，是一种规约，是一种社会制度，是一个表达概念的符号系统（索绪尔，2007）。在索绪尔的语言学理论模式中，语言作为一个内在封闭的、自我调节的自足系统，它抛弃了对外部世界和价值判断的关注。索绪尔重点强调的是语言系统的封闭性，将意义局限于结构，从而使逻辑取得了胜利，最终陷入了逻各斯主义（Logosism）的泥淖。"纯粹"语言学家采取的是语法学家的态度以及意见，但是语法学家的目的不同于语言学家，他们的目的是研究并编纂语言，后者试图通过言辞用以行事的能力在世界中完成各种行为，并且影响这个世界。如果把语言当作分析的对象，就容易把语言看作一种"逻各斯"，看作一种与实践相对应的事物，把语言当成"僵词死字"，没有实践用途，这就是一种"学究式谬论"。而语言只有被放在实践中才能理解到它所蕴含的丰富意义，索绪尔等语言学家脱离实际，跳离历史条件论述语言的结构，以为理解了语言的语法结构，就能抓住语言的实质，就能使语言规则更有效地成为一种实践行为。根据索绪尔的理论，从解释学的传统意义上看，语言可以作为智力活动的工具，它是分析的对象，但在这些人看来，它是一种僵死的语言（正如巴赫金所提出的，这是一种书面语和外来语），是一个自足的系统，完全斩断了与它的实际运用之间的任何关联，并剥夺了它的所有实践功能和政治功能。正如布迪厄所说，结构主义将言语行为简化为执行（规则模式）的单纯问题，并一直龟缩在最初的这一做法所限定的狭隘范围内，结构主义区分了语言（langue）和言语（parole），正是这种基本的区别使结构主义否定了语言的实践性（布迪厄，1998）。

二、权利的语言

语言关系就如同是符号权力的关系，通过这种关系，言说者和他们分别所属的各种群体之间的力量关系将会以一种变相的形式（transfigured form）表现出来。因此，只通过语言学分析无法阐明什么是沟通行为。即便是最简单的语言交流，也涉及被授予特定社会权威的言说者与不同程度上认可这一权威的听众（以及他们分别所属的群体）二者之间纷繁复杂、枝节错综的历史性权力的关系网（布迪厄，1998）。布迪厄进一步指出，人们不能忘记，最好的沟通关系，即语言交换活动，它本身也是象征性权力的关系。说话者之间的权力关系以及跟他们相关的群体之间所产生的这种权力关系就是通过语言之间的交换活动实现的。

所以，在现实社会中，人与人之间、群体与群体之间的言语交流并不只是他们互相之间的对话关系，或者是某种商议与交流想法的行为，而是他们之间权力关系的相互比较、调整和竞争，不同的人之间的交流和言语应用就是不同讲话人的社会身份、能量、才华、资本以及知识技能等各种各样显示权力的要素的言语表达与言语游戏（高宣扬，2006）。某人说什么话，并不仅仅是由于其自身的语言能力所决定的，而是由某些"恰当性前提"所限定的，当某人希望恰当地进行为船舶定名或者为人洗礼的典礼时，他必定是拥有资格做这些的，这与公布命令时一定要具有为命令接收者所认同的权威是一样的（这种条件和资格就是一种社会权力）。每个人都能够在公众场合大声叫喊"我下令全民一起来"，不过因为缺乏必要的权威，这并不能变成一种"行为"。这样一种言语只是词语罢了，它把自己降格成为毫无用处的喧闹、幼稚或者狂妄。倘若一个人在不具有合适条件的状况下梦想发布命令，将会变成一种嚣张的行为。原则上来说，每个士兵都具有言语能力说出让他的上司去"打扫卫生间"这样的话语，但从社会学的层面上看，并不是任何人可以宣布任何事，否则他这样做就会冒风险或触犯他人。只有一个无希望的士兵（或者一个"单纯的"说话者）才会想着要给他的上司传达命令（布尔迪厄，2005）。

总而言之，布迪厄在语言实践中，在场域结构及其各种因素的差异性中，揭示了言语沟通中的不对等关系、操控关系，也就是权力关系。这些权力关系表明语言并不是纯粹的意义符号与标记样式，言语是社会现实的能动进程，其涵盖着实在的、具体的操控力和影响力。言语中的能量也不是来源于言语自身，而是来源于言语的外在场域，来源于言语交际中各种各样的社会联系。符号权力由表述某个被赋予物组成，它通过作用于世界的外在形象来影响这个世界。这种权力并非处在"以言成事的能量"为外在形态的标记序列中，而是在一种已经确定的联系中并被这种联系所肯定。这种联系缔造了人们对言语的合理性与表达出这些言语的人群的合理性的信仰。它运行的前提就是那些接受这种权力的人群要认同这些施展权力的人（布迪厄，1998）。在现实社会的言语交流中，确定"合理性言语"或"正当化言语"的进程便是官方言语的产生流程，并且所有官方言语的出现和普遍化都是一种权力的体现，因为官方语言是要靠一定的政治制度和国家权力的力量来实现。在官方语言的合法化、正当化过程中，学校组成的教育系统成了最好、最有效的手段和工具。官方的意识形态和精神力量通过学校的教育得到了充分的灌输。因此，在社会上常常可以看到，居于统治地位的人或者阶级一般会使用一种合法化的、标准的语言，而被支配者常常说的是一种蹩脚的或者不符合规范的语言。

三、策略的语言

语言是一种权力，即使是最简单的语言交流，也蕴含着言说者与听众之间的权力关系，那么哪个人在表达言语，在什么时候表达，在什么样的场所表达，向哪个人表达，表达怎么样的言语，怎样去表达，用怎样的方法和策略表达，就会形成完全不一样的结果。这就表明人类建立言语系统并非仅仅是为了实践语言学的一系列分析，而是通过它来说话，用它来体面地表达。正因为如此，智者总是说，在习得一门语言的时候，重要的是要学会在适当的时候说适当的话（布迪厄，1998）。

因此，在语言交流中，为了达到最佳的说话效果，言说者还应该采取一定的语言策略，而使用何种语言策略则是由言说者之间不同的权力关系来决定，也就是说，表达语义的策略是通过说话人所具有的资本和力量来判断的，但这些资本和力量则是说话人仰仗其在一个看不到的关系网所构成的境遇中所处的地位来判定的。这些联系决定了哪个人能够发问，哪个人能够终止他人的言语，哪个人能够连篇累牍地发言而不被他人打断，谁可以否认他人的方案，哪个人注定要采用这一回答，哪个人又必须按照规则讲话，等等。在布迪厄看来，语言交流过程中，说话者常常采用委婉表达和屈尊策略这两种语言使用策略来推销说话者自身的思想，巩固其在交流过程中的地位。

委婉表达是语言象征性交换活动中语言交流的典范，主要通过对语言的巧妙使用，通过没有说出的话而说出自己心中的意图。"所说的策略或方法，就在于思考到言语发出者与言语接收者处在不同类型资本的等级规制中的相对地位，以及性别与年龄，还有这种联系中所固有的束缚，并且在必要的时候，以委婉的方法仪式性地超过它们"（布尔迪厄，2005）。例如，当你要求别人"来"的时候，如果说"请你赏光来"，则命令的口吻可以变得更加缓和，也可以使用一个简单的疑问句"你来了吗"来避免前面"不礼貌"的方式，或者使用更加微妙的否定问句"你不愿意来吗"表达自己对被拒绝的担心。人们也可能会采用"有几分""严格地说""随便地说"等一些"含糊其辞"的表达方式，委婉地表达自己的思想。这种委婉的表达方式是语言交流中比较常见的一种语言表达技巧，是一种以表达出来的话在言语交流中顺利地倾销语言产品的营销方式，它自身就是一种具有典型性的象征性操作。因此在言语交流中，最有能力的说话人，就是不说话或少说话而表达出最多事物的人（宫留记，2009）。

屈尊策略是指说话人通过采用听众熟识的言语，粉饰语言所代表的操纵关系，使听众形成"误识"，最终达到说话人说话目的的策略（宫留记，2009）。在《实践与反思》中，布迪厄用殖民者和土著居民之间的语言使用来进行阐释，如果殖民者采用被支配者的语言，那么他们就是通过一种屈尊俯就的方法，即是用一种临时的但大张旗鼓的方式放弃他们的统治地位，通过拒绝这种支配关系而维持其统治，并从中得利。这种策略通过对权力的虚假悬搁，造成放弃支配关系的表面假象而巩固其支配权力。在《言语意味着什么语言交换的经济》一书当中，布迪厄以波市市长在贝阿恩省诗人庆典会上的讲话为例，阐释这种策略使用的有效性。波市市长对参会的人们用贝阿恩语发表了演讲，而听话者则被这种贴心的行为深深地感动了。大家默认法语是正式场合发表正式讲话的唯一可接受的语言，而市长通过讲当地语言，象征性地排除法语和贝阿恩语之间的等级规制和与使用这些语言的人们之间的等级规制而获得好处。只要在场的人们充分理解和认同说话人和听众之间的地位差异，那么采用这种平易近人的说话方式，就能够象征性地排除这种等级制度而使说话人获得更多的利益。

实际上可以获得这种屈尊的成效不过是因为他作为一个大城市的市长，除去他所表现出来的淡然从容外，他还具有所需的头衔（具有教授的资格）来保证他是理所当然的"高级"言语的"高级"运用者，即他能说出一口标准流利的法语，没有人会想到这样一个"高级"语言的使用者会说出一口"标准流利的贝阿恩语"。如果当地的农民能说出一口标准的贝阿恩语，在别人看来也是个毫无意义的事情。因此，言说者的屈尊策略仅仅是为了巩固说话者既有的高人一等的地位，从而获取更大的权力。

在人们的言语交流中，人们所实现的并非语言文字标记和意义方面的替换，而是不同的个人以及群体间的社会身份和社会权势的沟通、调整、较量和竞争，也是他们所掌握的权势、资本、力量及社会影响的衡量过程。

第三节　翻译的呈现——文化资本

语言具有实践性，是行动者的社会实践工具。社会行动者主要通过对资本控制的多寡来竞争，并决定自己在场域中的位置。在马克思的资本理论的基础上，资本除了物质性的表现形式（经济资本）外，还有非物质性的表现形式（文化资本、社会资本、象征性资本），由于文化在现代社会生活中的决定性作用，使文化资本的关键性愈加凸显，变成行为者在社会境遇中进行角逐的关键工具。本节先阐释文化资本的特征，接着重点分析翻译作为一种文化资本的身体化与客观化特征，说明翻译具有文化资本的典型性特征，即隐蔽性。翻译是一种文化资本，是社会文化境遇中不能忽略的力量。

一、文化资本的特征

资本原理是马克思理解现代社会的关键，他关于资本理论的阐述见于其倾尽毕生心血写成的鸿篇巨制——《资本论》。在这部巨作中，马克思由阐释资本与金钱的运动发展，全面地解释了人与人之间关系的变换和成长，揭示了现代社会的变更规律。在马克思看来，资本并不只是物质，而是人与人之间的联系，是对劳动和劳动产品支配的权力，恰是这种权力确定了资本在生产与竞争角逐中的支配身份。随着市场经济的成长，商品交换和货币流通发展到一定水平，货币在市场上购得一种特别的商品（劳动者）时，货币就会变成资本，之前纯粹的货币拥有者就会变成资本家，货币变成资本的主要途径是劳动力变成商品。

资本的生产过程不仅是剩余价值的生产过程，还是资本自身的生产过程，即剩余价值资本化的过程。在马克思之后一百多年的历史发展过程中，资本概念不停地被改造，但是无论社会如何发展，资本寻求利益最大化的本性、资本和资本的"他者"之间的对立以及资本永不停息寻求扩张的本性，并未由于时代的变迁而发生变化。当今的经济学界常常把资本分成三种类型：

第一，物质资本是指像土地、机器、房屋等可以产生新的物品的具体物质的集合；

第二，人力资本指人所拥有的技能和经验的逐渐实体化，并且在经济生产中逐渐变得和物质资本一样；

第三，自然资本指那些自然界所具有的能够再生和不能够再生的资源，和对这些资源的维护和开发采取生态化治理的过程（宫留记，2009）。

如果把资本理论的视野扩大，不仅仅放在经济资本上，就会发现资本还可以分成文化性资本和社会性资本。经济性资本以财产权的形式被制度化，可以立即并直接转化为财富；文化性资本则以教育的方式被制度化，或用一种高贵称号的方式被制度化，这种资本在一定的条件下可以转换为经济资本；社会性资本则以社会声望、社会称号的样式被制度化，与社会相关联；象征性的资本是以被固定化的某种高贵称号而存在的。各种资本分别存在于不同的领域，都体现出一种支配与被支配的权力关系。这些资本在一定的条件下可以进行相互转化，而各种类型的资本都可用某种方式转变成象征性的资本。各种类型的资本转变成象征性资本的进程，就是以更加艰难和更为精细的方式掩饰地进行资本"正当化"与权力分配的过程，也是各种资本聚集到顶层社会和统治者手中的过程，还是各种资本在社会各个场域流通之后进行资本再分配的过程。因此，权力便是通过某种资本向象征性的资本转变而取得那种剩余价值的综合结果。

也就是说，在进行了一定的权力争斗后，大多数资本将会变成可以展现社会行为者社会身份和社会能力的具有象征意义的资本。在现代社会中，法律不但保护各种资本所有者的合理性和合法性，而且规定、保障和维持各种资本之间的斗争和兑换的程序这就使权力的累计或者获取更具有隐蔽性特征。

需要强调的一点是，当前发达社会与早期资本主义社会不同，主要体现在文化因素已经慢慢地浸入社会生活的方方面面，从某种程度上说，文化在当代社会生活中已经具有优先性和决定性意义，因为在当代社会中文化资本和经济资本一起构成了一切社会区分化的两大基本区分原则。社会行为者在场域的竞争中想要取得比较显著的位置，不能单单依靠他所得到的经济资本，还必须同时掌握文化方面的资本，只有将二者结合起来才能使它们的质和量都达到相对显著的效果，才能够在现代社会的角逐中取得胜利，文化资本的重要性就不言而喻了。在此，可引用布迪厄对文化资本的阐述，他认为文化资本具有身体化、客观化、制度化、可转换性和可传递性的特征。

第一，文化资本的身体化特征。

此种特征显现为行为者相对稳固的性格倾向，是在行为者体内长期且稳定的转化结果，是一种纯粹的性格和才能，并成为习惯的关键部分。例如，社会行为者所拥有的流利的言语、教养、审美态度和形体气质等文化资本的获得往往是在耳濡目染中完成的，因此这种资本的传递要比经济资本的传递更加令人难以察觉。由于这种资本的内在转化必须经历一定的时间，又必须在这一定的时间内消耗一定的经济资本才可以转变为文化资本，所以身体化的文化资本还应具有历史、时间和空间的特性。例如，经过长时间文化的渲染和良好教育所养出的气质，就是有高价值的身体文化资本。

第二，文化资本的客观化特征。

客观性的文化资本是指物化或对象化的文化财富，表现为文化产品，如有一定价值的画作、文物或历史遗迹等，它们是理论的实体，可以经由客观物质来传递文化。对于客观性的文化资本来说，其价值和意义并不由它自身决定，而是取决于文化财产中所包含的那些旨在鉴赏、审美和消费的支配性能力。

第三，文化资本的制度化特征。

制度化的文化资本是指由合理化和合法化的制度所肯定的种种资格，尤其是高等教育机构所颁布的各种称号、学位和资格文凭等。这种规定性的文化资本表现出了独特的、相对独立于其所有者的规范性，因此社会制度拥有相对独立的制度化的特征。

第四，文化资本的可转换性特征。

文化资本的可转换性主要表现在，其他资本形式（主要指经济资本）可以在一定的条件下转换为文化资本，文化资本和其他资本一样，在某种条件下能够转换为其他资本形式。如果某人拥有雄厚的经济资本，并能够以此来购买他人的劳动时间，如请家庭教师，或者到某个学校去接受教育并获得相关的文凭或者证书，这时，他所拥有的经济资本就通过一定时间的积累转换成文化资本。比如，在社会场域中规定，拥有某种文凭和证书的行为者可以获得某个职位，那么拥有相应文凭和证书就是行为者拥有的文化资本。当他获得这个职位，通过工作获取一定的经济报酬，文化资本就转换成了经济资本。一般说来，在劳动力市场中，拥有较高文化资本的行为者比拥有较低文化资本的行为者更容易获得就职的机会，那么拥有较高文化资本的行为者就能够通过转换而获得更多的经济资本。又如，某个领域的著名学者或者权威人士在自己所涉猎的领域比其他人拥有更多的文化资本，他就比别人有更多的机会被邀请到某个团体担任顾问或者指导工作，一般说来，某个团体会支付给他一定的经济报酬，这个时候他所拥有的文化资本就转化成了可支配的经济资本。随着他被团体邀请次数的增多，他所获得的经济资本和文化资本也与日俱增，结果是这些累积的经济资本和文化资本逐渐转换成社会资本和象征性资本，他在该领域的声誉和威望也逐渐得到积累。这样，随着他在这个学科场域中不断累加的资本数量，无形中他在学科场域中就处于中心的位置，在场域的竞争中取得了胜利。

第五，文化资本的可传递性特征。

这种特征主要指身体化的资本可以通过家庭这个机构进行传递，即通过家庭教育来传递和积累，因为文化资本一般无法以赠送和交易的形式进行传递。文化资本的传递和积累主要取决于三个因素，即家庭所拥有的文化资本、家庭能提供的自由时间长度以及文化能力。社会行为者文化资本的习得总是与社会身份和家庭教育密切关联，文化资本总是被刻上最原始的印记，如人的举止、口音、习惯等日常行为方式都显示出自身的教育程度和生活环境。无论怎样掩盖，个人都无法完全去掉最初的身份，也无力远离这个社会身份所赋予的一切。对于那些家庭拥有大量文化资本和社会资本的个体行为者来说，他们无疑比别人拥有更为便利的条件获取文化资本，因此社会出身不同的孩子由于家庭文化资本的不同，所能够受到的教育和累积的文化资本是不同的，今后生活的轨迹也可能迥然不同。

社会的中上层阶级多是文化资本比较富有的人，因为文化资本本身就设定了对技能与能力的要求，他们基本都聚集在脑力劳动阶层。一般来说，经济实力较为充裕的家庭能够为父母教育子女、子女积累文化资本提供更多的自由时间，他们总是愿意延长孩子在学校聆听教育的时间，延后他们参加工作的年龄。不同阶层出身的人取得文化资本的量是不同的，这些都会直接作用在他们的成绩以及他们后来在社会场域中的位置。

文化资本作为一种资本，具有进行自身再生产的潜能，因此在家庭教育中，培育个体的文化气质比教授他们知识更加重要。文化能力主要分为三个部分：首先是合法文化资本储备的知识；其次是掌握与文化资本的使用相关的知识技能社会技能；最后是有效地使用这些文化知识和社会技能来获得相应的社会地位的能力（宫留记，2009）。还可以进行传递的文化资本是客观化的文化资本，如文学、绘画、纪念碑等，这些客观化的文化资本在物质上是可以进行传递的。比如，画作收藏可以如同经济资本一样代代相传，但这种客观化的文化资本的传递是以客体的存在为前提的，而传递的仅仅是一种所有权，并不是消费手段。比如，某人对绘画的收藏只是说明他拥有对这幅画的所有权，而他只有真正懂得欣赏这幅画时才能使用、消费这幅画，从真正意义上拥有这幅画。

根据布迪厄的社会学理论，场域是一个在各种位置之间存在的客观的关系网络。整个社会可以被看作一个场域空间，这个场域空间由一些已经分化的、具有相对独立性的社会场域所构成，这些场域包括文化、宗教、经济等。无论在哪一种场域中，资本和场域都是相互依存的。一方面，资本的价值取决于它所在的位置，行为者使用资本的策略也取决于行为者在场域中的位置；另一方面，场域离不开资本，如果没有资本，场域只是一个空洞的网络结构空间，因而也没有任何的意义。因此，在整个社会文化场域中，可以把翻译看成一种文化资本，因为它是社会场域竞争中不同社会行为者争夺的目标，对某类翻译作品的累积，会导致某个社会场域结构的重大变革或者重构，而翻译涉及的诸多因素，如语言、原作、原作家、译作、翻译行为者、社会语境等也体现出文化资本的特点。在后文中，主要讨论翻译作为文化资本的身体化与客观化特征的表现。

二、翻译的身体化特征

身体化资本主要是对行为者的品位、气质等性情而言的。这种资本的获取是一个积累的过程，需要行为者在长期的生活中对文化、教育和修养进行有意识或无意识的积累。这一过程包含行为者内化和外化的行为，这种资本具体化和实体化的过程非常漫长，而且必须由行为者亲力亲为才能获取。对这种身体化资本的投资主要包括两个方面：一是时间的投入；二是社会建构性的投入。社会行为者需要投入大量的时间去获取自己在社会场域中所必需的技能、知识、文凭、证书、文化经历、礼仪、气质、性情等。因此，富裕家庭的父母总是想方设法让孩子在家庭和学校中多接受教育，他们并不急于将孩子推向社会参加工作，而是尽可能提供机会让孩子接受最好的教育，如进入师资力量雄厚、教学质量良好的中小学，以便能考取国内乃至世界有名的高校。另外，他们也尽可能创造机会让子女能够到世界各地进行文化考察，增加孩子的阅历，扩展他们的知识面，加深他们对世界的了解。所有这些行为都需要家庭为行为者提供充足的时间，这样子女才能更好地对自己所积累的资本进行内化或者外化的行为，最终获取较高的身体化资本，形成行为者特有的性情倾向性系统——惯习。社会建构性投入的内容包括社会认可的各种技能、文凭、气质、性情等，要想拥有这些品质，有条件的家庭会为孩子提供品质优良的中小学教育和游历等。需要说明的是，在社会建构性的投入过程中，行为者需要忍受某种匮乏、痛苦和牺牲。

翻译作为文化资本的身体化特征主要体现在译者身上。作为翻译行为的主要执行者，译者所具有的语言能力、学识、对世界的认知、审美情趣等文化资本也具有身体化特征，这些身体化的特征对译者特有习惯的形成有至关重要的影响。一般来说，在翻译界著名的、有重大影响译作产出的翻译家比不知名的译者拥有更多的身体化文化资本，除了这些知名翻译家本身所具有的不容置疑的"语言天分"外，他们身体化文化资本的获取一定经历了一个长期的积累和艰苦的社会性建构过程。因此，从某种角度来说，不能一味认定不知名的译者不具有和知名译者同样的语言能力，在"语言天分"大致相同的情况下，无名译者所缺乏的是知名译者所拥有的家庭背景、教育背景、社会背景以及个人对于文化资本的累计状况。下面以我国著名翻译家鸠摩罗什、玄奘、徐志摩、巴金为例进行简要说明。

先来看佛经的两位翻译家鸠摩罗什和玄奘。鸠摩罗什（350—409）的父亲鸠摩罗炎是天竺人（印度人），家世显赫，世代为相，他的母亲是龟兹王白纯的妹妹，聪明才高。鸠摩罗什在9岁的时候随母亲出家，学习佛经。他在修行期间每天背诵千偈，共32 000字，随后他又随母亲到各地（包括天竺）参学，这些都使他的佛法更上一层楼，而且名满天下。他于公元401年回到长安，开始了译经生涯。玄奘（600—664）俗姓陈，名祎，世家出身，高曾祖父四代都做过官，大至将军、国公，小至县令。他15岁在洛阳出家，遍访名师，去过长安、成都、荆州、相州（河南）等地，向13位知名学者学习了《涅槃》《摄论》《毗昙》《成实》《俱舍》等经论（马祖毅，1998）。公元629年，即贞观三年，玄奘自长安出发，历尽艰难险阻，在四年之后到达天竺，也就是今天的印度，他游学于天竺的各个地方。贞观十九年，他回到长安，在大慈恩寺等寺庙进行佛法研究和佛经翻译，直到圆寂。

再来看两位现代的著名翻译家徐志摩和巴金。徐志摩（1897—1931）出生于浙江海宁一个开明富商之家，由于是大户人家，他四岁就入了一家私塾启蒙，1914年中学毕业，考入北京大学预科班。1918年夏，他的父亲说服中国当时一流的学者梁启超收他为入门弟子。至此，徐志摩完整地接受了中国传统文化的教育。1918 年，徐志摩到美国克拉克大学学习社会学，第二年徐志摩转学进哥伦比亚大学经济学系学习并取得了硕士学位，随后他又来到了伦敦，结识了哲学家罗素和哈代、威尔斯、曼斯菲尔德、卡本特、威利等一批英国当时的著名作家、诗人和学者。后来，在曼殊斐儿的建议下开始了翻译工作。巴金（1904—2005）出生于四川成都的一个官宦家庭，祖父李镛、父亲李道河均做过清朝官员。他 5 岁的时候就进入私塾读书，16 岁时进入成都外国语专门学校，19 岁时发表第一篇译文，曾到上海南洋中学、南京东南大学附中就读，中学毕业后赴法国留学，回国后在上海、南京、北京等地工作。1934 年赴日本学习。他一生不仅进行了大量的文学创作，还翻译了大量的作品，译文全集多达 10卷，而且通晓英、法、德、俄、日和世界语，先后翻译了大约 50 种文学作品和社会科学论著。

从上述四位翻译大家的生平不难看出，他们至少有以下三个共同点：一是家境殷实，他们要么出生于官宦之家，要么出生于商贾之家，家庭都拥有充足的经济资本和文化资本，为他们今后身体化文化资本的获取奠定了基础；二是他们都接受了比较完整、系统、优质的多元文化教育，都有游学四方的经历，这些都是社会性建构投入中不可或缺的；三是他们的行为和取向都符合社会的主流期待，并达到了社会所认可和规定的程度，无论佛经还是西方文学作品的译介都是当时社会所需的。他们在这些方面进行大量的翻译活动，使他们的文化资本得到了更多的积累，这些资本最终转化为社会资本和象征性资本，从而确立了他们在译界乃至整个社会场域中的地位。

三、翻译的客观化特征

客观化资本主要是从美学角度而言的，是指一种物化的文化财产表现为一定的商品形式，如书本、艺术作品、工具以及建筑物等，主要通过客观形式的物质传递，或者说，客观化的文化资本传递必须在客体存在的前提下进行。当然，这些客观化的资本自身是有价值的，但是其价值的体现主要取决于消费者的审美能力。通常认为这种客观化的文化资本在翻译中主要体现在文本上，包括原作与译作。除了原作和译作本身所固有的价值以外，它们的价值和意义的大小主要体现在以下两个方面：一是原作如何被挑选为翻译的对象，获得翻译的资格；二是译作采用何种表现形式，获得其生存的空间。如果一个文本被越多的目标语选中作为翻译的源文，那么这个文本就拥有越多的文化资本，反之越少。一般来说，原作具有经典性特征，或者能够满足译入语社会主流期待的作品，就比较容易被挑选为翻译的对象，获得较高的文化资本。对于译作而言，在下列情况下，作品比较容易被译入语社会的读者所接受，拥有较高的客观化资本：① 作品是对经典作品的翻译；② 作品由著名翻译家所翻译；③ 作品再现了原文的内容和风格；④ 作品对译入语社会产生较大的影响。

　　换句话说，无论原作还是译作，其客观化资本的大小是由它们在译入语社会中被消费的情况所决定的。在译入语社会中越受欢迎，其所拥有的客观化资本就越多。这种资本的大小最终靠读者的阅读和认可才得以体现。因此，可以说，译作不仅仅是译者的产品，而是译者和译文读者共同作用的结果。书本或者其他的物质形式只是译作的物质存在方式，并不能代表译作本身，书本只是一种固定译作的方式。译作意义的真正实现必须有译文读者的参与，主要取决于译文读者的意向性重构。如果没有译文读者的存在，译作就会丢失其自身最基本的性质而变成一般的物质性存在，变成一堆废纸。因此，没有被阅读的译作只是一个"潜在性存在"，或者说是一种可能的存在。只有被译文读者阅读过，译作才能被具体化，实现其真正的存在，因为一个简单的事实就是，译者翻译一部作品的目的就是为了让它拥有更多的读者，得到译文读者的认可，否则作品的意义就没有得到具体化，仍然处于一种睡眠状态或者死一般的寂静之中。因此，在译者、译作以及译文读者这个三角关系之中，译文读者并不只是一个被动接受的部分，也不是反映的一个环节，而是一个构成历史的积极要素。没有译文读者参与的译作，其历史生命是不可想象的。因此，一部上乘译作的翻译一定充分考虑了译文读者的感受。译作价值和意义的实现也主要是由译文读者的认可程度决定的。译作拥有越多的读者群体，其价值就越高，所获得的客观化资本就越多，反之，译作的价值相对较小，翻译所获得的客观化资本也较少，因为任何对文本的评价都是基于阅读之上的，阅读文本之后，才能激活其潜在的价值和意义。

第二章　全球化与翻译的文化属性

第一节　全球化视阈下的翻译问题

随着全球化的到来，信息传播的方式和渠道如雨后春笋般涌现。与此同时，必然会带来一些问题，全球化和本土化的冲突、对立就是其中之一。全球化的思维模式潜移默化地影响翻译问题，而翻译也反作用于全球化。身处不同文化下的人们在全球化的影响下，在日常生活中的方方面面进行全面的接触。在这样的大背景下，翻译活动这样一种以体现差异为特征的文化传播方式对普遍主义的发展也起了重要作用，全球化进程在翻译活动的助力下愈走愈远。不同语言和文化之间的壁垒在世界经济贸易、政治外交和民族融合等方面的影响下慢慢消失。可以想象，在这样浩浩荡荡的变化驱使下，将会有多少翻译作品应运而生。当然，不得不承认，凡事有利就有弊，全球化的迅猛发展致使本土文化产生迷失和移位。很多人将全球化与同化对等，因为全球化的弊端确实是对民族精神和个性进行同化。而本土文化是长期历史积累下来的独一无二的瑰宝，民族的本体身份被人们所重视，就引发了文化焦虑。但是，全球化的发展是不可能被阻挡的。在这样的情况下，想要使全球化与本土化、普遍性和特殊性实现共存、共荣、共生，就需要本土文化自我思考，重新自我定位，以此重新彰显本土身份。与此同时，来自全球各地的文化的影响也应该被重新认识、了解，进而内化于本土文化之中。

我们必须认识到全球一体化和本土化抵抗并存着，政治冲突和文化张力在这样的局面下持续进行。正如乔治·瑞泽尔（George Ritzer）曾提到的，不同的国家对待全球化的态度并不全是一致的欢迎，全球化在各国受到接纳还是排斥，要看其是否可以给国家带来利益。众所周知，发达国家和发展中国家对全球化的态度就存在着很大的差异，因为相对于发展中国家来说，发达国家比其受益多得多。柯林·斯巴克斯曾说："全球化的过程就是一个会摧毁本土化的过程，而一个单一的、固定的、美国式的社会会代替它继续发展。""美国式"国家在全球化中的主导地位使这种美国式的文化潜移默化地改变了其他的土著文化，使土著文化没有抵抗之力，进而失去继续发展下去的机会。可以想象，如果一直按照这样的情况发展下去，本来异彩纷呈的全球文化最终一定会被同化得失去它本来的光芒，多样性的世界也会被简化为一个单调乏味的世界。

翻译在文化浪潮中起到了举足轻重的作用。它是连接全球化和本土化的一条纽带，引进其他文化，承认其优秀的地方，但也可以以宽广的胸怀和远见的目光来承认自身的局限。一方面，地球上各国、各民族的联系越来越紧密，文化保护主义并不是顺应潮流的好办法，当然也就是不可取的。另一方面，全球化确实也代表着本土化。矛盾带来了论争，一部分人以保护本土化为借口来阻止全球化的发展。但是，这样的"努力"仿佛无济于事，土著文化似乎并不能与来势汹汹的全球化相抗衡。

全球化存在于社会的各个方面和角落，它的影响力确实有可能使土著文化失势。但是应该认识到，纯粹的本土性并不多见，反而是受到了其他文化影响过后的本土文化更多。

英语的广泛使用彰显了英语在全球语言的统治地位，英语乘全球化之势，侵蚀着其他的土著文化，展现了由其统治地位所引发的同化。可以认为，这是人们对全球化产生反对和抗拒心理的根源。当然也要清楚地认识到，不是英语的原使用民族对英语进行大范围的使用的行为被称为全球本土化。例如，众所周知，新加坡英语的本土特色就非常明显。全球本土式的英语也可能伴随着全球化而产生，各个国家的英语都可能带有其自身的特点。在全球本土化的大环境下，本土身份进行了重新编排，并通过各种各样的方式被不断强化。比如，中国内地的年轻人并未将其英文名当成理所当然的，大多数人都不会为自己起一个英文名字，但是在曾经成为过殖民地的香港，几乎人人都有一个英文名。

凡事都有两面性，翻译在助力全球化发展进程的同时，阻止了其他国家的地方本土语言登上世界舞台，这就导致英语这门国际通用语言在全球范围内的使用率缩减了许多，进而增加了本土语言的使用机会。可以看出，当英语被翻译成熟悉的语言后，文化的传播就仅靠本土语言来支持了，英语的全球功能也就被相应地减弱了。

经济全球化也大大刺激了对翻译服务的需求。本土化重在对差异他者的调适和改造，这样的解决方法使本土文化有了武装自己的盔甲，避免了在文化交流中"暴露"在全球化面前而被其同化，这样的做法受到了很多人的青睐。但无奈的是，土著文化在应对带有殖民和后殖民色彩的外来文化入侵的时候，最终还是会面对同化的结局。这说明，土著文化在面临被同化的威胁时的努力可能是无济于事的。"去区域化"和"再区域化"之间的相互作用是强有力的，以至于让全球本土化在全球化面前享有更多的话语权。显而易见，全球本土化这一趋势的确是对抗全球化不利影响的措施，被人们看作未来一系列全球本土化形式的铺垫和前奏。因此，在全球本土化的跨文化语境中探究翻译过程中的文化和政治张力是非常有必要的，需要大家重视起来，考察文化全球化误生的焦虑心态也是必行之路。

全球化的趋势是势不可挡的，不论人们是否接纳它，都不可能真正阻碍到它的发展，它几乎对世界上的所有国家都产生了或多或少的影响。从翻译的视角出发，文化全球化呈现出让人担忧的局面。当"全球连通性"（global connectivity）的隐含危险出现时，人们可能会反对文化全球化。也就是说，目前翻译处于关键而又无法改变的尴尬境界，是文化全球化造成的。当人们意识到这个问题时，尝试以保护主义的手法来消减负面影响的方法恐怕是得不偿失的，实际上，这是一种极其不合理又不现实的方法。全球化中的文化对话得益于翻译在不同文化之间的传播。推进文化多元化的重要途径之一是跨文化对话或文化间的交流，而消除文化同质化的最优方法也是跨文化对话。在某种程度上，即使再优秀的本土文化，也离不开文化全球化。因而，这两种关系虽然是相互对立的，但总的来说，推动了全球化的发展。本土化立足于本土条件，希望通过自身努力，在改变和改造自我的过程中提高文化全球性的可达性。

第二节　全球语境与本土文化

全球一体化和本土化的关系十分微妙。一方面，两者的关系是可分的，另一方面，两者的关系又是不可分的。如果说全球化对一个国家的发展有着深刻的影响，那么本土化一定也会对世界产生同样巨大的影响，两者采用国际合作的方式彼此影响、相互促进、密不可分。在约翰·汤林森看来，"人类对文化作用的看法直接影响全球化进程"。全球在一体化的影响下，不断朝着同一性（sameness）的方向演化，使地球变成了"地球村"。但就本土文化内部而言，差异性更加突出，因而促进了文化多元格局的演进。在此基础上，"单个人的行为反映着社会的框架，也表明全球一体化不是受某个集团控制的单一化行为，反而是一种一体化融合当地文化的过程"。

一般而言，本土介入既是影响文化发展的重要因素，又受到文化背景的约束。它形成了一个机制，可以对冒失性的文化或政治上的言语进行抵制，这样有利于降低全球化与本土化发生矛盾的概率。毋庸置疑，本土文化在一定程度上推进了全球化的进程，但是在外来文化融入本土的过程中并不是被全盘接受的。

需要特别强调的是，为了避免本土文化固步自封现象的出现，文化差异会随着本土化的过程渐渐融入本土语境。如果本土化的过程比较顺利，那么译者可以拥有适度的主观能动性和个性展示，这样，不但没有丢掉本土身份，反而在一定程度上实现了本土身份。跨文化翻译不可分割的重要组成部分是文化语境下的身份建构。因而，对于本土文化身份的识别来说，具有特别的意义。全球化也正在影响着翻译中的本土铭刻（local inscription）。总的来说，本土文化对人们有着根深蒂固的影响，不是说抛弃就可以抛弃的。同时，令人意外的是，本土文化努力逃脱地方主义（provincialism）束缚的过程也是被全球化的过程。

翻译理论"可以被重新命名为本土化理论"，这是安东尼·皮姆（Anthony Pym）形容本土化和翻译两者关系时的声明，不难看出，两者之间具有不可分割的关系。从宏观的层面来看，在本土跨文化的背景下，翻译的生产和本土化是同步的。全球化、本土化不间断的连续统一体（continuum）不断容纳翻译的文本。全球化和本土化在文化发展的层面上呈现归并趋势，是因为两者经历过同样的发展演变过程。如果抛开文化霸权的潜在弊端来看，全球化还存在一些积极作用。比如，有利于促进不同文化之间的交流与融合，有利于促进全球的合作和建设性发展。实际上，文化全球化不一定会引发文化霸权，同时会促进外来文化与本土文化的交流融合。需要指出的是，外来文化具有两面性，一方面存在破坏本土文化的潜在性，另一方面，有利于促进本土文化的发展。因为这是一个变化多端而各文化又密切联系的时代，所以本土利益和本土实践之间的关系更加不可分割。因此，对于不能被接受的文化，译者可以发挥主观能动性选择性地隐藏一些可以出现在读者视野中的内容。除此之外，一个混合的文学产品的出现意味着在翻译过程中本土文化已经被译入目的语文化。特别是当译者用母语把作品翻译出来的时候，在译本中会或多或少地保留本土文化的特征。在以前的观点看来，这可能没有什么关系，但是这些可能被译者忽视的文化问题有可能具有潜在的危险性，这些问题也有可能是译者对目标语不精通造成的，有可能会把目标语读者拒之门外。可能是由于不同的本土文化之间会存在发生矛盾的可能性，或许由于目标语几乎不能快速接受原来的语言具有的本土文化。

受全球化趋势的不断影响，在全球语境下，需要对本土文化的地位进行重新评估，已经成为一个必然的发展态势。由于翻译是一项跨文化的交流活动，两者之间的联系开始变得不再简单。因而，翻译是具有两面性的。首先，翻译是一种在对外来文化接受过程中的新生。其次，翻译在对待外来文化的时候会丢掉殖民化的特征。所以，在接受外来文化时，有时需要表明身份来抵制外来文化的入侵。本土文化对外来文化的细节特别敏感，因为翻译会全方位地涉及本土文化，因而这些敏感常常被认为是不可译类中的"目标语文化的不足"。

本土文化遭受侵染恐惧的加剧是由文化的全球他者性造成的。但是，用本土化替代翻译的消除异质的和陌生的文化特性，特别突出本土性，实质上不会促进文化之间的融合，也不会有效化解文化冲突。不可否认的是，它会根据本土的需要和语境进行一定的改动，而且各种翻译本土变体都是由具体的改动程度决定的。

值得关注的是，本土化是可以温和地进行引导归纳的，而不总是以抵制的态度在世间存在。本土身份范式已经部分发生了变化，这体现在全球产品已实现对本土文化边界的跨越，且全球化与本土化之间的碰撞越来越多上。

应对的方案总是及时产生，并且具有一定的适应性，因为本地化是不可避免的，而且不可能提前就计划好。就翻译而言，考虑到当地读者的实际需要，文本改写更加本土化也是一种常见的现象，即文本以一种温和的方式改写，以适应当地文化。随着本土文化的介入，翻译在一定程度上是去除异化（de-alienation），从而减少部分陌生奇异的感觉。实际上，归化的作用比翻译策略广泛得多。在翻译实践中，为了使文本更加通顺而对技术水平的抛光润色操作就是归化，但它并不是指如删除、添加、改写之类彻底的改变。虽然说译者已开始在本地化和归化与当地文化相结合的道路上不断探索，但归化的产品在本质上都没有进行改革。归化过程基本上直接忽略了文化协商的部分，其主要特点是直接取代。在价值、概念和经验方面，本地化意味着两个文化体系之间的联系变得更系统与生动。

在全球语境下对本土文化的去除和投射就是翻译本土化的概念，本土文化的根基是自身的文化传统。当它在翻译中遇到外国文化的文化表达时，它必须对外国文化作出反应，并与之互动。因此，许多相关的上下文细节与源语言和目标语言中的很多文化特质交织在一起。这使翻译人员只能积极地处理跨文化协商中出现的各种问题，以便应对这两种文化之间的复杂因素和相互关系。可以想象，源文本可以在不同的地点和时间被翻译成不同的版本，而本土化是自然发生的，并且随着时间、地点的变化而变化。此外，不同翻译人员采用的翻译方法也是不同的，同语复译都是如此，更不用说翻译不同的语言了。超越亚文化的界限是翻译必须面对的问题，通过消除世界与大陆之间看似不可逾越的差异，民族间的融合可以取代本土文化的相关性和重要性。同时，可以在相关文化语境的框架下及时突出本土相关度和重要性，促进跨文化循环，从而提高本土文化的水平。

第三节 本土文化的可译性

翻译的本土化过程是十分诱惑的：它可以使翻译的相关性和当地需要的相关度得到有效提高，还能把翻译和当地的现实联系起来。本土文化并不能自动与外部文化产生联系，所以必须借助本土知识来使翻译效果得到提高，虽然它有可能会阻碍对异质他者的理解。因为本土关心的话题和不同问题之间是相互关联的，所以必须学会以各种方式作为文化对话方式将翻译与外界相联系，并正视本土化如何影响翻译策略和其译本的本土接收问题。本土化关心的话题和不同问题之间具有相互的联系就是目前需要面对的问题。本土知识对翻译的重要意义是，将翻译作为一种文化对话的方式与外部世界联系起来。正如韦努蒂所说："翻译既要源语言文本，又要忠于目标语言，不管你面对的群体是什么，解释都不可能提供最终的权威。解释总是具有本土性的，这是需要外部条件作为依赖的，即使是在高度学术性的社会机构中。"

如果没有必要的本地知识作支撑，那么翻译将缺乏解释的框架，解释的性质也就很难使其保持对源语言的忠诚。译者需要对本土知识有相当程度的掌握，主要是为了使目标语言读者能够顺利阅读翻译作品。

因为本土知识在很大程度上决定了解释的有效性和合法性，所以沟通的有效性在翻译时如果没有考虑到当地的环境和条件，就很难得到改善。如果你能在阅读翻译时帮助目标语言读者与当地的现实相联系，就更有可能使你的翻译被理解。跨文化实践翻译就像航海，因为船长不知道当地港口水路的危险，当外国船只在本地港口附近停靠时，便由掌握驾驶知识的、通常是当地居民的船员来驾驶，这是有利于航行安全的安排。大多数人认为，一般译者的母语就是译入语，这就说明在本土知识储备不够充的情况下，作为文化产品的译本可能不会被目标读者所接受，也间接地证明了本土知识的重要性。这也说明在译者的离散经历准备得很充分的情况下，无论译文是不是母语，翻译作品的可达性都不会出现太大的问题。

综上所述，目标语是跨文化交流的很重要的因素。跨文化交流在很大程度上受到可达性的影响。修改稿件是包括新闻媒体和出版部门聘用的外籍专家等在内的我国对外宣传媒体的很重要的工作。只具有与专业相关的知识，而不具有相关的本土知识，是不能称之为专业的。与本土相关的文化知识的价值就相当于港口领航员，他们的判断和对译文的修改在很大程度上决定了译文最终是否被接受。

在保持指涉性完整的情况下，对文本进行一定程度上的改写，翻译才能成功。有些文本的可达性在进行改写之后仍然达不到标准。如果出现这样的情况，基本上就等于交流任务失败了。词汇层面上的翻译随着文化层面的变化而改变，这虽然比较容易，但也很难把握其意义，这再次印证了文化语境是翻译不可缺少的条件。

翻译实现本土化的方法最有可能的是，通过本土习语来使异质文化更容易地进入目标语系统。但是为了防止引起的认知偏差和错误表述，源文本对本土知识过分依赖的问题仍然值得思考。但毫无疑问的是，因为滥用或误用本土知识会导致无节制的操纵，所以有时本土知识恰是问题的关键所在。然而为了给翻译护航，以免发生文化或政治上的冲突，本土知识将文本送至相应的译入语文化中又是必不可少的。实际上，本土合作或参与与翻译的成功是分不开的。而且，在源文本的选择阶段，本土化的重要性就已很明显，所以在判断评估目标语读者的需要方面本土知识功不可没。

正如所了解的那样，文化意义的再生受制于人们对本土意识的了解。参与感是译者在深入当地的实践活动中体会到的，从而能够反作用于其本身，使其能够更好地去认识问题。因为本土实践只是限定于当地文化圈内的人，所以切实进入翻译目标语的环境，才能使翻译在目标语文化中畅行无忧。并且，只有在本土实践的文化圈内，才能掌握其文化精髓，才不会因为实践文化把不相应的东西强加给当地的读者。因此，对当地语言文化精髓的表达至关重要。通常，被重点指出的是跨文化翻译其自身的不稳定性，从而能够给翻译者提供真实的民族意志以及基于想象和猜测的混合体。对那些翻译目标地的社会传统文化也应该有所了解，唯此才能在翻译过程中，将人们关注的问题以一种本土化的方式细致地表现出来。如果要将本土文化推向世界，就要对感情进行保留，这不仅对是否将其恰如其分地呈现给目标语读者，而且对再现源文本的文化信息，都十分重要。

翻译是为了让本土的人们能够真切地体会到他国文化所打造的一种特别的本地文学，而这恰恰基于对本地文化情境的了解。应该注意到一点，就文化意义而言，大众认知在此种情境下可能是对立的。将文本进行本土炮制的过程可以认定为语言的本土化。以此为依据，翻译者就像是作为当地文化的代表，与外来的文学著作进行谈判与协商，扎根于自己脚下的需要，将其进行改编与再创造，以满足自己翻译的目的。就像韦努蒂所说的那样："因为翻译面对的读者群体是恒定不变的，所以不管你的目的和效果如何，都必须是原味和零星的，并且根据全球经济状况的变化而改变，也许这是非常明确的；翻译有形成文化认同的能力，创造了种种具有代表性的域外文化，同时建立了土著主体性，通过兼顾当地的文化符号和思想状态，使译作可以被理解并展现其文化的功能。"

翻译必须和当地的文化相适应，所以可认定为本土行为化。尽管如此，还是会收到当地实际文化氛围的制约，其中的问题也不可避免。各种形式的文化挪用乃至对殖民化文化行为的抵抗应运而生，就为应对文化全球化的力量，目的在于克服或降低异质他者。

然而，本土化行为不可能一蹴而就，即不完全实现。令人深思的是，翻译活动不再受制于地方与本土文化的制约，不再那么固定，而是以全球化姿态的行为越发增多。除去本土偏好，当下全球意识日渐觉醒，翻译活动随之增多，随之而来的本土化以及社会实践与此不可分割。伴随不同知识在不同文化中的碰撞，跨文化交际的品质和功能得到增强。

另一方面，地方文化向基于当地价值观和理念的普遍主义目的转移，也可以用本地知识全球化的愿望来解释。只有在译者深入了解其本土文化之后，才能更好地把内容传达给当地读者，以达到译者翻译作品的原始目的。

第四节　翻译的本土化透析

一、本土化翻译

在皮姆看来，本土化实践的本质不过是把翻译看作在不同文化之间寻求等价的手段。等价翻译在现在已经成为一个概念性的问题。但是，翻译绝对不单单是皮姆称之为"语言的本地化部分"的问题，实际上这与归化没有差异。必须承认，归化带来的不仅仅是语言性质的问题。翻译的归化是由于语言不连贯和文化差异造成的。如前所述，与规划相比，本土化是一种更容易被大众所认可的语言再创造活动，绝非对等的翻译那么直接与生硬。本地化的手段不是归化的标志，而是翻译的明确方向。此外，反霸权的一部分是由对经济全球化的控制抵抗以及采取的相对应的措施而形成的。翻译是外来文学进行本土化实践的一个翘板。

在本土化和全球化相交叉的时代，翻译活动被提供了一个可创造的语言环境，其文本意义的价值在于具有了不同的文化价值形式。在文学中的本土化意味着将其原始的生活习惯、语言特征以及习俗细节进行一定的社会再创造。在此过程中，一部分内容必须保留，目的在于使其目标读者能够自行联系原作的时代生活环境。梅尔·凡·艾尔特伦（Mel van Elteren)说："旅行文化的意义在于运用自己的语言将其他地方文化带入自己的地域，进行本土化的过程以讲出自己的旅行历程。这是一种急剧动荡且夹杂着民族文化统一的一个阶段历程。这只是专注于文化传播中的目标者，过于强调文化的转换形式的主动挪用，文化行为和逼迫方式往往是被忽略了的。"

对暴力的本土化解释是文化变革中的一种转换形式，这与翻译承担的文化剥夺任务所夹带的表现性有关。文化转型的巨大机遇确实已经被翻译所呈现，甚至说是构建。几乎翻译者所有的道德缺失都是因为过分的看重翻译目的，致使翻译的作品缺乏社会气息。

翻译虽应着眼于文本意思的可理解性，但是对文化交际障碍最大的却是文化逼迫。翻译者要知道在本土化的实践中，面对文化逼迫力所带来的消极结果，该如何解决。另外，在本土化实践活动中的价值观虽会得到完全认可，但是其中也不乏演变的潜在可能，这是对本土文化演化成为地方主义的预防。自始至终都支配着本土化过程的是对目标语系统需要而引发的关注。皮姆在谈到本土化文化实践的时候说："本土化是一种将翻译文本不断协调与改造的过程，以适应目标语当地文化的环境。"在选择是否要翻译译本作品之前，译者就应该对此种翻译文本是否能够适应当地的环境，是否能适应本土化环境下的文化消费进行思考。因为各种各样的文化驱动及其相互作用都与翻译的本土化存在密切关系。（有些驱动协调作用不可或缺，如果我们继续考虑接受和理解等影响，具有一定的本地化翻译和适应性就不足为奇了。但是这样却会导致原作和译文的分崩离析，因为其中包含不共存的一些特性。）

尽管把文本内容进行适当的调度与协调有很多益处，但这也往往阻碍了跨文化交流。以文化剥夺为特征的殖民化被各种各样的调适所代表着，这就剥离了当地读者与原作之间真正的感触。如果过于强调协调与调度，人们不免会质疑译者的道德品质。但是，翻译必须历经一系列的跨文化调适阶段，才能对目标语文化进行渐次改造，这主要是为了解决可能存在的沟通问题。在征服外国文化的压力时，我们能体会到地方文化被击溃的恐惧。因此，我们陷入了进退维谷的情况：在"全球语境"席卷而来的时代，翻译不可或缺，也是本土文化传播的需要。另一方面，这种文化的压迫力、征服力大多是通过翻译对当地文化进行渗透，这就意味着本地化在全球文化的影响下变成了极具象征意义的多元文化载体。当译者在翻译过程中遇见当地文化中不常见的事物时，应该对其进行改造和协调后再使用。就像我们不提倡生硬刻板的翻译一样，而如果缺乏相应的互文知识，目标语读者就容易犯错误。即使逐字逐句地翻译，也会犯相同的错误。

在翻译中，实施某种操控文本的编辑就代表着本地化，它的目的不仅是为了规避地方文化与原作价值取向之间的冲突，也是为了提高文本的可访问性（可访问性是在表面上反映出来的，并且是跨文化交流的基本问题）。但是，就算使用了翻译本地化，如果不加限制，它也可能带来弊端甚至危险，就未来而言，这也是能预见的。在文章的文字上下功夫，变更语言形式，协调不同语言之间的代沟，这样的方法对读者的影响只能起到临时作用，而随时间的推移，它的跨文化交际的价值就会显得有所欠缺。就像常说的，假若翻译没了中心价值观，其读者也会觉得不知所云。

不能否认在翻译过程译者对于其本土文化的保留的重要性，可是如果他们身处欠发达地区，不将那些发达国家的价值理论带入，其累计的后果不容小觑。不管怎样，译者并不是没有夹带批判精神地全盘接受西方价值理论。在韦努蒂看来，归化的翻译方法被用来强化目标语言文化中主导的本地传统。这种表达可能第一次令人费解，可是在经过对林纾翻译勒达哈格德有关帝国作品的阐述之后，韦努蒂的态度就非常明确："中文翻译以帝王的视角摧毁了欧洲的帝国文化。"然而，采用外国思想创造西方人崇拜中国国王的错觉并不是韦努蒂（Venuti）的归化方法，而是本土化方法。这种"叛逆"的翻译行为只不过是想彻底改变读者对哈格德作品的印象。很多有意义的章节因为文化的差异而被改写或删掉，可是翻译者对它们进行本土替代已经超乎原作者可能的想象。由于翻译在文化水平方面的改造，文化叙事发生了逆变。

重要的文化或政治要求在特定的文本生成和接受的文化情境下，使翻译者翻译策略的选择被限制了。本土实际影响和全球与本土间的互动时常决定翻译任务的完成。在道格拉斯·罗宾逊（Douglas Robinson)看来："当译者接到来自各方面的翻译工作时，首先他要了解翻译文本使用的语境，以此来判断他的客户需要哪种语言风格和标准规范。翻译的时候要不要本地化处理？例如，如果度量单位是公制，需要改成英制吗？还有日期，是年、月、日，还是日、月、年？以及类似的各种情况。如果只是单纯的翻译，就应该原汁原味地复写给客户，以确定他们能够对原译本的切实理解。翻译所面对的不同对象是译者应该考虑的问题，因为这决定了他们是采用直译还是有选择性的意译。"

全球化带来越来越大的压迫，限制了实践翻译的条件。从另一方面来看，翻译的可靠性往往因为本土化的掺杂而受到读者的质疑。但是，反过来，很多读者关注的也仅仅是作品的可读性、可理解性，而不去考虑是不是原汁原味的翻译。

如果前瞻性是本地化所起的作用，那么本地化的翻译变化则不能成为进一步考虑的问题。本地化强调替代对重新改写的重要性，二者自然也不是一回事：前者认为在当地语言中，可以找到相应的词汇与原文文字相对应；而后者却认为，对于原作品的翻译只能通过本地语言的再造与组合来达到相应的意思表示。并且，本地化和生搬硬套也不同，就算外来内容的目标是本地化翻译，大概也只是谋求与之对应的结构。除此之外，本土化的翻译实践中包含语言民族主义化。

如皮姆所言："翻译可以作为本土化实践中的冰山一角，但是在翻译中最细微的表现形式不过于本土化。总之，它们都意味着在交际中隐藏着的文化对抗。"但是还是要具体问题具体分析，根据变化着的标准来判别相关事物。因为本土化翻译是为了适应当地语境，所以只要做到与本身制度化不同质即可。而远瞻翻译的发展，将当地零散的文化进行制度化意义不大。

二、全球本土化与其文化意义

人们越来越认为翻译只限于生硬的直译，而没有从跨文化的角度去考虑问题。翻译其实是一种本身很矛盾的实践过程：阻碍而又促进全球化。首先，信息自由流通的传播媒介是翻译，其反过来又加速了全球化的发展。另外，它具有文化筛选的功能，以转换或者隐藏的方式，阻止或开拓更直接的跨文化交际。但是，本土化的过程并不代表对当地不存在的事物进行一味的文化排斥，在某种意义上，只是通过某种方式方法，使翻译更符合当地的语境，从而可以顺利地完成工作，这是对翻译强制注入本地元素的主流文化，在实际中能够阻碍本地文化一体论。然而，作为一种整体性行为的翻译活动同时包括全球化和本地化，这导致了文化交际的扩张。威殊（Welsch）所说的"跨越文化"事实上是涵盖了每个地区的当地文化。民族文化由于被区域化、全球化的文化强权所冲击，所以其身份渐渐具有跳跃性。在翻译的大背景下，文化的传递与传播可以被这样认为，是有关于文化形态的重新构造或再创造。

产生于社交之中的文化意义并不会太稳定。在不同的文化背景下，社交关系复杂多变，再通过翻译这一介质，其意义也会变得很难判断。在肯尼斯·艾伦（Kenneth Allan）看来，"文化意义的中心思想是当地人们约定俗成的，从而对人们有了共同的文化认可"。然而在当地文化中，这种文化意义会在人们不同的解释与协商中不断发生变化，这是一个重复且不断发展的过程，就算是得出了错误的结论，也是阐释中常遇到的情况。正如雪莱·西蒙（Sherry Simon）所言，"文化意义源自于不断的协商过程，它不是与生俱来的，并且它还不断地在变化与发展着。"这大概就是文化再生的意义。

在这个再生意义的创造活动中，包含了不同文化之间的碰撞与互动。译者应该掌握"与文化变化、身份转换以及学习风格与本土文化之间变动的关系的方式"。在审美价值取向以及文化认同的影响下，因本土化所致的文学风格的变化在很大程度上影响着当时的现实。一些文化细节很充足，但又经常会使人感到理解上的困惑，这就是文化意义吸引人之处。由于文学的构架涉及传统文化形式，所以译者很难跨越传统上的阻碍。"每个事物的文化涉及所处的文化内涵和意义有所不同"，尤其是殖民特征的文化，它彻底改变了两种文化。总而言之，翻译鸿篇巨制，是一种很艰难却又不得不很小心翼翼的事情。

人们在翻译过程中，更多的是感到缥缈虚无的文化意义，它的表达形式太过多变。恰恰因为如此，对文化意义的各种遐想就显得格外重要，这样才能让读者领会到他国文化。因此，文化之间渐渐模糊了边界，源语言和目标语言文化的地方特色之间的差异也慢慢消失。

为了缓解民族化与世界化之间日渐膨胀的矛盾，翻译应更加灵活地运用其中多变的方式。就算这样，译者的多重属性意味着，哪怕最主张世界主义的译者也要留意牵涉民族眷恋的部分，结果便导致了文化全球本土化。当译者以全球语境为翻译指导，其共享成分也不免增多，在某种程度上也打开了更广阔的文化交际范围。

可是，在殖民与被殖民的实际情况下，其所代表的两种文化必定会形成激烈冲突。但事实是，新的交际方式也会随之发生、延展，致使单一文化淡化。另一方面，译者通过翻译不同的世界观、价值观，促进了对地方和全球关系的理解。

在全球语境下进行分化的读者的构成将会发生质的调整。这种自本土产生并反作用于本土的关系链不仅促进了全球文化进一步的交流互动，甚至会产生激烈碰撞，而且在一定程度上反作用于当地文化的发展。如此形成的一种周而复始的过程在某种意义上促进了世界文化的融合，从而能够消解文化交流带来的冲突与矛盾。

随着全球意识的普及，文化概念也不得不随之作出一些变革和修改，而这也恰恰是文化差异在翻译中的体现。所有关于全球化的利弊而形成的文化后果通常都是由翻译引起的。

而对日渐趋同的民族主义而言，全球化文化的浪潮是有一定的积极意义的。比如，在中国与西方的跨文化交流中，外来的知识成果是不会经过汉化改造的。相反，只是一种单一的没有其他特质的文化很显然是极为危险的，即使引入了外国文化，但由于古代中国已经与世界隔离很长一段时间，它们也大都被本土文化所侵蚀。很明显，以一种未来的观点来看，固步自封的文化保护主义会阻碍当地文化的发展，丰富、扩展本土文化才有助于文化的进步与发展。

首先，激活目标语文化的潜能大都是由于译者从当地视角中所形成的文化构造。

为了让译者"找到"并激发目标语言的潜力，积极的跨文化交流态度是必要的。为此，大卫哈维（David Harvey)对自身经验的阐述值得一提："翻译要求我尽可能忠实地表达其他语言表达的含义，而不放弃母语的表达性。恰到好出的翻译可以展露母语的潜能，从而改变其意义的平衡。"言语和文化上可对目标语文化产生或隐蔽或明显的效力、或惊天动地或轻微柔和的改变。有种平衡在同化和适应之间翻译是必得的，与此同时对文化意义的细微之处作出区别。原来不加分别的情形在目标语文化中可能因此出现语言意义和文化的矛盾之处，随之而来的是翻译者对相互对抗的或可供选择的翻译方法的敏感提升。要求的细节越多，差异就越细化，由此，目标语就有可能变得更精准和多样。

其次，不同的文化价值在翻译实践中得到了充分的体现。

在日趋全球化的文化背景下，既要把这些不同的利益、需求、传统和欲望调和好，又要在具体的翻译过程中考虑到本土所在意的东西是文化翻译的真正挑战。即使文本的生产一直基于本土，但它的消费市场可能是全球。因此，如果使用多种语言翻译源文本，或翻译不同历史时期的事情，所经受的可能是不一样的本土化方式。总而言之，翻译在某方面真正地体现了多样化和区别性。通常，目标读者应该拥有阅读另一种当地文化的期望去了解具体内容。当翻译被阅读之后，字里行间所透露的文化现实是其主要表现和情感体验的文化意义来源。因此，基本可以确定，文化意义依附于跨文化交流，目标读者经过跨文化想象、分享他人的经历和感受他人体验是不同的文化传统互动。不可否认的是，将人们的主观经验分享到另一文化体系并不容易。伴随全球化的不断发展，不同民族的人们接触愈加频繁，翻译在特定时空中产生并一直被修改，"内地人外地人"的视角甚至被互逆。

最后，文化更新的现实为翻译所体现，它的特点是日趋全球化。

异域影响在本土的可到达度的重要之处是互文关系的重构，而普遍主义和特殊主义 (particularism) 之间的对攻能够一起复兴本土和全球文化。全球影响力的强大对当地文化的发展产生了严峻的挑战，当地对它的反馈则是一种文化混合体。为什么会出现杂合的可能？原因就是，让一个知识体从源语文化转移到目标语文化时，对目标语文化来说并非都是新颖或格格不入的。本土与全球相联系的意义在于，一方面，减少了身份的排异性和僵硬性，另一方面，催生了由全球本地化驱动的多语言环境。多变的文化预设意味着翻译有时靠近全球化，有时靠近本土化。因为引用典故有时体现出了文本的文学性，在翻译中，意义建构行为不可避免地有晦涩简约处理文学和文化指涉的危险。但是，以全球化时期本土操作的典型文化模式的翻译也随着本土化在全球的不断深化得到了越来越好的生产条件。

本土化已经由全球化引燃，反过来，本土化也对文化的全球化起了一定的积极作用。

在译者的重写过程中，深层次的文化取向因相互沟通的途径而有所体现。通过翻译的本土化，去除了那些外来文化的糟粕，但这确实是对原作品内容的重写，虽然普通，但很难发现，这也是全球文化本土化的表现，并能够反作用于文化全球化进程。本土文化与全球文化之间充满了以协商为主的文化差异特点，来协调文化之间的扩张力，从而反映出在全球化进程下的新的文化融合现象。

第三章　中西方文化翻译理论对比研究

第一节　西方翻译理论研究

西方翻译迄今已有两千多年的历史，大概可以分为中古世纪、文艺复兴、近代工业革命时期及当代四个阶段。

一、古代至中世纪翻译理论

（一）西塞罗

经过大量翻译实践活动的西塞罗（Marcus Tullius Cicero）毕生对社会各流派、各阶层、各方面的文学巨制都进行过翻译，其中包括《荷马史诗》以及柏拉图的《蒂迈欧篇》等。

《论最优秀的演说家》与《论善与恶之定义》两部作品体现了西塞罗的主要学术观点。在前部著作中，他把翻译分为"演说者"翻译和"解说者"翻译两种类型，这部著作呈现出西方翻译史上最具有代表性的原始语言风格。而在后部著作中，一种灵活多变、富有创新意义的文学翻译方式开始展现，也就是意译的方法。

因此，在西方翻译史上，西塞罗被誉为第一位翻译理论家。

（二）贺拉斯

《致皮索兄弟书简》（又名《诗意艺术》）集中体现了贺拉斯（Quintus Horatius Flaccus）的翻译思想，其中"忠于原作品的翻译者不会逐字翻译"，在后世成了对直译和死译进行批评的重要理论。

西塞罗的翻译理论被他所认可，他认为翻译应该尽可能意译，但是自由翻译与胡乱地随机翻译显然不同。同时，他高举希腊翻译典范的大旗，鼓励翻译者去创造、去发挥，以一种平和的方法以及众人可接受的语言风格作为那个时代的翻译原则，对思想解放时期的很多译者起到了重要的指导作用。

（三）昆体良

昆体良（Marcus Fabius Quintilianus）一生虽然著有三项文学典籍，然而不幸的是，如今仅有《修辞学原理》保留下来，这也是其中最有内涵的一本书。

总体而言，他的翻译理论记于八九十卷，观点如下。

（1）翻译可分为直接翻译和意译两种类型。

（2）翻译和解释是两种不同的理论。

（3）如果创造性的意译能够提高翻译的可读性，那么翻译时应该以此为主要方法。

（四）哲罗姆

哲罗姆（Jerome）在神父的行列，据记载是个学富五车的人物。

他的翻译观点有以下几点。

（1）完美翻译源于对文本的理解。

（2）宗教与文学属于不同种类的翻译。

（3）切忌机械无脑的转换，要合理运用意译的手法。

哲罗姆把《通俗拉丁文本圣经》（拉丁文版《圣经》）看作自己毕生翻译理论的精华。这部书的价值不仅体现在对拉丁语《圣经》的空缺填补，终结了拉丁语的宗教杂乱，还为后世翻译宗教文学提供了指导。

（五）奥古斯丁

语言文学著作《论基督教育》是奥古斯丁（Aurelius Augustinus）写的，书中所阐述的语言问题大都与翻译存在一定的联系，这也是一部有关翻译理论的重要作品。

其翻译思想如下。

（1）指向性问题、能够指向的问题以及翻译的甄别问题之间的三角关系应该予以考虑。

（2）要注重朴实、高贵、威严三种风格的变换。

（3）熟于不同语言之间的感情表达，掌握至少两种语言。

（4）按上帝的意愿去翻译《圣经》。

（5）词是翻译的基本单位。

他的符号理论影响至今。

（六）布鲁尼

在中世纪的西方，有位对翻译进行研究的开拓者，列奥那多·布鲁尼（Leonardo Bluni），他写的《论正确的翻译方法》专门解释了翻译是什么。

其翻译思想体现为如下几个方面。

（1）翻译的核心在于不同文化之间的传播，翻译者应该了解不同的文化。

（2）翻译没有语言种类的优劣之分。

（3）原著的文字风格应得以保留。

二、文艺复兴时期翻译理论

（一）多雷

多雷（Etienne Dolet）37 岁的时候，在柱子上被火刑烧死，只因为他在与欧洲教会翻译《圣经》的争执上选择了意译，被称为欧洲思想解放时期的先驱。他的翻译作品有《圣经·新约》，编辑过柏拉图的《对话录》，对翻译事业的贡献卓著。翻译水平的高低体现在以下几点。

（1）翻译者应该对原作者所表达的主题思想有所了解。

（2）译作不应该破坏原作品风格的和谐，所以要熟练把握源语言和目标语言的使用。

（3）译作应该对原文排序有所协调。

（4）译者的翻译文字要尽可能地接地气。

（5）不能生搬硬套，刻板地按字词句进行翻译。

《论出色翻译的方法》中所阐述的五种方法是西方最原始、最系统化的翻译理论。

（二）马丁·路德

在西方的宗教史上，让《圣经》走下神坛，走进公众的视野，可以说得益于马丁·路德（Martin Luther），他的德文译本促进了当时人们的思想解放。不仅是宗教文学，对于《伊索寓言》这种童话翻译，他也有很高的造诣。

马丁·路德的主张主要包括以下几个方面。

（1）通过意译使读者掌握中心含义。

（2）译文应该通俗易懂，为大众所接受。

（3）翻译过程中，要吸收各种精华。

（4）应该注重不同文化语法之间的关系。

（5）译者应该区分不同文化之间词汇的变换形式；翻译可用词组翻译单个的词；可以对原文内容进行适当省略；可以合理地添加修饰词；应该合理地使用语气助词。

以上几点应为实操中的准则。

三、近代翻译理论

（一）歌德

在整个欧洲翻译界，有为数不多的几个翻译极佳的作品，如切里尼的《自传》、狄德罗的《拉摩的侄儿》以及卡尔德隆的一些戏剧翻译，它们皆出自歌德之手。

歌德的翻译理论可概述为以下几点。

（1）不管原作文艺如何，最好使用明朗的散文体来翻译。

（2）不同文化之间的共性是语言作为翻译传播的发生条件。

（3）翻译在世界交际活动中是极为重要的组成部分。

（4）可以把翻译归为三大类：第一，逐字翻译；第二，意译；第三，改编性的翻译。

（二）施莱尔马赫

《论翻译的不同方法》为施莱尔马赫（Friedrich Schleiermacher）所著，较为详细地陈述了原则和方向性的问题，被视为欧洲翻译界的标杆。

他的主要思想观点如下所述。

（1）译者要对翻译语言有正确的思维认识。

（2）作为归化、异化翻译理论的源泉，翻译可分为读者向作者贴近以及作者向读者贴近两种途径。

（3）翻译可以分为口译和笔译，口译多用于商业口语活动，价值不大，笔译是其文化精华所在。

（4）笔译又可分为"解释"和"临摹"，前者多用于学术研究，后者常见于文学作品。

（三）洪堡

洪堡（Wilhelm von Humboldt）的作品是《按语言发展的不同时期论语言的比较研究》以及《论人类语言结构的差异及其对于人类精神发展的影响》，这两部作品对后世都有深远影响。

洪堡指出，辩证关系源于翻译活动中的可译性和不可译性。翻译的第一要务是忠于原作者，但是这种"忠"不是计较翻译中多余的小细节，一般来说，必须指向原文的真实特征。此外，他的最大贡献莫过于"二元论"的语言视角。近现代理论的基础就是在吸收了洪堡、索绪尔等现代语言学家研究的语言二分法理论的基础上形成的。

（四）泰特勒

泰特勒（Alexander Fraser Tytler）在 18 世纪末发表了《论翻译的原则》，在该书中提出了对翻译界影响深远的"三原则"。

（1）译者应该将原作的中心情感表达出来。

（2）原文中的语言风格记忆修辞手法应该被保留下来。

（3）行文流畅是对翻译者的基本要求，还应保持文学的连贯可读性。

在泰特勒看来，一位能力较强的翻译者本身就应该诗书满腹，凭自己的才华来满足受众的阅读要求。那些关于原著作中的习语的问题大都要求翻译者使用与他们所处时代相称的写作风格以及讲话方式。

作为一部全面、系统的翻译理论，《论翻译的原则》无疑在西方翻译理论史上画下了浓墨重彩的一笔。

四、现当代翻译理论

（一）语言学派

1. 奈达

奈达（Eugene A. Nida）是语言学派最具代表性的灵魂之一，被公认为现代翻译理论领域的先驱。奈达从 1945 年开始，发表了超过 250 多篇文章，著述 40 多部，这些作品不仅数量多，而且拥有完美的系统、详细的审查、高质量的水平，这在西方翻译理论史上是前所未有的。

《论〈圣经〉翻译的原则和程序》是奈达在 20 世纪 50 年代发表的，这篇作品的问世使西方语言学派开始注重"科学"翻译研究。奈达首次提出"翻译的科学"这一理念，"翻译科学派"的称号也由此应运而生。

奈达首先提出了"动态对等"的翻译原则，在此基础上提出了"功能对等"的原则来呼应语言交际功能和社会语言学的观点。此原则在西方翻译理论领域扮演着举足轻重的角色。

2. 雅各布逊

雅各布逊（Roman Jakobson）于 20 世纪 50 年代末发表了《论翻译的语言学问题》，开创性地引入了语言学、符号学，使翻译学更加科学合理。《论翻译的语言学问题》为当代语言学派翻译研究的理论方法提供了指导，被当作翻译研究经典流传于世。

此外，雅各布逊是第一个将翻译进行分类的人，他认为翻译应该分为三种类型，即语内翻译、语际翻译与符际翻译，从而更好地理解翻译的本质，对译者群体产生了深远的影响。

雅各布逊的语言功能理论不仅为理论层面作出了贡献，在实践层面也深有研究，如探讨了语言的意义、等值、可译性和不可译性问题，这就为翻译研究开创了一种新的语境模式，推开了 20 世纪翻译研究的语言学派的大门。

3. 卡特福德

《翻译的语言学理论》是卡特福德（J.C. Catford）于 20 世纪 60 年代中期发表的著作。此书从现代语言学角度探析了翻译问题，对世界翻译学界来讲是创世纪之举，对翻译理论史有着划时代的重大意义。

卡特福德的翻译理论主要概括为以下几个方面。

（1）从新定义翻译界为"用一种等值的语言（译语）的文本材料去替换另一种语言（源语）的文本材料"，进而探求对等视角下的翻译理论层面和实践层面的核心问题。

（2）确立语言之间的等值关系被认为是翻译的基础性认知。

（3）通过全面比照原文和译文、对两种语言进行区分、对两种语言的限制因素进行观察等方法对翻译人员进行有效的培训。

（4）创造性地提出"转换（shift）"这一术语，并将"转换"分为两种形式，即"范畴转换"和"层次转换"。

卡特福德准确地阐释了语言转换的方法，是 20 世纪翻译理论界少有的创造性人才。

4. 纽马克

纽马克（Peter Newmark）在 20 世纪 80 年代初发表了《翻译问题探索》，并在文中详细阐释了两个重要的翻译技巧。

（1）语义翻译（semantic translation）。语义翻译是指在不影响目标语结构的情形下，尽可能地还原原意和语境。

（2）交际翻译（communicative translation）。交际翻译是指翻译带来的效果与原文文本效果最大限度地保持一致。

但是，若想获得等值的翻译效果（equivalent effect），译者在众多的翻译技巧中应选择含有文本类型（text-types）的技巧。

20 世纪 90 年代初，纽马克开创性地提出，原作或译出语文本的语言越重要，就越要紧贴原文翻译这一思想，并在提出后的第三年被定义为"关联翻译法"，这使翻译理论更加系统和完备。

除此之外，他还将文本功能分为六种，即信息功能、表情功能、审美功能、呼唤功能、元语言功能、寒暄功能，使文本的功能分析更加系统和完善。

（二）功能学派

1. 莱斯

莱斯（Katharina Reiss）是德国翻译功能学派早期的先驱人物之一，他的学生也非常有名，如费米尔、曼塔里和诺德。

莱斯在 20 世纪 70 年代初期发表了《翻译批评的可能性与限制》一书，书中创造性地在翻译批评领域引进了功能范畴，使以原文与译文功能关系为基础的翻译批评模式得以发展。这本书的问世开创了一门新的翻译学派，即功能学派。

莱斯把语篇分为三种类型，即重形式（form-focused）文本、重内容（content-focused）文本、重感染（appeal-focused）文本，并使用适当的翻译方法来处理不同类型的文本。此外，他认为，确定目标文本形式的因素是可以在目标范围内实现的功能和目的，而功能是可以改变的，以满足不同的接受者的需要。这种类型的分类对有效地连接文本的概念、翻译的类型和翻译的目的有很大的帮助，并为完整的功能翻译理论的形成提供了理论指导。

2. 费米尔

弗米尔（Hans Vermeer）是莱斯的学生，其对莱斯的语言学和翻译理论进行筛选，取其精华，去其糟粕，开创了目的论。

弗米尔提出，翻译不仅是语言符号的简单转换，也是一种非言语行为。因此，在《翻译理论》（1984）的语境中，弗米尔为目的论的翻译提供了一个基本理论。目的论的理论意义是深远的，功能学派有时被称为"目的学派"。目的论坚持以下三个原则。

（1）目标原则。根据目标原则，翻译的目的是确定翻译策略。

（2）一致性原则。根据一致性原则，翻译必须符合目标语言表达的习惯，符合目标语言文化的逻辑和意义。

（3）忠诚原则。根据忠诚原则，翻译不应与原文相同，但翻译不应影响原文。

目的论是功能主义翻译理论中最核心的理论，它的出现标志着翻译的研究角度由语言学和形式翻译理论转向功能化和社会化方向。

3. 曼塔里

曼塔里（Justa Holz Manttari）提出了翻译行为理论，并提出了功能翻译理论。他的学术观点体现在 1984 年出版的《翻译行为理论和方法》一书中。

曼塔里认为，翻译功能与原文功能不同，"功能变化"是译者主体性的体现。因此，译者在翻译过程中是不可或缺的，是跨语言转换的专家和执行者。

此外，曼塔里还特别重视行为参与者（信息发出者、译者、译文使用者、信息接受者）和环境条件（地点、时间、媒介）。

4. 诺德

诺德（Christiane Nord）第一次对功能学派的不同学术思想进行了系统的介绍，并针对不足之处提出了看法。其观点主要体现在《翻译中的文本分析》（1991）和《目的性行为——析功能翻译理论》（1997）两本书中。

诺德的研究主要集中在翻译类型分析、哲学基础和功能目的论的翻译上。此外，他还在双语能力和翻译人员、寻找接受者、忠诚原则、忠诚原则的关键因素、翻译培训过程、翻译人员的责任和地位等问题上进行了积极的探索。

（三）解构学派

1. 本雅明

本雅明的《译者的任务》（1923）以独特的知识结合解构主义的翻译理念，被公认为解构主义翻译理论的重要创始文件，他被视为最早的结构翻译思想倡导者之一。本雅明延伸了无用的观点，然后谈论翻译原作。在探索语言关系的起源时，他介绍了一个重要而抽象的"纯语言"概念。总而言之，文章中的许多独特思想将译作从次级和从属情境中解放出来，对后来解构学派翻译思想家颇有启发。

2. 德里达

德里达（Jacques Derrida）的思想是后现代思潮重要的理论源泉，他被称为"解构主义之父"。

德里达颠覆了传统哲学的二元论哲学，提出了四种解构策略，即延异、播撒、踪迹、替补。在这些术语中，延异是德里达创建的关键，这个术语用来表示存在和意义之间的区别。

在《巴别塔之旅》（1980）一文中，德里达对语言的起源和分散、语言的多样性、不可译性、翻译的债务等问题进行了阐述，体现了深刻的解构思想。

3. 德曼

保罗·德曼（Paul de Man）最先将德里达的解构主义理论介绍到美国，是当代美国最重要的文学批评家之一。

德曼在讨论翻译问题的过程中，提出了他的哲学思想，他说翻译是为探索了语言的本质。在一次演讲中，德曼还谈到了他对翻译工作的看法，他认为，本雅明在《译者的任务》中的观点是错误的，并纠正了本雅明对语言的误解。

4. 韦努蒂

意大利裔美籍学者韦努蒂（Vemiti）是当代美国翻译界的理论家，其解构主义思想主要包括以下几个方面。

（1）提出了一种被称为"抵制翻译"的差异化翻译策略。

（2）他运用德里达的解构主义思想来表现原文或译文的不连贯。

（3）对西方翻译的历史进行了系统的研究，提出了翻译的非结构化翻译策略。

（4）他对文本之间的权力关系进行了批判性的分析。

（四）女性主义翻译理论

1. 西蒙

西蒙（Sherry Simon）通过《翻译的性别：文化认同和政治传播》（1996）一书，首次论述了女性主义视角下的翻译问题，这也是重要的译学理论专著之一。

从建构主义的角度来看，西蒙强调了翻译的繁衍性和女性服从的问题。此外，西蒙说，翻译并不是简单的机械翻译，而是无限延伸的文本链以及话语链的延伸，本质上是放弃了传统的翻译概念。

西蒙不仅是著名的翻译理论家，也是当代女权主义翻译理论的创始人，并为此发出了有力的声音。

2. 张伯伦

张伯伦（Lori Chamberlain）的《性别和翻译的隐喻》（1988）一经发表，就成为女性翻译的经典。在《性别和翻译的隐喻》中，张伯伦将17世纪到20世纪翻译的隐喻进行系统化的整理，并对这些隐喻中包含的性别政治进行了广泛的研究。

张伯伦充分贯彻了后结构主义理论，打破了原文本和译文的边界，提高了女译者政治地位和文化水平，对翻译理论界产生了一定的影响。

3. 弗罗托

弗罗托（Luise Von Flotow）从女性文化的角度谈到了翻译理论、翻译和批判翻译的实践，使翻译成为研究性别与文化之间的相互作用的重要领域。

《翻译与性别》（1997年）将翻译置于对女权运动的褒扬、对父权主义的批判中，详细阐释了女性翻译作品的时间，是继西蒙《翻译中的性别》（1996）之后女性主义视角下的又一力作。

（五）后殖民翻译理论

1. 赛义德

赛义德（Edward Said）的专著《东方主义》是对意识形态和文化政治的批判，是后殖民理论的基石。根据赛义德的说法，东方主义本质上是一种政治教条，是西方殖民主义者试图牵制东方，作为西方殖民主义的意识形态支柱而创造出来的。因此，萨伊德将研究的触角引向了东方或第三世界，开启了大学研究新的跨学科理论视野。《东方主义》的出版标志着其后殖民理论建设的开始。

赛义德在《旅行中的理论》（1982）一书中指出，理论有时可以"旅行"到另一个时代和场景中，必然会与当时的文化接受地和环境发生作用，进而产生新的意义。正因为如此，通过翻译而达到的文化再现使东方在西方人眼中始终扮演着一个"他者"的角色。

此外，他还对女性主义翻译理论的挑战进行了细致的分析，并提出了不同的、动态的翻译策略来翻译女性的文化和语言。

2. 斯皮瓦克

斯皮瓦克（Gayatri C. Spivak）是当今世界著名的文学理论家和文化批评家。

作为保罗·德曼的学生，斯皮瓦克深受德里达解构主义的影响。在文学理论《译者的前言》中，斯皮瓦克从一个独特的文化理论中解释和阐述了德里达的重要理论概念。同时，《译者的前言》为人文科学作品的翻译开辟了新的可能性。

在《翻译的政治》（1992）一书中，论述了修辞与逻辑的关系，指出译者不应压制语言的传播，而应理解和认识语言的修辞。

斯皮瓦克将翻译研究带入后殖民时期的"文化翻译"场景，为整个西方翻译圈提供了新的定义和见解。

3. 巴巴

巴巴（HomiK.Bhabha）的《民族与叙事》和《文化的定位》是西方后殖民研究的必读书目，"混杂性""第三空间""言说的现在"等后殖民术语是后殖民理论中不可或缺的概念。

巴巴对翻译界的贡献主要体现在以下几个方面。

（1）他的文化翻译理论高度重视少数民族的地位、语境的特殊性和历史的差异，挑战西方文化霸权的优越性。

（2）由他提出的仿真概念证明，仿真是一种具有颠覆性的话语。

（3）他的混合理论影响了后殖民语境下的民族文化认同研究。

（六）翻译文化学派

西方翻译理论的研究不断发展，其理论研究出现了几大转向，一般可分为以下类别：规范的描述性研究，重点从文本转向文本语境，从作者到读者，从原文到翻译，从文本语言层面到社会和文化方面的文本。

在此背景下，文化学派的翻译及其理论在西方学术界变得越来越重要，逐渐成为西方翻译研究的主流。一般来说，文化学校注重翻译文本、翻译过程、翻译策略等外部文化和社会的操纵。

1. 詹姆斯·霍尔姆斯

詹姆斯·霍尔姆斯被认为是翻译研究学派的创始人，也是翻译文化学派的主要人物之一，他的主要贡献在于翻译学科的建设。

当人们还在争论翻译是否应被视为一个独立的学科时，福尔摩斯在其《翻译的名称和事实》中就提出了一些关于翻译学科建设的问题，该书被公认为翻译学科建设的基础。在书中，他讨论并阐述了翻译研究课题的命名、研究范围和划分的基本问题，提出了著名的翻译研究的学科框架图。

2. 塔玛·埃文–佐哈尔

从观察翻译对社会的影响来看，以色列学者 Zohar 在 1979 年首次提出了多系统理论，他被认为是"翻译研究学派"的先驱之一。他认为，文化、语言和文学、社会不是一种完全不同的元素的混合物，而是一种相关的元素体系。这些系统不是单一的系统，是由多个交叉甚至重叠的系统组成的。在这种理解的基础上，他创造了"多元体系"这个术语。所谓的"多元体系"是指利用社会、文学和文学中所有相关制度的整合，来解释文化中所有的文字。在阐述多元系统理论的过程中，佐哈尔将重点放在翻译作为多元系统中的一个系统的位置上。

3. 吉迪恩·图里

图里在希伯来文学的英译本中，在大量的描述性研究的基础上，以多系统理论和福尔摩斯的描述性翻译理论为基础，形成了一套完整的翻译理论和方法。图里不仅从理论上分析了描述性研究对翻译研究的意义，对基于实践的实证方法的描述性研究进行了系统总结。他认为，只要把文本翻译成目标读者眼中的翻译，就是翻译。在希伯来文学的英译本中，他提出了翻译应该翻译成面向语言的观点，从而形成一种注重翻译文化特征与目标语言文化特征与翻译之间关系的研究方法。对实际积累的丰富的事实研究的描述不仅对翻译行为进行了详细的描述和解释，还用大量的依据作出合理的预测，为学科理论的构建奠定了基础。

4.安德烈·勒菲弗尔和苏珊·巴斯奈特

勒菲弗尔和巴斯奈特共同倡导将翻译研究回归文化，并合作出版《文化建设——文学翻译论语》，将翻译纳入文化建设的广阔视野。Lefevere 主要研究意识形态对翻译文本重写的影响和操纵。他指出："翻译不仅是语言层面上的翻译，也是对原作文化层面的改写。"改写主要受内部和外部两个方面的影响：一是来自文学系统的内部，由评论家、教师、翻译家等所组成的专业人士，他们往往关心的是诗学；另一个来自文学系统的外部，即拥有促进和阻止文学创作和翻译的权力的人和机构，即赞助人。读者通常对文学的意识形态感兴趣。在翻译过程中，译者的翻译策略有两个主要的影响因素，即译者的意识形态以及当时文学界占主导地位的诗学。然而，巴斯奈特的翻译思想主要体现在她对翻译研究本质的表达、翻译研究的范围和翻译研究的文化视野。在她看来，翻译不是纯粹的语言行为，而是根植于深层文化的行为。翻译是文化与文化的交流。翻译等值是源语言与目标语言在文化功能中的对等。

必须明确的是，每一个代表人物的理论观点都能形成一个理论体系，每一个系统都可以分别从多个角度阐明观点，限于篇幅，只列举了一些主要理论观点的代表性人物或其优先事项，或是因为他们属于同一个学校文化，理论必然相同或相似，不再从文本的语言学层面来研究翻译，而将翻译研究与外部世界的各种因素联系起来来探索翻译目的、策略、翻译文本的形成和其他与翻译活动相关的问题。有人批评文化学派脱离了翻译本体论研究过分强调对翻译和文化等因素的限制，但文化学派的研究提出了一种新的研究方法，从而拓宽了翻译研究的范围。

第二节　中国翻译理论研究

中国历史上有三次翻译高潮。第一个高潮是东汉至北宋的佛经翻译，第二个高潮是明末清初的科学翻译，第三个高潮是鸦片战争至五四运动的西学翻译。五四运动之后，中国的翻译理论并没有停止，而是继续向前发展。相应地，我国的翻译理论研究可以分为五个历史时期，即东汉到北宋、明末清初、近代、现代、当代。

一、东汉到北宋翻译理论

（一）安世高

安世高（生活于约公元 2 世纪）是西域安息国的王太子，本名为清，字世高，是中国佛经翻译事业的真正创始人。

安世高聪慧好学，知识面广，现存安译佛典 22 部，26 卷，主要有《十二因缘经》《道地经》《阴持人经》《大安般守意经》《人本欲生经》等。

大乘佛教传播的基本理论和实践是翻译理论的主要内容。从翻译方法的角度来看，安世高主要是直译，有时，为了符合原文的结构，某些术语的翻译是不可避免的。但从总体上来看，安世高的译文措辞恰当，说理明白，不铺张，不粗俗，主要原因是他对中国人很熟悉，很注重找到一个印度佛教和中国本土文化的切合点，这样，他就能更准确地传达意思。

（二）支谦

支谦，名越，字恭明，是三国时期的佛经翻译家，与支亮、支娄迦谶等被称为"三支"。

支谦的《法句经序》是有资料可考的我国传统译论中最早的一篇，在我国译论史上具有开篇意义。支谦在《法句经序》中表达了自己倾向于"文"而不是"质"的态度。

支谦对翻译的贡献主要体现在以下几个方面。

（1）他首创了将译注添加到译文的方法。

（2）他首创"会译"的体裁。他曾把《无量门微密持经》和两种旧译对勘，区别本末，分章断句，上下排列。

（3）他不仅首创"会译"的体裁。他曾把《无量门微密持经》和两种旧译对勘，区别本末，分章断句，上下排列。

（4）虽然他不是和尚，但他开创的译风从三国到两晋一直占据着重要的地位。

（三）道安

道安是东晋时期杰出的佛教学者，也是我国最早的热心传教士。他组织并参与了《圣经》的翻译，并对翻译的错误进行了考证。

道安对佛教翻译的突出贡献主要包括以下 3 个方面。

（1）他主持了许多重要的翻译研究，集中和培养了许多学者和翻译人才。

（2）他将已译出的经典编撰成《众经目录》，这是中国第一部"经录"，在系统翻译佛经中起了至关重要的作用。

（3）他提出了著名的"五失三难"理论。所谓"五失"指的是翻译容易丢失的五种情况，"三难"指不容易处理的三种情况。这一理论对翻译经验的结论有很大的帮助。

（四）鸠摩罗什

鸠摩罗什祖籍天竺，儿童时期就出家了，是中国古代著名的翻译大师。他带领 800 多名弟子，翻译了佛经 74 部，384 卷，现存 39 部，313 卷。

鸠摩罗什首次系统地介绍了根据"般若经类"而成立的大乘性空缘起之学，还创造出一种兼具外来语与汉语调和之美的文体文笔流畅洗练，并充分传达原文本的意思，具有很高的文学价值。此外，他经常不遗余力地创立佛教专用名词，并主张译者署名以负文责，这使翻译更忠实于原著。

（五）玄奘

玄奘一生共翻译和研究了 75 部书籍，共计 1 335 卷，占唐代新佛经总数量的一半以上，是中国佛教历史上最成功的翻译家。

玄奘提倡补充法、位移法、省略法、分合法、代词还原法等翻译技巧，使翻译达到形式与内容的高度统一，世称"新译"。这种"新译"不仅保存了古代印度佛教的珍贵书籍，也丰富了中国古代文化。在翻译材料的选择上，他是折中的，全部经学分六个学科，玄奘都有翻译。玄奘的工作态度是勤奋、认真的，他注重不同版本的整理工作，强烈反对偷懒的翻译方式。

在玄奘看来，要使翻译尽可能地忠实于原文和流畅，应该坚持"五不翻"的原则。具体而言，音译即不翻之翻，当译者在翻译中国没有的物名、多义词、神秘语、久已通行的音译名以及其他为宣扬佛教需要的场合时应采用音译法。

需要特别说明的是，玄奘以翻译工作的不同内容为依据，将参加翻译的人员分为译主、证义、证文、度语、笔受、缀文、参译、刊定、润文、梵呗、监护大使 11 个工种。这种分工中证义、证文放在纯粹的文字功夫之前，有利于提高翻译的准确性。此外，不同工种的相互配合，既保证了文字的纯正与流畅，又从不同的层面润色译文。这种分工翻译方法对我国现阶段翻译工作的开展仍然有着积极的借鉴作用。

二、明末清初翻译理论

（一）徐光启

徐光启是晚明著名的政治家、科学家和翻译家，他是第一个将中国的宗教和文学翻译范围扩大到自然科学领域的人。

徐光启的翻译理论散见于译书序言中，主要表现在以下三个方面。

（1）翻译的重要性在于吸收其他国家长处的前提和手段，这种翻译态度在历史文化语境中十分珍贵。

（2）翻译应把握"迫切需要"，即抓住重点。西方数学具有严密的理论和逻辑体系，是其他学科的基础，应成为翻译的首要内容。

（3）翻译的目的是通过翻译使人们受益。

（二）魏象乾

魏象乾是雍正时期《清实录》名列第六位的满文翻译，对翻译的标准、原则以及初学翻译如何入门等问题很有见解的。魏象乾的翻译理论主要见于《繙清说》一文。这篇文章只有 1 600 字，但意义深远，是我国最早的内部出版的翻译研究单篇专著。

在这篇文章中，他讨论了翻译的标准。一篇好的译文应该与原文的意思、措辞、风格和气韵一致，所以不要加或减，不要颠倒原文的顺序或上下文。此外，他将汉译满《资治通鉴》和《四书注》列为初学者翻译之范本，并提出把汉语译成满文时要进行适当的增减。

三、近代翻译理论

（一）马建忠

马建忠的《马氏文通》以西方语文的语法作为范本来研究古汉语的语法规律，是我国第一部由中国人编写的全面系统的汉语语法著作，对后世的汉语语法研究产生了重大影响。

马建忠在《拟设翻译书院议》（1894）中提出了著名的"善译"标准，即译文应能使读者获益，并与原文在意思与风格上没有很大出入。此外，他还提出若干有建设性的建议，如开设翻译书院来培养翻译人才，人才的选拔和培养应遵循具体的标准，翻译书院应将教、学、译、出书有机结合起来。这些建议无论在当时还是现在都具有很强的指导性。

（二）严复

严复是晚清时期著名的资产阶级启蒙思想家、翻译家和教育家，被认为是近代中国翻译理论和实践的第一人。

严复在《天演论》卷首的"译例言"中提出了著名的"信、达、雅"标准，成为中国翻译史上第一个明确翻译标准的人。具体来说，"信"要求译文要忠实于原文，"达"要求译文符合目的语的语法规则以及表达习惯，无语病，字句通顺，"雅"要求译文的词句要精美。总之，严复的"信、达、雅"标准是中国传统翻译理论的纲领和精髓，是中国传统翻译理论的里程碑，至今仍对翻译实践具有重要的指导作用。

（三）梁启超

梁启超是一位百科全书式的学者。虽然翻译著作并不多，但他为翻译批评和翻译史研究作出了很大的贡献，可以概括为以下几点。

（1）梁启超创造了一种半文半白、易理解的新文体。这种新文体被刘世培称为"日本文体"，是新文化运动和新文学秩序构建的理论和思想资源。

（2）梁启超认为翻译是一种伟大的力量，它将人们对翻译目的的理解提升到一个新的高度。

（3）梁启超对佛经翻译及明清之际的科技翻译均进行了卓有成效的研究，极大地促进了中国翻译理论史的研究。

（4）梁启超大力提倡翻译西方小说，把小说界革命与改良政治和启发民智结合起来，有效地提高了小说的社会地位，促进了晚清小说翻译事业的发展。

（5）梁启超提出，好的翻译应使读者完全理解原文的含义，因此译者应避免两种劣势：一是因为遵循英语习惯而使汉语译文晦涩难懂；二是因为遵循汉语习惯而丧失英文原意。

（四）林纾

林纾是中国文学翻译事业的开拓者和奠基人，以意译外国名家小说见称于世。

林纾认为，翻译应该忠实于原著，译名应该统一。此外，为了达到预期的翻译效果，译者必须了解书中所引用的古籍和历史典故的知识，并综合不同语言的异同。

在林纾看来，翻译书籍是在内忧外患的政治环境中开拓国民视野最易见功效、最恰当和必要的手段，因此他将40多部世界名著翻译成了汉语，他也由此被公认为中国近代文坛的开山祖师及译界的泰斗。林纾对小说的翻译极大地拓宽了人们的视野，但他利用的是古代风格而非方言。

四、中国现代翻译理论

（一）鲁迅

鲁迅在他的一生中翻译了14个国家100多名作家的200多部作品，出版了 33 本单本约 300 万字，是一位杰出的文学翻译家。他继承和发展了中国传统的翻译理论和翻译思想，是中国翻译理论的奠基人。

对于混乱的翻译，鲁迅对其进行了纠正，并把"忠实"放在非常重要的位置上，极力主张忠实于原文的直译法。

此外，鲁迅对翻译理论和翻译思想的论述也对当时的翻译界产生了很大的影响。例如，他主张对权利的翻译批评，建立"以信为优先，辅以适当的辅助"的翻译原则，提出"简单的解决方法和魅力"和"移情，困惑"，作为翻译理论的核心。他还提出了"翻译应该等于创造"的观点，他的"再解释"和"翻译"的观点保证了翻译事业的健康发展。

（二）胡适

胡适是中国新诗翻译的主要人物，他翻译了都德、莫泊桑、契诃夫的短篇小说以及一些西方作品。

写文章时，胡适的观点为应该对自己和读者负责，但翻译的文章有三重责任，即向自己负责；向读者负责；向原作者负责。"因此，胡适对翻译的态度是极其严格的。

胡适主张诗歌翻译必须具有易于人们理解和大众接受的流畅性，因此胡适的诗歌翻译提高了规则或意境，极大地促进了白话的发展。

（三）郭沫若

郭沫若为哲学和社会科学以及马克思主义和外国文学的翻译作出了巨大的贡献。

郭沫若翻译的方法被称为"风韵译"，提出要做"字句、意义、气韵"三个不走样，译者不仅要掌握翻译研究的知识，提高自己的文本自由操作能力，更要详细地了解作者的内心世界和外在的生活，熟悉国家的风土人情。因此，要求译者具有深刻的生活经验和长期的研究。

（四）林语堂

林语堂是我国的文学翻译家，他写了很多关于翻译理论的文章，《论翻译》是比较系统的翻译和最著名的长篇文章。在这篇文章中，他的翻译思想可以概括如下。

第一，他提出翻译是一门艺术，翻译的艺术是基于以下三个原则。

（1）译者对翻译标准有正当的见解。

（2）译者的国文程度能帮助其顺畅地表达。

（3）翻译对原文和内容有深入的了解。

第二，他强烈反对"逐字翻译"和"翻译成语"，这是我国较早明确提出

"上下文"的翻译思想。

第三，他提出了"忠、顺、美"三个翻译标准。其中，忠实标准有"直译""死译""意译"和"胡译"四个等级，分"非字译""非绝对""须传神""须通顺"四项意义。

（五）朱光潜

朱光潜是一位有影响力的翻译家。在他的生活中，他翻译了将近300万字，成为东方和西方文化、西方美学之间交流的先驱。特别是他的第一个《美学原则》。他还阅读了马克思主义经典的原始译文，留下了数百万字的人类精神财富。

朱光潜反对直言和直译，认为"理想的翻译是文从字顺的直译"。他研究了一元论、二分法和翻译理论的哲学思想对严复"译事三 难：信、达、雅"的思想进行了哲学的探讨，为中国翻译思想史做出了重要贡献。此外，他将翻译看作是一项"再创造"活动，这就是朱光潜著名的"研究什么，翻译什么"原则。他亲自实践此原则，成为译事典范。

（六）郑振铎

郑振铎翻译了许多印度文学、俄罗斯文学、希腊文学和罗马文学。此外，他还翻译了德国的寓言，美国的短篇小说、故事，流行歌曲和欧洲的童话故事，还有丹麦的民歌，等等，风格是非常广泛的。

在谈到翻译的功能时，他提出了翻译为"媒人"，又称为"奶妈"。他认为，文学作品的翻译，如文学作品的创作，可以指导中国现代人的生活问题与现代思想的接触。

他以"文学翻译"为论点开始攻击新的文化运动，在文章中消除了一些翻译和读者的疑问，为发展中国的翻译事业起着积极的影响。

关于郑振铎的翻译理论的许多观点不仅在当时发挥了重要作用，而且在历史中取得了成功。

（七）瞿秋白

瞿秋白是最早翻译俄罗斯和苏联文学的翻译家，是首先将《国际歌》词曲进行翻译的人。此外，他还翻译了马克思主义文学的大部分理论著作。

瞿秋白发起了群众运动，真正懂得了创造人民文学和翻译的语言，为中国新文学运动的可持续发展奠定了基础。此外，他还通过翻译俄国革命民主文学和苏联的新文学来唤醒中国人民，取得了巨大的成就。

瞿秋白不仅在翻译实践中引入了"对等概念"的翻译原则，而且在理论上也解决了"信"与"顺"之间的矛盾。译界公认他的翻译准确、流利、诚恳，是中国文学翻译的典范。

五、中国当代翻译理论

（一）焦菊隐

焦菊隐是中国文学的优秀文学翻译家和理论翻译家，他的作品有一种独特的戏剧风格。

从焦菊隐的观点看，翻译是"二度创造的艺术"。如果缺乏"翻译是二度创造艺术"的认识，则翻译工作者很可能经过一二十年的努力仍未能提升自己的水平。

焦菊隐认为，文本中的一个词的含义是它在特定语境下的具体引用，而不是它的内在含义，这就解释了科学术语在哲学上的绝对价值和相对价值。

此外，他还在著名的《字面翻译》一书中提出了"整体论"的翻译。特别是，译者首先要面对全球的意义，然后从上到下，从大到小，研究每一部分的意义，逐步完成各个部分的对应。这一观点具有理论和实用价值，丰富了我国的翻译理论。

（二）傅雷

傅雷是我国著名的文学翻译家。在作品中，他向中国读者介绍了法国文学巨匠的杰作。在他的一生中，翻译了 34 部重要的外国文学作品，其中 15 部是巴尔扎克的作品。

傅雷最有代表性的翻译是"神似说。他强调，译者应该将原始文本的内容传达给中国和西方语言和文化之间的客观存在，这在中国翻译理论中起着重要的作用。

傅雷认为翻译的工作是神圣的，为丰富的知识奠定了坚实的基础，并形成了"傅雷风格"，用于翻译中国艺术和文学艺术学校的美学。

（三）钱钟书

钱钟书是著名的文学家、翻译家。在《林纾的翻译》中，他提出了"化境理论"。所谓的"化"是将文字作品从一个国家转换到另一个国家，由于语言的不同而无法表现出牵强的痕迹，并能完全保留原有的味道，可见，"化"是文学翻译的最高层次。

"化境"是钱钟书将原本用于中国古典美学的"境界"概念引入翻译理论的翻译领域，理论和严复的"信、达、雅"，傅雷的"传神说"构成了中国传统翻译思想的主体，促进中国传统翻译思想的发展。

（四）叶君健

叶君健是一位著名的翻译家。他翻译了毛泽东的《论持久战》和其他作品，这是毛泽东作品第一次在国外以英译本形式正式出版流传。他翻译了大量的外国文学作品，包括安徒生童话。

叶君健先生一直注重翻译中译者的主体性和创造性。在他看来，文学翻译不仅是翻译问题，还受文化认同、文化和翻译思想立场等翻译的趋势和功能因素的影响。

在《翻译也要出"精品"》（1997）中，他描述了他的"精品"理论，并特别强调了"翻译人格"和"人格翻译"。"精品"理论是他留给翻译社区的最后一笔财富，也是他一生翻译经验的成果。

（五）王佐良

王佐良是现代翻译理论的先驱。王佐良多次强调他的观点，即翻译是原创的灵魂，必须忠实于原文。这一观点完全符合西方当代翻译学派的目的论。

在20世纪80年代，他在新时期的文本中提出了一种指导精神的概念，这是为我们国家传统的翻译开放的。在1984年和1985年，王佐良发表了两篇关于文化比较的文章，在翻译和文化中分析了翻译和文化之间的密切联系。在20世纪80年代末和90年代初，以翻译理论为基础的"文化学派"在王佐良的积极支持下完成了。

（六）许渊冲

许渊冲是位多语言译员，是二十世纪英文和法文翻译的唯一专家。

许渊冲介绍了"三美""三化""三之"的理论。"三美"的意思是"意美、音美和形美"；"三化"为"等化、浅化、深化"；"三之"的意思是"知之、好之、乐之"。其中，"三美"是本体论，"三化"是方法论，"三之"是目的论。

1997年，在北京举行的国际翻译研讨会上，他简明扼要地提出了自己的翻译观点。

（1）科学和艺术。翻译理论不是客观的科学规律。

（3）理论和实践。二者如有矛盾，应该由实践来决定。

（3）创作和翻译。21世纪是世界文学的时代，文学翻译应该得到改进，与创作一样重要。

许先生也有著名的"优势竞赛"，即原文的最佳翻译不一定是最好的翻译，因此原作内容应用最好的译语表达方式来体现。这一理论立即引起了20世纪末最长的学术辩论。

简而言之，许渊冲重实践、重创造、重艺术，其翻译理论的每一个理论都来源于丰富的翻译实践。

六、文化翻译理论在中国

第一，文化学派翻译理论为中国的翻译研究提供了新的观点，并且拓宽了中国翻译研究界的视角。文化学派翻译理论是在中国翻译研究急需新的理论元素时被引入的。自其进入中国后，文化学派翻译理论因其完全崭新的翻译观点而被迅速接受并声名远扬。

第二，文化学派翻译理论激发了对于中国翻译研究理论的重新思考，并开始了一股翻译研究的热潮。在较广的范围内，所有这些都有助于承认一个重要共识，如翻译的本质、对于西方理论与中国传统理论的态度、将翻译研究构建成一门独立学科的必要性等。许多翻译理论家积极参与了这次讨论和辩论，发表了他们对相关问题的看法，中国翻译行业出现了百花齐放的现象。

第三，文化学校的翻译理论引起了人们对西方理论研究的兴趣，并将更多的西方理论带入中国。受文化学派翻译理论的启发，中国翻译学界认识到西方翻译理论对汉译研究的重要性。因此，随着我国改革开放的深入，孤立的汉译研究也开始向西方的公共理论开放，在我国的学术和文化交流的翻译领域开始外部世界进行交流。

第四，文化学派翻译理论填补了中西方翻译研究的空白。对学校文化翻译理论的研究，尤其是对中西方翻译研究的研究，对我国的翻译理论产生了积极的影响。通过新理论的启示，中国翻译对西方理论与中国传统翻译理论的比较及其与中国翻译实践的结合产生了浓厚的兴趣。对翻译问题的分析和对翻译的深刻思考使人们对翻译的结果感到满意。

第三节　中西翻译理论对文化属性的影响

中国和西方的翻译理论被编织成不同的思维方式和概念范畴。只有从概念范畴的角度出发，才能解释中西方翻译理论之间一系列差异的根本原因。翻译是文化的传播，不同的翻译范式对文化的传递有着不同的影响。

一、中西翻译理论中的概念范畴与论证手段的差异

随着现代形而上学的思维方式的发展，西方人分析事情更多的是命令概念的规定太紧，先定义每个概念的使用，特别注意类别和类别划分，区分它与其他概念的历史和现实之间的差异。西方人使用的是"纯粹的概念"，即具体的、感性的、抽象的概念，它的意义很简单。现代西方翻译理论的结构是由一种形而上学的思维方式所主导的概念和逻辑系统概念之间的关系，他们将运用这个逻辑系统来尽可能完整地把握翻译领域的所有问题。

现在，以尤金·A.奈达定义的翻译标准作为一个例子，以不同的方式展示中国和西方的概念，奈达认为翻译的本质，第一要符合"自然"，第二是"最近"，第三是"对等"，这些都是核心。翻译的四个标准是：达意，传神，措辞通顺自然，读者反应相似，并在此基础上，对概念进行了界定和解释，建立了理论体系。

在现代中国，受思维习惯的影响，人们往往从整体组合的角度把握事情，通常用翻译理论中没有分化歧义的"概念"，内涵和外延一般是模棱两可，含糊不清的，同一概念在不同的场合，不同的地区往往有不同的内涵。虽然中国翻译概念具有模糊性，但它不是一种判断或推理，而是一种直觉和灵感。因为严格的判断，必须基于显式推理的概念范畴，在概念范畴的基础上的模糊和不确定性，不可避免地导致不确定性的判断和推理，其推理过程主要是报价或使用比喻的形象。在欧洲不会使用复杂的问题，以避免落入一个合乎逻辑的推理和演绎。可以说，具体的意象隐喻和抽象的概念表述是中西翻译理论的主要区别。严复讨论了"信、达、雅"，并在《天演论》第一版的翻译中提出。

译事三难：信、达、雅。求其信，已大难矣。顾信矣不达，虽译优不译也，则达尚焉……

《易》曰："修辞立诚。"子曰："词达而已。"又曰："言之无文，行之不远。"三者乃文章正规，亦即为译者楷模。故信达而外，求其尔雅……

严复并没有定义"信，达，雅"，而是给了作者的翻译经验和古代哲人的评论来解释他们的必要性。但究竟如何做到"信、达、雅"，还得自己去探索，严复只给了一个方向，一个奋斗的目标。因为"信、达、雅"不能完全摆脱模糊性和古老翻译理论的生动的特点，使后来的研究者需要解释："我们认为，严复的'信、达、雅'理论，包括'优雅'，只要修改一个合理的解释，还可以作为一个标准的翻译。"黄龙教授在他的著作《翻译学》中提到："90多

年（1896—1987），翻译的标准虽然意见不一，但总是围绕着'信、达、雅'的……"但它的范围之外没有翻译标准。

中国古代和西方翻译理论近似，区别不明显，都是经验式的，是适应生活的形象翻译和翻译标准，没有上升到理论的高度，且功能并不完全清楚，古人还远未了解翻译的理解机制。这是因为在古代社会，人与自然、人与社会、主体和客体、身体和大脑、心与物，如果判断的概念不是很清楚，古人朴素辩证思维就会混乱，难以把握事物的整体运动。一般来说，尽管他们看到了差异和不同的东西，但不反对性质和分解之间的区别，强调矛盾双方的相互联系、相互渗透，相辅相成。为了适应古人简单和谐的思维方式，需要密切关注文学理论的翻译理论。美学、语言学、思维科学，或在萌发期的阶段，或尚未成熟，因为古代相对封闭的经济限制了民族之间的交流和相互了解，文化对比研究显然是落后的，这也限制了翻译理论的发展。

在古代中国，赞宁对翻译的定义是生动的："译之言易也，谓以所有易所无也。翻也者，如翻锦绮，背面俱花，但其花有左右不同耳。由是'翻''译'二名行焉。"有两种论证方法体现在中国古代翻译理论：第一个很形象的比喻，鸠摩罗什的嚼饭与人，赞宁的橘枳之喻，道安的葡萄酒被水；第二个是引用，如"信、达、雅"在东汉支谦《法句经序》中是这样论述的：将炎虽善天竺语，未备晓汉。其所传言，或得胡语，或以义出音，近于质直。仆初嫌其辞不雅。……座中咸曰："老氏称：'美言不信，信言不美。'仲尼亦云：'书不尽言，言不尽意。'明圣人意深邃无极。今传胡义，实宜径达。"

而西方哲学家西塞罗、贺拉斯称翻译也是经验，不成体系，如西塞罗对翻译的见解出现在《论最优秀的演说家》与《论善与恶之定义》中，贺拉斯讨论翻译主要来自新古典主义的《诗艺》等经典作品。他们运用的概念也是形象的未经充分抽象化的，如西塞罗"解释员"式翻译 (interpreter) 与"演说员"式翻译 (orator) 的说法现在称为"直译"和"意译"的翻译标准）；昆体良在《演说术》中提出的杂音表达同一意思上与原作搏斗、竞争的翻译标准以及斐洛·犹达欧斯提出《圣经》的翻译者单凭精通两种语言而无神的感召便不能从事翻译的观点等。

由此可以看出中国古代和西方翻译理论的相同之处，与此同时，还需要注意西方科学翻译标准的倾向以及中国翻译标准具有明显的艺术倾向，如梁漱溟先生指出："大约西方便是艺术也是科学化；而在东方便是科学也是艺术化。"这是因为西方文化关注的是人与自然、个人与社会、主体与客体、身心与客体、关注认知与知识的自然，而中国文化更注重人、社会、主体和心灵，注重内在的体验与反思，实现两者的和谐。

在 19 世纪 90 年代，通过引入大量的西方翻译理论，中国翻译理论也逐渐摆脱经验总结的研究方法与理论思想，各种各样的翻译理论层出不穷，每个人都在使用西方理论，哲学、文艺理论、美学、思维科学和自然科学的方法来研究中国翻译。中国古代译论的术语被重新审视，1990 年代以前关于"信、达、雅"的讨论热潮消失了，人们转向纯理论的思辨或更实际的纯理论研究。

二、中西翻译理论体系与发展形态上的差异

现代西方翻译理论有较强的思辨性，通常从一个抽象的概念或定义上升到大量具体的概念系统，该系统是严谨的、完整的，如奈达的翻译理论，包括六个主要方面，几乎涵盖了所有方面的相关翻译：理论原则、翻译的本质、翻译的功能、正确的翻译、语义分析与翻译的程序和方法。这个系统的概念是严谨的、好辩的，形成了一个完整的系统。奈达的翻译理论是西方科学翻译理论的基石。

在孤立的情况下，翻译理论家的理论倾向于碎片化，但如果在不同的时代，将不同的理论家从宏观的观点联系在一起，就会发现他们从不同的角度共同构建了一个完整的系统。罗辛章用八个字总结了中国的翻译理论及其历史发展，这是很有见地的，"按本——求信——神似——化境"。严复的"信，达，雅"也是其中一个环节。

因为中国与西方翻译理论的概念范畴和推理方法的模糊或清晰的差异，零散化和系统化的理论体系的差异，必然会导致翻译理论的差别，前者的发展可以概括为"蜕变"，后者可以概括为"替变"。

"蜕变"是指新理论对旧理论的否定不是采取替代的形式，而且保留原有的体系和概念，在既定的外壳之内发生变化，它很少放弃传统的意识形态而创建另一个组，这个概念、范畴是古老的，其新鲜的看法大多只表现在对旧体系、旧概念的阐释、发挥之中。解释旧的概念，例如，孔子的学说"述而不作"，这种只祖述先贤而不另起炉灶的态度，成为正统学者思考和写作规则，理论的发展是一个漫长的过程。自 1896 年以来，严复提出了"信、达、雅"三个标准，有支持者也有反对者，有要补充的，有重新诠释的，但谁又能说他提出的理论超越了翻译的标准？一个重要原因是翻译标准存在模糊性的概念范畴和演示方法，这是中国几千年的文化和翻译理论的一部分，对它的理解以数千年的中国

文化和翻译理论为参照系，因此不是推翻标准问题，只是因为"蜕变"。

西方就不同了，任何人想建立自己的理论，必须理解翻译理论的研究现状，指出前人的研究成果，然后在此基础上探索新的边界，或指出当前的谬误理论，推回来，或者采取一种不同的方法，否则你会被嘲笑或被认为是剽窃，这是"替变"。"替变"是指后者取代前者，新的思想体系取代旧观念，新观念取代旧的思想体系。发展的理论是不断推翻旧理论，新概念体系的系统重构过程。这与西方的形而上学思维有关，它需要清晰的概念和科学的证据，而且没有模棱两可的余地。奈达本人的"动态对等"被"功能对等"所取代，因为理论来源不同，导致了理论的巨大差异。作为对西方翻译理论家从文化、哲学、语言学、文学理论、思维、认知科学和翻译的角度进行翻译科学的研究，由此产生了一系列系统的翻译理论。

目前，我国的翻译研究正处于一个深刻的转型时期。借鉴外国翻译理论成为时代的潮流，而要借鉴外国理论资源，先要理解中国和西方翻译理论的精髓，只有掌握中西翻译理论的本质差异及其历史和未来的发展趋势，才能使我国的翻译有一个坚实的基础建设。

第四章　翻译距离的多元探析

第一节　跨疆界的文本距离

翻译的最基本的距离是由于文本的差异。无论在目的语和源语之间的"对等"上有多么强调，翻译和原文依然是两种不同的文本，这是不可否认的。两者之间的差异源于距离，而不同的语言之间，源语言的读者和目标语读者之间存在着明显的差异。"一个国家的词汇和另一个国家的词汇之间有一定的距离……"。当然，不同国家之间的文本距离是非常不同的，所以"不可译"的频率和翻译所带来的挑战的难度是不一样的。由于翻译中涉及两种语言之间存在一定的距离，所以原文与译文之间也存在一定的距离。当然，除了语言上的差异外，文本之间的距离也可能涉及其他方面。但无论如何，文本距离的客观存在对阅读有影响。文本经历了很多距离，所以钱钟书说：一些读者受不了，然后想去"读原"，因为毕竟"读翻译像雾里看花，而不是阅读原始的真实情况。"为了达到真正的效果，必须零距离阅读原文。然而，经过几十年的努力，钱钟书可以很好地阅读原著，还能欣赏他读过的小说。他很难抗拒距离的吸引力。由此可见，距离在翻译中起着不可思议的作用。林译里出现的许多"错误"也是距离的结果：林纾不懂西方的语言，他的助手翻译错误的概率大大增加。然而，因祸得福的是如果一个译者需要远不如林纾那样的"补充原文"，出乎意料地使翻译有吸引力，但不接近原来的"讹"，也因为距离和精彩的效果而有了出乎意料的输出。

重要的是，在某些情况下，如何判断和识别文本距离的性质？它如何体现在翻译中，如何处理这两种语言之间的不可通约性或部分性必然产生不可译或部分不可译的问题？从本质上讲，不可译性应归因于"将原文的文化语境从时间和空间的翻译中分离出来"。只有知道原文的人才知道翻译的真正颜色。翻译"不可翻译"的问题，找到解决办法，不禁让人拍案！在这种冒险中，不熟悉源语言的读者不知道它，只关心它的享受，而知识渊博的人则为翻译付出了汗水。由于文本距离的不可译性，译者很难接近原文，所以他不得不绕道而行，从而导致距离的增加。如果翻译太过遥远，翻译必须努力摆脱原文的表达，所以距离是不可避免的。当然，中间有一个度的问题，否则翻译和原文将会越来越远，这不是翻译。可以说，跨文化意识和距离识别能力是制定合适的翻译策略的前提。

两种语言之间的距离越远，翻译更需要摆脱原有的表达形式，也就是说，刻意的人为距离是对早已不近距离的目标的回应，因此对距离的把握和调节非常重要。乔凡尼指出：

如果对适当距离进行初步分析后，能正确地翻译为一个明确的空间和时间的相关参数，也就是说，根据他的能力和手头的任务，在以后会有一个可以依靠的特定的决定。或者说，时空距离将文学作品的翻译与原著的内容分开，其文化的协调主要取决于时间和空间距离的决定。

时间和空间是影响距离的主要因素，并且它们不断发展的参数都是用来解决翻译问题的。所做的决定取决于具体情况下其他类别的距离，毫无疑问，任何解决翻译问题的决定都应考虑到距离的功能。

与距离密切相关的是方向问题。距离是可变的，即使是客观距离也不是不变的。应该指出，翻译是由某种方向感驱动和控制的。根据施莱尔·马赫的说法，翻译可以分为两个不同的方向：目标语言读者要么被送到国外（作者所在的地方），要么被带回家。无论如何，它涉及距离：离家有多远既有趣又安全？乔治·斯坦纳也有类似的观点："任何模式的交流都是一种翻译模式，是意义的横向和纵向传播。"这样一来，视角被推向前台，翻译的过程就有了方向，不可避免地会对距离产生影响。此外，视角的任何变化不仅突出了新的因素，而且改变了观察的距离，并决定了干预的必要性。考虑到原文和译文读者有更少的机会分享相同的观点，他们可能从不同的距离感知相同的事物，并以不同的方式感知它，至少在某些方面。

不同翻译之间有一些文本上的差异，它们通常会反映在距离上。在不同时期，相同的源文本存在不同翻译，通常显示为不同的距离。无论是原始距离，还是人们所创造的新的距离，都会以不同的方式，将目标读者与原始文本分开。从时间顺序方面来看，所有的再翻译与原文之间相隔的时间只会更长、更久，但时间距离却可能不会随之增长。例如，后续翻译可能更接近于反映源文本的时期，因此不同翻译之间的距离又可能会不相同。翻译位于既往和当下的十字路口：在任何情况下，翻译都跟源文本的写成和目标文本重塑的相应历史环境之间的时间距离密切相关。而这里所存在的潜在困境是：是它将既往带入现在？或是突出差异以表示对历史距离的尊重？历史氛围的重塑创造了即时的具象，有利于改善阅读体验。但是，倘若历史距离太长，文本移情的功效则会被削弱，并且与目标语言的文化之间的联系也会变难。由此可以看出，时间距离是文本距离中一个极为重要的要素。有趣的是，有必要缩短翻译中的人为差异，来保持时间距离。如果没有情感距离，那么难以产生疏离感，这是人们应该考虑的问题。

第二节　历史的距离

历史距离在翻译中是必须涉及的问题。原文在翻译前是客观事实，两者之间的距离或长或短。倘若这两者之间的距离存在足够跨度，就可以称之为历史距离。根据两篇文章之间的距离，增加了对历史距离的考量。时间距离将目标语言读者与源文本分开（当然，与源语言读者的距离是不言而喻的），关于这已经有很多讨论。通常在这种情况下，为了理解，古语言问题首当其冲，在翻译过程中得以不断更新。在这个过程中，会同时产生语内和语际的翻译，所以缩短历史距离以及克服语言距离，两者缺一不可。而由于时间距离是一直在变化的，尽管翻译者会保留时间距离，但在某种意识下，可能会有意创造时间距离。原文中的原始语言是否应该保留在翻译中，一直是一个有争议的问题。自古以来，那些让世人满意的翻译作品，从来没出现过。一般来说，原文对当时的读者来说并不是老话，这是一个不可避免的问题。如果是这样，翻译成现代化的文字又能如何呢？历史距离与源语言和目标语言的读者分离，这无可争辩。倘若古语是被刻意重塑而强加在目标语言的读者身上，那他们将难以理解其中的内容，这是一个现实问题。尽管，这种零距离翻译方法虽然表达了一定的历史感，但就翻译作用而言，它可能是"翻而不译"的反作用。所以，这就需要双重翻译同时进行，就是上文提到的语内翻译和语际翻译，即罗曼·雅格布森（Roman Jakobson）所指的那样。

确实，在一定程度上可以通过更新或更改原作缩短距离。"翻译极端的古语在翻译中没有地位，这是因为对于现代读者来说，虽然它不是毫无意义的，但至少它不是真的。"正如米尔德里·拉森（Mildred L. Lanson）所主张的那样。事实上，这会使翻译与目标语言的读者减少关联度。但如果提供没有历史距离的幻象，它不仅无效，反而会适得其反，其历史真实性也会被引起严重的怀疑。

显而易见，翻译需要重建时间距离以区分过去和现在。然而，时间距离的急剧下降虽然有利于提高可读性，但也提高了存在误导的可能，并且可能会造成混淆，因为它忽略了时间距离，作为不顾及原文的历史时间设置的代价。同样，在文化借用下所产生的距离感，主要是基于过去原文所述以及当下目标读者的现实之间的关系。倘若时间距离在译者和原作之间得以保持，目标语言读者的需求似乎更有可能实现，但这又会导致翻译文本脱离历史。

有时，翻译的历史化处理是不可或缺的，但这并不代表要用古语，因为很容易造成疏离并导致阅读困难。 让 - 米歇尔·德帕兹（Jean-Michel Deprats）在评论 Antoine Vittoz 翻译哈姆雷特时指出：

"维托（Vittoz）的翻译并不属于某个特别的年代，它离我们的莎士比亚不近。主要的效果是让哈姆雷特远离我们，和我们有距离感，让剧本看起来老旧，与日渐被淡忘的戏剧风格产生某种联系，给人以深刻印象，以表明我们离哈姆雷特有多远。"

这段时间距离是刻意细致地维系的，翻译是留有历史感的，需要努力地把握了有关情节设计以及展现环境需要，这有助于最大限度地给目标语以复杂性格，使其细微之处得以显现，从而将《哈姆雷特》历史化，以至于当代读者达到读懂阅读剧本微妙且平衡的作用。

古体化或现代化的翻译文本处理方法是直接决定源文本与目标文本之间的距离是拉长还是缩短的重要因素。在阅读小说或历史剧时，需要了解历史意识的首要地位。但是，如果对翻译语言进行极其激进的古体化处理，则介于能指与所指的语言之间的距离可能会增加，这可能会导致阅读、理解翻译文本时出现困难，如一些译员用历史上的距离来批评时事。因此，看似客观的距离，在某种程度上却起到保护作用。带来的结果则是，批评者得以逃避惩罚。林纾的翻译，致使异质的东西离目标语言读者更远，究其原因，不过于精炼古文的使用，这是一个相对安全的距离。中国古典文本的使用与缩短目标语言读者的审美距离和异质性的目的有关。胡适认为，文言文的叙事形式显然与小说不和谐。在此之前，没有人用文言文写小说。但是，我们不能仅仅将它归因于林纾的复古与坚持。林纾翻译的目的和效果可以诱使读者阅读国外的作品，在很大程度上溶解了审美上的距离。时间距离的重构得益于他文言文的使用，审美距离便很容易地被控制和操纵，更好地发挥了其归纳的作用，故而向目标语言读者展示了一个完全不同的新世界。

与这个问题有关的是如何处理中国古代诗歌的翻译：使用现代化的语言？

抑或是让文言体得以保存？还是寻找两者之间的某种平衡？押韵、平仄以及对仗工整，是古诗音律中非常讲究的因素，而这也正是很多人不敢去翻译的重要原因。倘若在翻译中很勉强地复制一种独特的诗歌形式，势必会导致措辞上的勉为其难，以至于会产生一些基本的语法错误。浓郁的古典气氛如何与现代的审美情趣相吻合？这势必会涉及时间、文化和美学距离等一系列问题。如果目标语言读者要理解品味和认识历史的活力和生动，则不能让翻译发出霉味来，并且还不能够失去历史的那种凝重感，故而最重要的还是在于调整距离，否则将会很难满足现代人渴望异国情调的古典文学需求以及其自身审美情趣的提升。况且，在当代中国，人们对自己文化传统的态度还是褒贬不一，或支持或反对，态度仍然存在很大的差别。毕竟，时间终究是逃不开的、必须要面对的问题。

第三节 身份与文化的差距

一、身份之距

静态距离和动态距离之间的相互作用和相互影响在译者身份上得以反映。翻译者和作者之间的距离本来就存在，而且对于如何看待这个距离另有其深刻的含义。原作者的文化身份、政治身份以及立场可能与翻译者相似，也可能有很大不同。他们是无动于衷，或是感同身受吗？是居高临下，或情感上的交流？是按部就班，或是大胆的重组？除了身份距离之外，还存在心理距离，并非所有的翻译者都想缩短这段和作者之间的距离。距离变化的一个实例表现为翻译者身份的定位或重新定位，作者自己的翻译大概就是作者和翻译者身份最富有戏剧性的转换。写作和翻译都是交际活动，但他们面对了不一样的读者，翻译者，心理会有一些很微妙的转变。从表面上看，翻译者（作者）之间的距离好像是最短的距离，可是事实上，它也会成为最大的距离，所谓的翻译可能会是一个出入很大的作品，也可以说是一种比较偏激重塑的产物，这完全不同于寻常情况下的翻译。作为这方面的代表人物，张爱玲会将其原创作品与她自己的翻译作品写成看起来不同的两种文本。事实上，自我翻译不仅是一种特别的翻译，也是一种特别的创作。塞缪尔·贝克特故意将写作视为一种"不准确"的翻译。自我翻译似乎可以很自由地发挥，假如指责其"不忠"，不仅毫无根据，还会有一些"驴唇不对马嘴"的问题，所以没有太多的翻译者来讨论这种无聊的问题。

最有可能吸引人们关注的话题，无过于关于翻译者的身份问题，而最近被提及最多的则是文化身份。译者的文化身份，与译入还是译出有着密切的关联。翻译人的目标语言最好是自己的母语，而且能够很自然、很接近地把握其中距离，这已成为翻译界的普遍共识。相反，熟悉程度相对较低，随之而来的距离也会拉长，翻译起来就不会显得那么自然。就作品接受而言，这无疑是合理的，翻译者的身份体现了来自其读者的现实需求。此外，成长经历、教育背景、气质、写作能力、生活态度、政治视角等因素，都体现了译者和作者直接相关的距离，这些因素相互作用，可能形成心理上和情感上的距离。事实上，类似的文化心理学，允许翻译者代表其目标语读者，以更合理的姿态，进行关于文本和文化方面的谈判、调整和交流，以实现更好的交流效果。然而，情感距离好像更加微妙和混杂，因为以目标语作为母语的翻译者与作者的文化历史之间存在着自然距离，所以情感距离无法避免的会有疏离。

钱钟书指出："译者的理解和文风跟原作品的内容和形式之间也不会没有距离，而且译者的体会和他自己的表达能力之间时常有距离。"这里所提到的"翻译者的理解"表明，目标语言应该是母语翻译者。对他／她来说，原文是外语，理解距离通常较长。至于"写作风格"和译者的"表述能力"，这个问题则更为明显。例如，郭沫若主张诗人翻译诗歌，不管怎样，客观距离的存在是必要的，它不一定构成不可逾越的障碍，不然，恐怕再没有人敢翻译莎士比亚了。可能很少有翻译者敢说他们的表达能力与莎士比亚的表达能力非常接近，更不用说平分秋色了。回到之前所讨论的时间距离，因为莎士比亚的戏剧早已远离我们的时空，我们需要跨越这些，如果我们翻译莎士比亚戏剧时假以文言文，这就有些奇怪了，就像很多现代英国人现在不太了解伊丽莎白时代的英语一样，他们阅读莎士比亚的戏剧也是很困难。而且，更有趣的是，很多莎士比亚的外国语读者，对他们的当代翻译反而很有兴趣。阅读障碍随着时间距离日渐清除了，也就是说，翻译远离了原文的语言方式，与目标语言的读者距离却走得更近了。

有人指出，由于全球化，人口流动大大增加，国家之间的边界概念日渐发展，越来越多的人或旅游，或居住在其他国家。在与当地文化融合之后，他们的文化身份不断变化着，接下来，就产生了一种离散翻译者的特殊身份。这些翻译者与源语文化和目标语言文化的心理距离也发生了变化。一方面，怀念故土是一种遗憾的情怀，另一方面，它与它所居住的国家的文化也有了密切的距离接触，从而有了心理上的感情呼应，所以它们之间的距离也日渐变短。离散翻译者也是文化大使，当他们身居异国他乡，可以直接参与跨地域的文化交流。然而，亲身参与与近距离的观察甚至是远距离的观测，在很大意义上是不同的。此外，还有其他的影响因素，有的译者的妻子或丈夫是翻译原文的母语国家的人，如格拉迪斯的先生和戈德斯坦的夫人在"翻译理解"方面，一定是非常有帮助。

除此之外，还需要考虑翻译者的身份和原作者的身份，如气质、政治观点、社会角色等，作为他们在社会上的认可程度。当然，除了作者自己翻译他的作品。翻译者可能会同原作者在存一定的距离。如果不同意他们的观点，那么在翻译中情感传达可能就不存在了。在翻译时所有产生的手法，如就轻还是就重，仔细勾勒还是一笔带过，都可能是由于距离的靠近或者是疏远所导致的。玛丽亚·铁木志科表示："文本翻译者专注于翻译文本的某些方面，就像语言保真度，文本的语境、形式、文化内容或者是以上几个方面的混合。译者强调或淡化某些方面，以达到一定的效果，在真实的翻译实践中是非常常见的。

总而言之，距离问题存在于复杂而不断变化的文化翻译过程中，并且贯穿其全过程。翻译是不可能和解释分离的，通常它是在翻译操作之前完成，目的是使其出现间离效果。约翰·斯坦利（John W. Stanley）说："翻译者总是被迫地精心译作，而且由于原创性和翻译的原因，翻译在很大程度上异化了语言结构中的其他方面。"换而言之，作为最好的方法，不仅要准确地捕捉原始内容，还要在导入距离概念的同时，从字面上做到三维的重现以及对其持续的优化。故而，它才能始适应来自源语言任何潜在的挑战。不用说，对一个特定的词，短语或隐喻会有不同的解说和表达，甚至会存在不同的可能，因此翻译的距离会不断改变。阐释的行为是翻译者主体性最直接、最主观的表现，同时在一定程度上阐述了其身份背景，并且反作用于翻译者身份的塑造，决定了其与原作者在心理、审美、社会等方面的距离。在不同历史和文化条件下，原作和翻译品也存在一定的距离。在翻译的过程中，翻译者需要将其表述结合具体语境来编辑，而对其距离问题，要有合理地把握。

很多因素都能够对翻译者的身份产生影响，它们可能会相互重叠，或相互依赖。有种身份的认同问题，大致表现为：男性作者和女性翻译者以及读者，或者是女性作者和男性翻译者以及读者，女权主义翻译家和非女权主义作家和读者，或是非女权主义翻译家和女权主义以及读者等，这些都是性别上的距离。此外，在跨文化背景下，偏见和相对应的各种对待手段的出现，是导致距离出现的重要原因。后殖民主义和女权主义翻译者倾向于以一种非常明显的方式重写原始的"暴力"，并旨在实现转换、改造的目标。"到目前来看，男人是历史文学记载的主要承载体。并且，有关翻译的过程，或是有关语言交流土崩瓦解的过程，大都是通过男性的焦点出发的。"在讨论到某种产生于距离的影响时候，斯坦纳如是说。结果很明显：该翻译实践自然而然地与女性目标语的读者分离了。

女权主义的翻译，自然而然地对男性霸权主义的历史文化厌恶至极，所以在原作中所表达的观点完全不同于非女权主义者。有时候，一些关于女性主义的重写，大抵是因为政治背景所驱，从而违背原文，彻底颠覆了作者的原意。并且，女权主义者主要的政治行为特征，一般来源于对原作品"暴力式"的强行修改。这种特征大多表现在女性主义翻译者的身份有别于原著作者的政治身份，因此使用极为偏激的手法来对原作进行改造，以达到"妇女化"的目的。

二、文化之距

和翻译相关的最多见的距离，大多来自于文化的差异。不同文化背景的人在自己的文化心态、互文性资源、阅读体验、审美感知等方面都会体现出差异。对于这个问题，最重要的是翻译的跨文化对审美差异意识的敏感性。文化距离是客观现实，引起的社会反响也是动态的，并且是不断变化着的。翻译过程中，先要解决的是文化距离的问题，这也是"不可翻译"的主要原因。不同翻译者的翻译策略针对的是不同的翻译交际障碍。翻译产生了各种各样的距离变化，其中一些是微妙的，主要是通过加强或削弱原始作品的某些元素来展现充满张力的文化差异。如上所述，翻译者故意创造并加以实施的距离是翻译距离，这是与客观距离相左的，这样在遇见各样的文化差异时，就能有效地协调和干涉各种文化差异。

在原作和翻译之间所产生的最短距离，是最忠实可靠、认可程度最高的翻译，这虽然有一定的道理，但不一定完全正确。由于最短的距离并不总是最好的距离，所以它并不是对"恶意篡改"的预防与保证。如果翻译是不可能的或有困难的，那么翻译的作用就是创建一个空间以便更有效地利用目标语言以及可用的文化资源。基于"忠诚"来追求翻译的最短距离，往往效果不尽人意，做不到预期理想的翻译效果，这样的例子有很多。一般情况下，距离定位来自于译者如何最有效地处理在这个实际情况下有关翻译的问题。事实上，宽容、选择和排斥是距离的表现。显然，关于问题的距离，还需要分析影响翻译的其他相关因素。在实际操作中，翻译者大概期望能够和原作者的主张保留一段距离，这是一个有关政治和文化的距离。在一些有关政治敏感的时期，或者是一些出现敏感因素的国家，这样的状况是经常可以看到的。例如，在翻译的序言中，翻译者总会告诉读者，要持怀疑批判的态度去阅读，也就是要保持清醒的头脑，即保持合适的距离。

文化距离可能会导致翻译文本的陌生感和异化感，增加与外国文化的接触无疑是缩减文化距离的最好方法，这也有助于消解文化距离。尽管归化翻译能够帮助读者避免陌生与异化的情况，但客观上它还具有维持文化距离的功能，这好像背离了跨文化交际的原本意愿，就是通过缩短存在于不同文化之间的距离，达到共同理解与认识。当这段距离拉长，存在于文化中的障碍不能被跨越，沟通的有效性将受到很大的影响。因此，近年来，异化翻译引起了人们的极大关注。因为，这与原来的翻译策略非常相似。然而，这也增加了疏远目标语读者的风险，拉长历史和文化之间的这段距离，即差异性伴随着疏离感的增强而被拉大。从表面上看，异化创造了一种亲密感，目标语言读者能够与原始文本的接触产生"亲密关系"，这就不需要翻译者从中辅助翻译了。但是，由于这种零距离的翻译太过生硬，人们会感到不舒服。再者，由于异化很容易与不相关的翻译联系在一起，所以，出现疏离的概率大大提高，可读性也随之降低，甚至，文章就会让读者难以捉摸。忽视那些原本就存在的客观文化距离以及忽视彼此相距甚远的源语言和目标语言的文化规范，将使读者远离他们熟悉的语言和文化氛围，增添读者内心的无奈以及无助感。

"翻译者能否利用自己本国的规范来保持临界距离，同时避免翻译作品被视为不可读的命运？"劳伦斯·韦努蒂（Lawrence Venuti）面对在英美地区翻译目前推崇的异化翻译状态时，提出了这样的问题。的确，从跨文化的角度来看，归化是可以理解的。尽管直接性和时效性值得争取，但重要的是，应该意识到任何翻译的可接受性的基本要求。事实上，有时译者确实会鼓励读者去与原文保持一定的距离，其中一个主要的原因就是让他们退后一步，能够看到更加广阔的画面。另一方面，距离拉得过，很容易导致视野狭窄或模糊了视线。由于翻译中的各种复杂的语境关系，如若不加以协调处理，可能会因为各种不可控因素引发冲突，导致沟通失败。至少，没有经过协调过的翻译，在近距离接触时往往会加剧陌生感，并且会在目标语言读者中创造一种距离感。许多的翻译都是由于客观存在的距离所导致的，倘若没有人为因素对距离加以协调，那么其后果令人担忧。如果将隐喻直接转手给翻译者去解释，那么即使在表面上保持了相同的距离，但效果无法让人满意。所以，在多数情况下，隐喻不能直接跨文化进行传播，否则过于接近距离的行为，达不到预期的目标。

第四节　审美的差异与距离的操控

一、审美之距

与翻译作品的接受程度密切相关的是文化距离所导致的审美距离。译者使原著跨越了时间、空间以及文化距离，并与不同的文化背景读者进行沟通。原著读者深谙其源语言的文化，所以在他们之间存在着一种文化亲密感，但是这种亲密关系要么在翻译中丢失，要么在很大程度上受到损害。分享文化的精华在本质上是非常艰难的一件事。此外，文化亲密所产生的强烈的陌生感可能会让人感到恐惧，反过来阻碍译者展现文本的主题思想。鉴于此，要有一个基于翻译距离的过程来对翻译进行复杂的再协调，以捕捉原始文本的相对不确定的含义，而不受句法结构和原始文本等其他形式特征的束缚。提到的有关翻译决定的问题是，任何决定都与建立相关参考框架相关，然后对翻译语义、词汇、风格和语法进行总体把握，涵盖了规范、属性和惯例。例如，当词汇游戏不可翻译时，常见的方式是忽略一些形式特征，主要翻译它的意义。如果担心可能出现不可翻译的现象而避免了语言的游戏意识，那么翻译的焦点就会转移，这显然会影响翻译所涉及的两种语言之间的距离。假若所提供的翻译单位给目标语言读者呈现了不一样的世界，那么空间距离也会随之发生变化。此外，阅读体验和效果也会伴随着审美参考框架变化而不断变化。

视觉感知和观看距离的不同是由语境的复杂性导致的。这种情况与摄影的焦点非常相似，把文本的某些部分实现具象化，选择具有典型代表性的部分或特殊之处用于翻译，而不是把全部的都翻译过来。文学阅读体验的提升得益于具象化翻译的处理方式，有时进行轻描淡写的文字处理，有时候大量泼墨，细致描写，这都系于距离上的调整，与此同时，审美空间的置换与转移，也能够产生审美移情的效果。有时候，具象化是重新语境化的一个手段。通过某些"特写镜头"来添加细节，突出翻译者眼中相关和重要的内容，并使用"以小见大"的方法作为对语义或效果的补偿。杰克·伦敦（Jack London）的《野性的呼唤》中有一句：It was beautiful spring weather, but neither dogs nor humans were aware of it. 翻译后为："春日阳光明媚，万物生机盎然，但狗和人都不知道这一点。"译者故意通过增加细节来观察近景，这缩小了观察距离。原文中的美丽更是一个抽象的形容词。在翻译中，意象变成了"万物生机盎然"，并且把春天表现得非常有活力。此外，还有"阳光明媚"，表现了译者的预设审美想象。当然，春天，特别是英国的春天，可能并不总是阳光明媚，也可能是毛毛雨，但不乏意境。在这里，如果基于原文的基本含义的视觉表达是适当的。不可否认的是，译者的主观想象已经渗透到翻译中，而且增加的细节也不是多余的，它们确实为翻译增添了活力和吸引力。从客观效果来看，译者已经很接近审美距离。这种翻译更符合中国读者的审美习惯，由此产生的视觉感受也更能感染读者的心境。

有些翻译者采用近距离的翻译方式，是因为可以让译文的读者体验到近距离的阅读体验，这是出于对近距离翻译能够带来更加曼妙的亲密感的考虑。在翻译过程中，什么是存在的，什么是已经消失的，是必须辨别的一部分。再者，要去考量什么是重要的，或者侧重于翻译者认为重要的内容，或者淡化处理比较困难的问题。对字面意思的处理加以改造更是不可或缺的，但如果因为这样导致意义程度改变，就不会有由于近距离阅读而产生心领神会的感觉。例如，"我友有一妻，极贤惠，日日举案齐眉，家中颇有世外桃源之感。"

如果使用特写翻译，来保留原文的表面含义，翻译可能是荒谬的：My friend has a wife, who is extremely virtuous. She holds a serving tray all the way up to her eyebrows every day. And his home is reminiscent of a garden of idyllic beauty.

汉语读者都了解其中的幽默，采用互文的修辞来修饰"举案齐眉"以及"世外桃源"，这样的修辞是为了让人们不要理解为表面的意思。可是对于英语读者而言，可能会将其理解为"一个像佣人的妻子……"，出现了风马牛不相及的场面。在跨文化的交流中，审美距离是极为重要的，在整合文化距离差异之后，可以翻译为：My friend has a loving wife who tries everything in her power to look after him. Which makes their home like Xanadu. 翻译者为了不让译文的读者产生一些意思上的误解，故意把特写拉远，产生了文化之间的距离。对于其中幽默成分的缺失，不妨采用其他的方式来变化一下风格，就像是，His every whim is indulged. 另外是，His every whim is her command. 这样的做法是利用虚与实之间的变换来拉开距离。

翻译时必须考虑审美心理和美学效果，但这并不意味异化的外国因素就一定要被目标语所排斥。人们阅读翻译的一个重要原因，就是每个人生来都带着一些好奇心。有人认为，阅读好的翻译的感觉就像阅读本国的作品一样，但完全忽略了人们阅读翻译心里最初想的是什么。一定程度的审美距离，实际上增加了翻译的吸引力，因此，不难看出异化翻译的价值。人们有意愿和兴趣尝试体验异质，这里所说的是那些还没有被过度稀释和扭曲的翻译。换而言之，适度的审美距离不但不会构成审美障碍，而且有助于改善审美情趣。有一点不可否认，异化翻译受到了来自目标读者对异质性的容忍度或要求程度的限制。自我与其他人之间的距离因环境而异，有时候人与人之间相差甚远。毕竟，当自我与另一方重叠或重合时，也会通过归化来理解和翻译另一方，以一种远距离的存在或方式。

何为适度的翻译距离？很难有一个衡量的模式。是兼容的结果？抑或是妥协的结果？翻译距离的长短与虚实，审美习俗的流变与演替，无不左右和影响翻译的策略。以隐喻翻译为例也许可以更好地说明这个问题，隐喻一向是翻译的难题，在翻译过程中，其外在形式能否保留？如果保留了，其认知功能又该如何体现？如"她是一贯爱翘尾巴的"，所含有的"尾巴"意象，促使译者考虑各种翻译策略，至少有如下几种可能的译法。

（1）She is too big for her britches（boots）.

（2）She tends to get swollen-headed.

（3）She is a bit caught up in her own self-importance.

（4）She has suffered chronically an inflated sense of self-importance.

（5）She has always been a self-important figure.

（6）She is always insufferably cocky.

第一句它不保留"尾巴"，而是"裤子"（或靴子），是换了一种形象的表达。第二句用"头"代替"尾巴"，尽管所展现的可能会不同，但是其内涵类似。这两个句子都是相当"真实的"翻译，而另一些则是"虚构的"翻译，因为后面几个抛弃了具体的意象。无论实际情况如何，翻译中都没有看到"尾巴"，因为它的作用在中文和英文上都有所不同。虽然去除意象没有任何问题，但也是因为没有更好的翻译方法，它的生动没有被很好地展现出来。再看另一句话："他那在上司面前摇尾讨好的样子让我恶心。"尽管表现的场景很生动，可是很难直接地把它翻译过来，主要是因为在英文里的词汇，难以表达原作的恶心程度。所以，翻译不得不拉开"距离"，进行"虚构的"翻译："He is fawning and obsequious to his superiors, which just makes me feel sick." "摇尾"

的那种生动十足的形象就不得不在翻译的过程中舍弃。

二、距离的把控

翻译离不开对于距离的调整和把握，根据距离不同来捕捉翻译对象，因此使目标语读者可以获得不同的视角感受，或阅读体验。在翻译行为里，不管是有心的还是无意的，不管是什么动机、意识形态、政治因素，或是美学、心理文化等因素，凡涉及对距离的把控，都是其必不可少。人为翻译距离的产生以及变化，目的在于构成一种最优翻译策略，是为了确保对原文解释和复制进行一定的掌握，要表达的是翻译行为的定位与视觉以及在把握原文时距离之间的不断变化。如果距离太短，那么限制就会太大。出于这个原因，翻译者不得不人为地创造距离，以获得自由的翻译感。此外，人造距离也是对其实行距离的解释和实现，这是由翻译的功能决定的。但是，如果翻译与原文之间的距离拉得太长，就会与原作者所表达的意义有所偏离（体现在归化翻译中），这就严重威胁到跨文化交际的真实性，目标语读者就不可能以一种近距离的姿态体验到他者的异质。可以说，任何成功的翻译大部分得益于翻译距离的合适选择，这是一个动态距离，它要避免太接近或太远的极端的取舍，显示出较为完美的灵活性，并很好地把握目标距离与人造距离。翻译距离来自于对翻译的把控，从而避免了很难区分的语言和有关文化特定项之间的纠缠，并且可以获得更好的翻译结果。

在翻译中可能会遇到两种完全不相同的途径，其效果在某种程度上很明显，廉·冯·洪堡（Wihelm von Humboldt）在给施莱格尔（A. W. Schlegel）的信里写道：

"所有翻译似乎只是为了完成一项不可能完成的任务。每个译者大都会被两个阻碍其中之一所杀：他可能是太接近原文，或者以牺牲目标语地的口味和语言为代价，或者是仅仅保留目标语的特色，以牺牲原文为代价。"

有意地去接近不管是源语言文化还是目标语文化，在一些特别的时间段，看起来会很方便，并且能够起到促进或阻碍的作用。然而，这种优劣参半的思想第一步就否认了原作与翻译之间存在中间距离的可能性。当然，距离的长短取决于翻译运作的方向以及如何实现源语言文化与目标语文化之间的最佳协调或妥协状态。

距离问题必然与看待方式和效果方式有关。与之相对应的是对意象的拿捏：设计最好协调方式的结果是，使其变得模糊不清，或使其变得清晰，最终达到期望的翻译结果。所以，最佳的距离就像是横跨在具象与抽象之间的桥梁。有时，为了避开直接的矛盾冲突，迂回翻译的策略也很常见。弱化的效果是通过增加距离来实现的，因为翻译重写的某些意义只能通过"规避"来实现。翻译总是代表着一定程度的重写、转化、变形，原作本身也可能会导致距离的变化。倘若与翻译有关的源语言和目标语言之间存在着明显的差异，而又没有对翻译表面的含义进行协调和校对，就很难成功地翻译过来。假使客观距离拉得太近，不足以给出相当的调整空间进行改编和目标语言化的处理，就需要开辟更多的空间。许多修辞手段，包括隐喻和讽刺都不能直接翻译，但能够"有距离"地进行。为了缓解对翻译质量差的担忧，就有必要不断地改变客观距离。总之，要解决制造翻译距离这个难以处理的问题，就需要依赖于对文章风格的调整，以增加翻译自身的吸引力。

为了能够开展沟通，必须对距离进行改变，其手段是灵活的。接近并不一定匹配，而接近翻译是指在原始文本和翻译之间寻找最接近的匹配项，这意味着两个语义在最大程度上重叠。2011 年，当谈到房地产经纪问题时，温家宝说，"你们的身上也应该流着道德的血液。"英文可以翻译为：In you should flow moral blood. 恰巧，英文里有 moral blood 这个单词，翻译时可直接使用，这样也贴近原始文本，几乎没有区别。直截了当的表达有一种罕见的即时性，如果译者翻译时没有把握，并翻译成：blood of moral responsibility（courage，principles，values）等，即时性便会丢失。翻译距离的存在对表达效果的影响是很显著的。"道德血液"在英文中的表达为 moral blood，但其英文无法在中文中找到可以替换的词。显然把它翻译成"道德纤维"是不对的，因此选择"道德力量"这个词来表达这个意思。两种语言之间的距离通过这种方法是无法改变的，只能把原来间接的东西变为直接的，翻译中不能出现原来的具象的"纤维"，这并不符合目标语言的要求。如果能灵活地调整距离，那么就可以坦然地面对跨文化交流中出现的种种问题了，因此可以看出，在文化意义与距离之间存在着一条难以逾越的鸿沟。

人们要学会一些翻译应该具备的基本操作，在翻译中，至少在一定程度上，在受到控制和归一的情况下，可能出现奇怪的或者不熟悉的内容。但当审美水平达不到贴近时，它便是一种形象化的选择。其原因是，在实践中，适当的文化整合和重构是可取的。译者在面对具体的细节时，总是觉得没有办法入手或心有余而力不足。在翻译中，不能通过复制文字的方式来解决一切问题，可以灵活地运用各种方法和手段，如抽象表现等，如此这般，使文化和审美距离随之产生变化，使焦点得到了调整，使距离空间变得更远。对不同语言文化框架和对审美距离的理解，可以使译文与原文里的视觉语言距离扩大，形成一种可行的替代方案来处理各种翻译问题。从本质上说，适当的上下文语境框架可以更好地集中、解释和呈现原始作品中的基本元素。迂回的操作路线也是避免陷入僵局、困境、解决潜在冲突的有效途径。

通过以上简约化类的阐释，可以看出翻译是一个复杂的概念，翻译本身与社会、历史、文化等因素是分不开的，其中蕴含着各种关键的因素和环节，最为重要的就是距离。翻译对跨文化交流具有重要的作用，而距离是翻译中一个很重要的环节，所以人们必须思考，为什么会产生距离，同时想出解决办法使其得到很好的运作。对距离进行改变会对翻译作品的效果产生很大的影响，原文中一些具体的部分可能会受到一定的影响，如变得更加突出或者更加隐性等。翻译时距离的重要性显而易见，距离的改换对翻译具有重要的影响。为了使翻译时原文本与译本之间的距离得到改善，并使翻译的性质得到更好地理解，应该把聚焦和顺应放在首位。

原文的表达在翻译中是可以随时改换表达方式的，这主要是为了缩短文化之间的距离。在翻译时把直接的翻译成间接的是常用的解决方法。

不依附于原始文本就是与原意相违背的想法实在过于绝对，认为有偏差就一定会违背原意，最终只能画地为牢。译者将自己的手和脚束缚起来，他又怎么能跳好舞呢？差异的特征是不一致的，但细节不一致并不代表整体的不一致。对每一个细节准确性的追求最终可能会事与愿违。

翻译决定的先决条件和主要依据是关注事件的偶然性或开放性，要知道任何完整的翻译都是不可能实现的，其表现变化莫测、捉摸不定。翻译存在于缺失的、明显的和隐晦的、运动的和静止的、整体的和局部的、表面的和深层次的、具象的和抽象的种种内在含义之中，并在各种含义之间不断转换改变。

与此同时，许多不可译性现象由于客观距离而产生，客观距离的存在是很可怕的，很多文化之间无法逾越的鸿沟都是由此产生。因此，必须解决客观距离的问题。为了更好地认识翻译，人们也必须要认识客观距离。在文化无法被认同时，就需要采取一些方法来进行调整，与此同时，其动态距离是一定随之改变的。在翻译时人们的视角是一定会改变的，并且无法在视角不变的情况下进行翻译，所以不能从纯客观视角进行下翻译，这样会使文化之间的距离扩大。因为翻译的开放性存在，所以翻译是不统一、不完整的。视觉是一种在翻译过程和读者阅读过程中存在的概念。视觉对于距离的种种因素具有重要的决定作用，如它对于翻译距离的永久性有影响，对其偶然性也有影响。无论是历史上的还是随机的都受其影响，而且不论是客观存在的距离，还是主观存在的距离，都是跨文化交流客观存在的隐患，由于距离的存在，翻译是完全不稳定的。

第五章　翻译与文化心理

第一节　语义诠释与文化审美心理

文化心理可以在很大的程度上校正、调整、调节并最终决定词语的准确意义。这在文化翻译中是一个很重要的问题。例如，中国传统哲学中一个重要的范畴"道"的意义，就完全取决于不同的哲学流派的界定。很显然，不同哲学流派在界定"道"的时候是根据自己的认识论和方法论定义的，这就是一个文化心理参照问题。在道家的文化心理中，"道"要通过"无"来认识，才可以把握它的质朴性、绝对性、虚无性。因此，老子说"道可道，非常道。名可名，非常名。"庄子也说"夫道，有情有信，无为无形。"（《庄子·大宗师》）对比之下可以看出，儒家的文化心理具有完全不同的结构，孔子心目中的"道"，指儒家的政治主张和思想体系，也就是儒家所宣扬的大同世界。总之，"道"是儒家政治理想的一个代码，比道家的"道"要实得多。所以，《论语·公冶长》中说："道不行，乘桴浮于海"，《卫灵公》中说："道不同，不相为谋"，可见它是"可行""可谋"的东西，是相当具体的。法家的"道"又基于另一种认识，在法家心目中，"道"就是"法治"，"守道"就是坚持按法律办事（《韩非子·守道第二十六》），可见法家的"道"更实了。

毫无疑问，以上三种文化心理中的"道"不能不加分析、鉴别，或不加调整、修润地统统译成"the way""the doctrine"或"the ideal"等。

《易经》（周代古文献经典）的"易"也是这样，在不同的心理结构中，"易"的意义是不同的。儒家心目中的"易"往往符合中庸心态，《礼记》所云："君子居易以俟命"（似乎在说，"你就安安稳稳地给我待着，等待命运的安排吧"，这是很消极的人生态度）。《周易》的心态（认识）完全不同。《易经》中"易"的理性认识水平相当高，它的基本思想是人必须"观变"，因为客观世界在变。《易经》的主旨是"观变于阴阳而立卦"（卦生于象，象就是符号，古人欲以符号来记录客观世界的变化）。《易经》的思想非常深刻。《系辞》云："穷则变、变则通，通则久。"可见，James Legge 将《易经》译为"I Ching, Book of Changes"是完全把握了《易经》的文化心理深层理念的，在题目上点出了要旨，是很好的对策。德国人很严谨，批评 Legge"画蛇添足"，有失公平。

词以上的语言单位也是这样的，文化心理参照在很大的程度上决定了词语意义的定位。"明哲保身"在饱经劫乱的中国人的消极心态中是个贬义词，但在盛唐时代理性思维居于主导时，明哲保身是个褒义词。唐代孔颖达解释此词时说："既能明晓善恶，且又是非辨知，以此明哲择安去危，而保其身，不有祸败。"前两句足以表明这种人的心理素质堪称一流。

一、文化审美心理与语义定夺

以《橘颂》为例。

从文化心理结构的视角看，《橘颂》由三个有力的支柱托起：一是理（理想）；二是志（意志或志向）；三是情（情怀或情感）。前段是颂橘，以橘的嘉美生性和生态喻人。后段是自颂自勉，注家李陈玉说橘颂，屈子自赞。以上评述可以说是理解《橘颂》及解释注疏其中每一个词的一个纲。下面按句序来分析上述英文翻译。

首先是"后皇"的翻译。按郭沫若的理解译为"fair tree"，归咎于郭氏完全无视文化历史背景以至望文生义、不求甚解，令人惊诧。译者不宜附和，信以为真。"后皇"一词后世注家的解释是"君王"，与郭沫若的"辉煌"沾不上边。"后皇嘉树"很可能类似于《汉书·礼乐志》中所云"后皇嘉坛"，后者将"嘉树"移词曰"嘉坛"。坛就是祭坛（颜师古），"后皇嘉坛"犹云"皇上有上佳的祭坛"。那么屈原为什么不说"皇上"而说"后皇"呢？《礼记·内则》中说"后土命冢宰"，《释文》引孙炎解云，"后王"即"君王"，可见"后皇"较端重。从屈原的心理上分析，后皇指皇上、君王也是自然之理。《橘颂》写在诗人理性意识萌发期，他心中的理想犹如一株嘉树之生生可发，更值年轻有为期。尤其值得考虑的是，其实诗人与楚怀王过从甚密，屈原为王左徒，"王甚任之"（司马迁），出入相随，屈原对君王敬重之情，溢于言表，而冠于诗首，这正是"后皇嘉树"的"后皇"之称的文化心理依据。

其次是"受命不迁"一句。郭沫若译为"独立不移"，"独立"之意没有根据而且与原意相左。"受命"正好不是"独立"，这里的"受命"指受天候水土之命，意思是说，橘子这种"习服植物"（"习服"是医学名词，指适应于宜于栽培之水土环境），禀性是不移的。按当时屈原的心态，正是君臣融洽时，也不会特别强调要"独立"，而确实是安于受命。这些心理因素，郭沫若就置之不理幸好英译没有盲目附和。但"laden with orange"则缺乏依据，原文只说了"绿叶素荣"（绿色的叶子，白色的花），后面才提了果实圆浑之类的词。

第11~16句，郭沫若的理解大都莫名其妙。"青黄杂糅"就是青色和黄色杂糅在一起，根本不是"由青而黄"。英语摆脱了郭氏的谬误，译为a riot of yellow and green是正确的。"文章烂兮"意指文采斑斓与郭沫若所谓的气味"芬芳"完全无关，英译也未将错就错。"纷缊"的意思是五彩斑斓之状，郭沫若译成"赋性坚贞"，差之千里。"姱而不丑"指面容俊俏，这几句都是仪表描写，是"精色内白"的发挥，郭译为"仁人志士"，这怎么能算翻译呢？"类任道兮"意思是"看来是可以委以重任"，郭沫若任意发挥为"不怕冰雪雾霏"（意下为耐寒，不合原意），英译者看似吃不准，给了一个模棱两可的修饰词"virtuous and right"。

第24~27句，郭沫若的理解真可谓十分荒谬。其实，"横而不流"不难理解，"横"意思就是横江而过，"横而不流"就是"横浊世之流而过，而不随之漂流"，这与"故步自封"差得很远，如果说这是"语义调整"，那么也未免调整过了。看来译者主要是昧于文化心理分析。"闭心自慎，终不失过"意思是"常常扪心自勉，勿失言失密，以求行为审慎，不至于到头来造成过失"，郭沫若理解为"不胡思乱想"，真可谓"胡思乱想了"。下面的"秉德无私"（第27句）意思也很清楚，英译为，so selfless，you have virtues high，但郭氏的理解却是"至诚一片"，按此回译（back translation）应是perfectly honest，与"秉德无私"无干矣。

第29~30句中，屈原说，"愿岁并谢，与长友兮"，"长友"就是长与为友，不是什么"忘年交"。忘年交是年龄、辈分不相当而结为好友。《南史·何逊传》云："弱冠，州举秀才，南乡范云见其对策，大相称赞，因结忘年交。"试分析屈原写《橘颂》时的文化心理（其时屈原才二十四五岁），"嗟尔幼志"，也不到辈分不相当的地步。英译能不受郭沫若误译的影响，难能可贵，至于英译文字上不够自然，那是一个审美问题，语义上大体是没有错的。

从以上分析中可以得到以下几点教益。

第一，语义解释必须符合原作的文化和历史背景以及作者的文化心理和创作的和思想。其意义的最终确定必须在原文的文化心理框架中进行，只看字面意义是不可取的，也不应"异想天开"，至少得有"意"的依据方才可以意译。

第二，在大体同义的情况下，表现式的微调（包括分析甄别、调整、鉴别、修正）也应以文化心理为依据，调过了、调偏了或调错了都是没有准确地把握作者的心理因素。例如，"美政"在屈原的政治理念中是一个关键词，在翻译这个关键词时应十分细心地进行微调。如果屈原只是一般地说实际上相当于"从政"时，译成"engaged in politics""enter politics"等未始不可，但在下面这一句中（屈原《离骚》的《乱辞》最后两行），"美政"就具有充分的"屈原个性"或是他的政治理念性、纲领性：

既莫足与为美政兮，

吾将从彭咸之所居。

这时，唯有将诗句放在文化历史的整体观照及文化心理结构中进行分析、定夺：屈原这时的"美政"指的是他心目中的治国方略或抱负理想，相当于屈原的 guiding principle 的实现。David Hawkes 的英译如下：

Since none is worthy to work in making good government, I will go and join P'eng Hsien in the place where he abides.

如果不是从文化翻译的严格的文化内涵要求来看，这样翻译当然也可以达意，只是留下微妙的文化意义或文化心理特征上的欠缺，因为这些"政"是"政治"，不是"政府"，good government 可以是治国有方的工具，但却并不一定是屈原式的"美政"政府，不如译为"to work with to meet my political ideal"。

第三，文化心理的探索固然是艰苦的，如何表达也殊非易事，并不是在任何情况下文化心理都是可以如愿以偿地表达到原语中的，因为译者的理解不一定与原作者的文化心理完全一致，因此必须仔细斟酌，这里还涉及文化心理的可译性问题了，容后再述。

二、文化审美心理与语势获得

诗人毛滂写过："酒浓春入梦，窗破月寻人"（《临江仙·都城元夕》），妙就妙在"破"字和"寻"字的语势：月色撩人，破窗而入，似乎是在有意地跟踪、纠缠住思绪万千的半醉者。特殊的文化环境可以给原本没有生命的词语带来极大的动感、动势。上两句诗中的行为者不是人，竟是月！月在这种情况下的这种动势感就是语势。对比一下"月明星稀，乌鹊南飞"（曹操），这两句诗虽然也很美，但月字没有动势，"明月几时有，把酒问青天"（苏轼）也是一样，月是静态的。要把静态词"激活"，使它获得动势，关键在作者的文化心态，并营造一个可以产生语势的意境。莎士比亚的哈姆雷特王子所说的那六个小词"to be or not to be"中 be 的动态语势也就是这样获得的。

现在回到《橘颂》。在一般情况下，橘是毫无语势的，如"江南多红橘""潮落橘子洲"，等等。但《橘颂》中的橘字却充满语势：它似乎充满芬芳、充满色泽、充满志、充满情；它好像充满了生命，充满了人格！

可见，对"橘"字的人格化、动态化、语势化来说，译者是决不可以掉以轻心的，因为这里正蕴含着屈原的创作动机。下面阐述译者是如何认识的。

第二句"橘徕服兮"，郭沫若译成"枝叶纷披"，不知译者如何理解"徕服"。译者忽视了一个很重要的文化信息，这个信息正好反映了屈原的心态。屈原在第三句提到"受命不迁"，即指橘。据《考工记》：橘踰淮而北为枳。陈子展在《楚辞直解》中云："橘本热带植物，移至温带地区，尚能如常结实。人及其他生物更是能够高度适应环境状态，在学科上称为习服。屈原出生地为橘之乡，梯归至今犹称为'三峡橘乡。'"董说著《七国考》中云：《橘颂》言楚王好草木之树，而橘生其土。因此，"橘徕服兮"是不能在翻译中省略的，译成"树叶纷披"更没有依据。此句文化心理信息有三：其一，屈原开宗明义地以比兴手法托出橘来，并将橘的植物科属目名及本性也一一交代了；其二，屈原开宗明义地将橘树称之为君王之树，其心理因素很明显，表现他的忠君、爱君情结；其三，既一开始就说了君王的美树，又赞之以洁志的不移，就等于表明了他与君王的亲密关系。据王逸说，屈原相当年轻就当了三闾大夫，职掌楚国王室屈、景、昭三姓之学子。在《橘颂》的后段自颂时他说"年岁虽少，可师长兮！"也可以在这里找到互文参照，即"离骚"中所说的"余既滋兰之九畹兮，又树蕙之百亩"，这时屈原的心态是踌躇满志。英译也没有反映出他这种心态，将屈原颂橘、颂己的心理活动体现在遣词造句上。很明显，这时的"橘"已获得了语势，它不是一般的橘，它已经被人格化：诗人赞颂的是一个形质雅洁的人，一个磊落挺秀的人，一个意气风发的人！

在任何情况下，语势都是一种微妙的附加意义，它具有动态性，它的"势"（force）来源于随"语境"之机的 change（变化），turn（转折），shift（转移），因此需要有心人的把握。

第二节　文本解读与文化审美心理

与词语相比，文本可以含蕴更深不可测、更难以言喻的文化心理，读后更有可能为读者留下 "a complete blank"（一片茫然，Sigmund Freud，1953）而不得不掩卷叹息。可惜，译者不是一般的读者，他不能像一般的读者那样，合上书、闭上眼，茫茫然往沙发上一躺，叹一口气，在无可奈何的心情中不了了之。

翻译家没有那份"福气"。为了翻译，也由于有那份情志，他必须穷根究底，那是一种永恒的欲罢不能！文本是作家心迹的记录，文本也是作家心理的透镜。翻译家不能不把握文本：他必须缩小他与文本之间的疏离度，不管它有多远！文本可能是一片望不到头的处女林，可能是一座迷宫，一片荒原，也可能像 James Joyce 自己说的，"一头怪物"！

Finnegans Wake（简称《芬尼根》）可能就是这么"一头怪物"，以下以《芬尼根》为例进行文化的审美讨论。Joyce 给自己开了三个方便之门：一是无时空限制；二是无语言规范限制；三是无情节限制。从很多方面来说，《芬尼根》都是《尤利西斯》的反面，最重要的一个反面是：《尤利西斯》写的是白昼遐想而《芬尼根》写的夜晚梦呓。Joyce 说"我已经写过文学中最漫长的一个白天了，我现在要想象出的是最黑暗的一个夜晚了"。因此，Joyce 给了自己最大的自由度以摆脱语言常规带来的约束，这样也就给了他最大的自由度来构筑一个读者始料未及的内心世界和文化心理迷宫。

《芬尼根》是一本梦幻书（dreambook），无系统的情节可言。传统小说中的所谓主人公在《芬尼根》中是一个叫作 Humphrey Chimpden Eanvicker（缩写是 HCE）的酒吧老板。整部作品大抵不出人们在夜梦的似睡非睡中的奇思怪想，更像阴阳界里那种人鬼情未了的心理交流。由于 James Joyce 在总体设计中摆脱了三项限制（时空、语言和情节），他就可以从容地在文本中构建"历史"。

Joyce 受到维柯的著作《新科学》（Scienza Nuova）中阐述的循环论历史观的影响是毋庸置疑的。在维柯看来，万物周而复始，在自身的存在上更新（the seim anew），生者必死，死者犹生。这是《芬尼根》文化心理的"中枢神经"。实际上这也正是这本梦幻书的题旨所在。

如果顺着这个心理轨迹去了解作者的文本，这就是所谓的"文心即人心"。

一、文化审美心理主轴

从文化心理上分析，《芬尼根》有四条发展线索，这本书的主轴与中心线索为历史的回归意识，即人与历史的关系，人类对历史的思考，这显然是 Joyce 心中最重要的问题。人不能回避历史本身的规律，而必须认识、正视这种规律，否则只有毁灭（fall）。但是，人只有经历毁灭才能获得新生（riseup），也就是苏醒（wake），这是维科所描绘的历史的历程。

有意思的是，Joyce 并非将《芬尼根》写成一本彻头彻尾的梦幻书。事实上，《芬尼根》中时隐时现地表露出作者很清醒的思考，就像"水汪汪的世界"

里，时时会露出点点陆地甚至绿洲。这也说明文本具有一种非整体性、非统一性，将文本看成是一成不变的或铁板一块的整体，既不符合实际情况，又不利于人们对作品进行深入的文化心理分析。总之，读者应该把握主轴的同时了解非主轴对主轴的衬托，使之相得益彰，这种辩证关系表现为"场"，如下所述。

二、文化审美心理的"场"论

心理活动具有时空性。超时空的"场"（或场界，field）是指精神活动中的一种有特征的、可持续和可叠现的领域，通常有一条心理主轴贯穿整个文本，也就是通常所说的一条中心线索如《芬尼根》的心理主轴是 Joyce 的上述历史观。除此以外，文本中也可能有一些细微的心理活动区域，它们通常被融合到书中，形成具有鲜明特征的场界。《芬尼根》有三条次要线索，形成三个次要的心理场：一是 Joyce 的女性观；二是他的人际观；三是所谓未来意识（sense of futurity），指作者怎么看待未来，包括人的未来、世界的未来和文化的未来。

Joyce 的女性观很有特色，在 20 世纪二三十年代也很有代表性和进步性，特别是他的表现手法很新颖。Joyce 将充满活力的水、河流和海洋象征为女性。他认为，水是生命之源，这个大千世界是一个"水汪汪的世界"（watery world）。川流不息恰好代表着自然界不可抗拒的再生循环模式，因此生命之泉正是力量之源。Joyce 将自己的女性观充分地体现在对《芬尼根》的女主人公 Anna Livia Plumbdle 的描写中。Joyce 说，《芬尼根》中描写女性 Anna 的那一部分是"男人所写的散文中最伟大的散文"。这是其中的片断，语段中充满了暗语、双关语和莫名其妙的缀合词，但它确实使你感到"不同凡响"。尽管有许多暗语、双关语和梦呓中的插科打诨，读者还是可以捋出文本中的中心话题——女性和文本中隐含的心理脉络。毫无疑问，这是组织翻译行文的极重要的线索和依据。

文本中另一个心理活动领域反映了 Joyce 对人际关系问题的一些思考，主要体现者是酒吧老板的两个儿子和一个女儿。实际上，Joyce 的视角高于一般意义上的人际关系——争争吵吵。他眯着嘲讽的睡眼，透过那些争争吵吵，来检视人类社会的存在特征——争斗。突然，Joyce 在第三部分的中间收紧了焦距，把聚焦对准了不幸者——爱尔兰的"卑微者"，而且用的是相当平易、相当清醒的语言：读者似乎可以从话语中看到 James Joyce 自己。于是，对人的思考与对历史的思考相互交融，经历了漫长的痛苦和短暂的荣光，那本应属于爱尔兰的一天一定会到来。

The silent cock shall crow at last. The west shall shake the east awake.Walk while ye（you）have the night for morn（morning）, lightbreakfastbrmger, morroweth whereon every past shall full fost（fajj fast）sleep. Amain（Amen）.（大意：那沉默的雄鸡一定会起而啼晓，西方一定会把东方摇醒，你将要从黑夜走向黎明，成为破晓者，黎明一定会取而代之，往昔的一切一定会陷入沉睡之中，阿门。）

这实际上是一种历史感和未来意识的朦胧交织以及一种心理活动场界的叠现。历史循环论和人生循环论是并行不悖的，其实质是一种无穷极的未来意识：原生代托出了新生代，新生代又成了新新生代的原生代；生生不已，循环无极。川流河海——大自然是这样，夏娃、亚当——全人类也是这样。这就是 Joyce 为《芬尼根》设计的那个新颖、精致而且寓寄了相当深刻的情思的开头，大意如下：

河水汩汩而流，流经利菲河畔的夏娃和亚当教堂，流过一弧海岸，回到豪斯城堡和都柏林的市郊（原文中"Vicus"是拉丁文，意思是"街道"或"村庄"；又与"Vico's"谐言，原文并有"recirculation"之意，这个词因而很容易使人想到"维柯式的历史循环论"。"commodius"与意大利文"commodus"音形极近，后者的意思是 Roman Emperor）。

在 Joyce 出人意料的设计中，这个开头一句是接在该书末尾一句后面的（不过按循环论就谈不上"出人意料"了！），大意如下：

我们穿过矮树丛后的草地。别出声！一只海鸥，许多海鸥。远处的呼唤，来吧，从远方！就飞落到这儿，我们这儿，芬，再一次，苏醒了，你轻轻地吻我，别忘了我啊，千年再相会。我会给你去天堂的钥匙。我们约定了！那旅程，孤独的、恒久的、可爱的、漫长的利菲河（河水汩汩而流……）

这种行文安排（stylistic device）实在是别出心裁，它完全符合 Joyce 的心理取向：历史和未来就像汩汩而流于百川和大海的流水，水是永恒的，历千秋万代之回环，永远不会完结：那确实是一个孤独而永恒、漫长而可爱的旅程。James Joyce 在《芬尼根》中用了 62 种文字，还用了爱尔兰的四种所谓"密语"，如 Bog Latin, Shelta, Bearlagair Na Saer 等（Macalistor's Book, Cambridge, 1937）。Joyce 寄希望于未来，他认为今天的"不可知"就是未来的"可知"，当然这就不得不"使教授们忙上好几个世纪"。

《芬尼根的苏醒》（可与《芬尼根的守灵夜》相互"循环"，"wake"语义双关，合"weak"，一语三关）于 1939 年出版，初版共 628 页。根据文化心理线索分析，至今已大体能理解又无争议的部分约占二分之一。Joyce 曾经幽默地对试图将《芬尼根》译成意大利语的翻译者说，这件工作不宜延宕，因为"眼下至少有一个人能理解（整个文本），那个人就是我自己，我能理解我写的东西。但是，两三年后我还能不能干（这份差事），那就不能担保了"。

看来，对《芬尼根的苏醒》一类的作品做完全透彻的理解，舍文化心理分析，别无他途。文化心理对语义、文本和风格的"定点""定位""定格"起着非同小可的参照作用。此外，James Joyce 写《芬尼根》时坚持长达 16 年执着于采取梦幻体式，将语言和事件都高度符码化，也与爱尔兰文艺传统和审美价值观有很大的关系。与楚文学类似，爱尔兰文学也崇尚浪漫主义（或者说注重浪漫主义的"实在"）和高度意象化的人物塑造与情节安排，崇尚一种虚淡、飘逸的文化艺术气质。爱尔兰民间更有种种"梦里出真情"和"酒后吐真言"的说法，对非常态心理有一种拨乱返真、拨乱求真的偏执爱。

爱尔兰文学批评中很推崇朦胧美（obscurity）。T. Mac Donagh 在其所著的《爱尔兰文学》中说："没有一位伟大诗人能免受朦胧、狂想之责，免受情溢于言表之责。"

审美价值观决定创作方法。把握及表现梦幻意识之美使 Joyce 沉迷在《芬尼根》写作中长达 16 年，仅此一点也足以使文学世界钦佩、折服。此外，还需用历史的观点来分析 Joyce 的文化心理。Joyce 锐意创新与 20 世纪前 30 年的现代主义思潮很有关系。其时，西方很多文艺家都力图摆脱 19 世纪的陈规旧习，特别是世纪末的颓废消极心态，创出新路。Joyce 经常住在欧洲，与当时欧洲的文艺改革派前卫人物过从甚密，如现代派诗人庞德（Ezra L. Pound，1885—1972）与 Joyce 就是好友。庞德曾经对《尤利西斯》赞扬备至，并努力使 Joyce 与当时欧美的文艺革新派人士（如诗人 T. S. Eliot，1888—1965）保持联系，他们经常讨论的话题正是时间、空间、无形、有形、存在、序列等。这些问题都是当时欧洲的哲学界（如海德格尔，M. Heidegger，1889—1976）、科学界（如爱因斯坦）和文艺界（如西方现代画先驱法国的 T. 劳特雷克）人士思考、探讨、研究的热门话题。在这个大的社会、历史背景下，就不难理解为什么 Joyce 津津乐道于这类问题了，如《尤利西斯》第三章开篇第一、二段。

有形事物的必然形态：若无其他，那么这就是最起码的形态。通过眼睛来思考，我眼前看到的，就是一切事物的标志了：海生物、海草、渐涨的海潮、那只发霉的皮靴。鼻涕似的绿青色发蓝的银灰色、铁锈色，那全是着了色的标志，透明的限度。但他（指亚里士多德）加了一句：色体现在形体中。也就是说，他在对事物的认识中是先知其形体，后知其颜色。何以知之呢？用脑袋撞，真的。别忙啊，他是个秃子呢，而且腰缠万贯，好一个大师哲人（但丁对亚里士多德的敬称）。个中有透明度，为什么是"个中"呢？透明，超透明。如果你能将五个指头捅进去，那就是大门，否则就是小门，闭上眼睛，去探个究竟吧。

斯带芬闭上了眼睛，听到自己的靴子踩在海草和贝壳上，咯吱咯吱作响。怎么样，不也走过去了吗？大步流星呢。短短的瞬间跨过许多小小的空际。五、六，这就叫"序列"。对！这就是有声事物的必然形态。好了，睁开眼睛吧。可别啊，老天爷，如果我从这个凌空突起的悬崖上往下一栽，那就必然是通过"空间序列"往下栽了！我现在在漆黑一片中走着，不也挺好吗？腰挎木剑，就用它点着地走吧。我脚上穿的是他的靴子，脚就 连在他的腿上，这不就是"空间序列"吗？听起来很有道理啊：这就是造物的产儿。我这样沿着桑地蒙特走会步入永恒之乡吗？咯吱咯吱，咯吱咯吱。野壳币，迪士先生哪有不知道的呢？

你不来桑地蒙特吗，

玛德琳，你这匹母马？

当然，作家的文化心理与其作品中蕴含的文化心理及文化信息并不是一回事。新的文本观认为，作家一旦完成了作品，也就是说作品一旦发表与读者见面，作家与作品的"生产者与产儿"（或"父子"）关系就此告终，批评家或翻译家诠释文本的依据除文本以外，别无他物；"互文参照"和"人文互证"都只是供分析的参照或旁证。特别是翻译，不能将原文文本以外的东西写进译文中，添加除必要解释外的对原语而言是"无中生有"的词句。

在实践中，与文化心理密切联系来反映作品是翻译的一个薄弱环节。一般来说，经验丰富的译者也往往只关注到他的解析工作的语义层面，而忽略了心理层面的问题，更有甚者是译者将自己的文化心理作凭据来解释原作。这大概是许多翻译出版物（尤其是文艺小说、诗歌和戏剧）中错误百出、使人啼笑皆非的原因所在。

要纠正这种倾向、改正错误、改进翻译质量，不可不走的一步是提高理论认识。为此，在这里对文化心理分析的重要性作一个小结。

第一，文本心理分析是文化理解的重要环节。

对原文文本进行文化心理分析是翻译中深化对文本理解的不可或缺的认识手段。俗语云："知人知面不知心。"不知其心，但知其人是浮泛的"知人"；既知其面，又知其心才是真正的"知人"。文本也是一样：它是一个层次结构，必须深及深层，才谈得上真正认识了、理解了文本。特别是非常态文本，意义往往被隐藏、掩盖得很深，这个"深处"就是心理层。唯有深入到心理层，拨开心理屏障，表面上莫名其妙的东西才会变得了然。

第二，文本语言是文本心理分析的基本依据。

要分析文本心理，首先要准确理解原文，因为语言是基本依据，舍此而凭主观臆想就难免出错。唐代杜甫有句名诗："出师未捷身先死，长使英雄泪满襟。"（《蜀相》）有位西方译者就译错了，把"身先死"的主语一并看成"泪满襟"的主语。这就怪了：人死了为什么还能哭呢？他没有分析出杜甫诗中的"身先死"说的是诸葛亮病死军中（公元234年），令后世英雄感伤不已（"泪满襟"）。活着的英雄哀痛壮志未酬而死去的英雄，"泪满襟"只不过言其极，也不是像有些译者说的那样"哭成了泪人儿"。

对原文文本进行文化心理分析是翻译中校正对文本的理解是否正确的不可或缺的检视手段。文化心理学具有定点、定位、定格语义和文本整体含义的功能：定"点"是指语义"支点"（许多可能的含义）的确定；定"位"指的是方位和等级（如上位与下位、主与次、增与减、褒与贬和品级等）的确定；定"格"指的是风格、风骨或基本的艺术倾向，是思想倾向的确定。这一切对翻译中的意义定夺和行文体式及特征的鉴别、分析和确定都至关紧要。

第三，文化心理分析是确定翻译表现法的重要依据。

译者翻译时要对原文的文化进行全面的理解，这也是翻译的重要手段，其目的是使双语转化的表达更加多样化、多层次。表现法受到了文化心理学的广泛影响。

第四，文化心理分析对非常态文本翻译尤其重要。

非常态文本的意义高度隐喻化、符码化，意义处在"似花非花"之间，而作品中反映的整体文化心理结构往往是比较稳定的。这时，文化心理参照就是给含义定点、定位、定格的重要途径，文化心理分析作为认识手段、检视手段和实践手段的功能就更为突出。

可见，对文本进行文化心理分析不是可有可无的工作，它实际上是整个翻译过程中不可或缺的一环。这个重要的环节在未来以多元文化发展为特色的新时代中将显现出它的重要意义。在未来的世纪中，文化心理分析将成为翻译学的基本课题之一。归根结底，翻译是对原文作者的心迹跟踪。

第六章　文化间的交际与翻译

第一节　中国文化走出去

在当今时代的背景下，为了推动中华文化与世界文化接轨并被世界文化所接纳，人们开始寻找可以解决这一问题的人，他们首先把目光放在了西方汉学家身上，满怀期待地相信他们可以推动中华文化走向世界。

虽然翻译工作与文学研究都是需要细心且有难度的工作，但是汉学家们肯定以自己的研究工作为主。但也有例外，如德里达的《论文字学》被斯碧瓦克译成英文之后意外地获得了很好的效果，斯碧瓦克自己也一跃成为文化名人，只是这并不常见。一般来说，翻译和研究是不一样的。比如，《红楼梦》这篇鸿篇巨制，其翻译难度和工程量都是巨大的，因此霍克斯放下工作回到自己的家中，一心一意地完成他的翻译工作。不可否认的是，这种情况只是个别的案例，全职文学翻译是不足以谋生的。如果你真的想要以此来支撑你的家庭，你只能快速翻译，但那又如何能使质量得到保证呢？

英国的某大学在之前已经对各个学科进行了各种学术评估，其中最高级别的被称为"世界最高水平"的翻译机构，对于《红楼梦》这样的鸿篇巨制来说，他们也是无法在一个周期内完成的。任何战线拉得太长的研究工作都是不可取的，尤其是在现在这样的评估机制体制下。虽然哲学家维特根斯坦请了当时的各界文化名人给他作序，帮他联系出版社，但他那本薄薄的小册子还是无法在当前的机制体制下评上教授，反而会拖累整个评估单元，更有可能会导致研究经费直接减少。翻译一个有价值的东西，译者必须付出巨大的代价，但也有可能因为没有"原创性"，不能算作研究结果。

把所有翻译作品一概而论，显然是不公平的。有些翻译是经过了大量研究之后才完成的，翻译作品肯定与原文不同这一点是毋庸置疑的。比如，斯碧瓦克的翻译作品——德里达的《论文字学》。从这点就可以看到，中国文化的任务必须由本土的译者来完成。

种种现象表明，我们不能把希望全盘寄托在西方汉学家身上。例如，有些汉学家在翻译时就变得不像做研究时那样自然大胆了，他们变得很谨慎，所以这样翻译出来的作品效果怎样就可想而知了。汉学家们拥有丰富的知识和学术储备，他们的翻译建立在自己学术水平的基础上，也害怕自己的翻译作品被学界质疑。所以，我们只能将中国文化走出去的希望寄托在本土的译者身上。

同时，我们还要面对如下种种问题：翻译的国际市场如何？如何采取最优良的方案进行翻译？应该如何培养专业的翻译人才？中国文化何时才能"走出去"，如何才能"走出去"？有哪些实际可操作的措施来确保人才素质？可以说，质量是中译外的灵魂，否则中国的翻译只能是一个空洞的话语。

在任何情况下，我们都不能在学术中放弃严谨性，翻译工作与学术研究是不可分割的，马马虎虎的工作是无法成功的，急于求成的学习也是不可行、经不起推敲的。历史上，中国曾经在很长一段时间与外隔绝，所以对于中国的文化，西方国家至今仍然是抱有怀疑的态度。无论中国文化有没有融入世界文化，在全球化的进程中，本土译者都要学会用自己的真实语言而不是想象的语言来表达自己的事情。英国和美国人极其挑剔书面语言的质量，尽管他们通常可以夸赞那些能说一些英语的人，但大部分是出于礼貌，而不是出于真心。这是人的本性，我们也常常称赞一些住在中国的老外的中文水平很高。

根据韦努蒂的观点，读者是众口难调的，归化式的翻译较容易被接受，但离异化翻译能做到被他们所接受还是有些困难的。所以，目前还必须采用归化式的翻译，保持译入语的规范性，便于西方读者接受。

20世纪80年代，李欧梵曾在他的一篇文章中对部分中国译者做出了评价。他说到，翻译的没有错误还远远不够，同时要保证文章的文学性。同样，读者是不会对没有灵魂、缺乏活力的翻译作品感兴趣的。只能保证意义正确却缺乏文采的翻译，离真正的翻译还差得很远。活泼的性格语言不能被翻译出来，交流的效果就被大大降低。

对外国语言文化背景关注不够甚至忽视它，用外行人的话来说就是仅"翻过去"是不够的，接受的效果肯定会降低。没有必要避开这样的事实：有些翻译在语法上是完美的、没有漏洞，但却没有"英语味"，奇怪的是文本中并不存在任何语法或者词汇的问题。这样的翻译，除无法被外国读者接受外，更可能对英语初学者造成误导。中式英语的现象长期存在，甚至都可以看作是一种慢性疾病，这不仅是一个词的问题，它的表达也很让人困惑。如果不考虑沟通的结果，只是根据学校教授的语法规则来随意编造，就会导致最终用洋文出洋相的现象，使我们的国际形象受到直接的损害。我们国家目前仍有很多译文达不到标准质量，跨文化交流时，我们的目标与重心应该放在文化走出去上，本国的文化如果不能与世界文化接轨，就无法与世界文化交融。有些译者在翻译时一股脑地将全文所有内容都保留下来，但翻译语言却很虚弱、刻板、没有生气，读者读起来枯燥无味，虽然没有明显的暴力痕迹，但最初的艺术生命却在看似平静的环境中悄无声息地被谋杀了。所以，译者必须认真对待跨文化交流的影响，只是机械文字翻译的译文很难有生命力。

从另一个角度讲，异国情调在某种程度上是可以被接受的，而且是可以被欣赏的。例如，有一些非本土作家的作品，写的不是地地道道的英文，无意中却产生了"陌生化"的效果，从而成为优势，让人感觉是英语与口音夹杂在一起，增加了几分真实的感觉，但这也存在一种平衡的问题。如果口音太浓，别人就无法理解，或很难听懂，影响审美体验，阅读的兴趣就会大大降低，毕竟态度是跨文化交流的关键。如果文学翻译仅局限在本民族的范围内，那未免太过狭隘了。译者仅着眼于自己的翻译，而不注重外部大环境的变化也是一件很可悲的事情，因为最终他们只能自我欣赏，别人却对此漠不关心。译者太过于自我，这样下去会永远也无法与外界沟通交流。

第二节　真实性与可读性的辩证探析

夏志清在其颇具影响力的一部著作中提到了一个严峻的问题：目前外国读者并不重视中国的文学，虽然当今中国在不断发展，但这仍不能改变外国读者对中国文化的看法。这种现象在夏志清不断地强调和呼吁下也并没有好转。事实上，英国和美国的读者有很长一段时间不重视翻译作品。当年，阿瑟·韦利（Arthur Waley）为了减少阅读的阻力大张旗鼓地对《西游记》进行修改，任何"文化专有项"都毫无例外对其加以删除和更改，原作品也由此变得面目全非，标题也改为《猴子》（Monkey），副标题是《中国的民俗小说》（Folk Novel of China），仅从改变名字这个方面，就可以看到译本在刻意追求作品的可读性。

从很小的时候就喜欢阅读《西游记》的余国藩对这一点感到非常痛苦和悲哀，他公开质疑其可读性，认为其以牺牲真实性为代价。事实上，这个问题的关键不在于翻译本身——在序言中，韦利明确指出了这一点，认为问题的关键在于对原文的大幅删减与改写的部分。根据余国藩的观点，这种处理方法是不正确的，是一种文化极简主义。鉴于这种情况，余国藩并未对这种观点做出批判，但是也仍然没有放弃文本的可读性。他支持韦努蒂先生对可读性的批评，认为对可读性的追求将不可避免地导致归化。诚然，在跨文化层面上，过度归化以提高整体的可读性显然是不合适的。但问题是，如果没有正确处理，原始版本中很多无法翻译的东西都是没有可读性的。虽然不是很容易读懂，但还是有优点存在的。如果译者采用的翻译语言不正确，可能会对文化交流造成很大的影响。余国藩为了尽可能地将损失降到最低，他的译本中几乎所有的页面都做了大量的注，但这就造成阅读的完整性被破坏了，对于读者来说也是一项重大的考验。

文章中的文化细节大多时候都被认为是不必要的，对于增强翻译的可读性没有任何作用，并且很多暴力的翻译大量滋生。这样的翻译注定是缺乏完整性的，且不管出于什么原因，都无法逃避外界质疑的声音。正如萧乾承认的那样，这样翻译出来的作品的确很好但其中还是存在很多错误，而且他对余国藩的评价明显更好。至于多好，萧乾没有指出，但可以猜想到错误是肯定少了很多的。这对于整个《西游记》来说肯定是一个更好的反映。虽然《猴子》的翻译失真是一个严重的问题，但在具体的历史语境下，它能更好地促进中国文化走出去，并更好地被世界接纳。余国藩的学术性译作虽然在学术界大受欢迎，但普通读者却望而却步，这两者很难调和。有读者才能更好地为中国文化走出去铺路，这里的读者没有特定的群体指向，而是大部分的全体读者，并不仅是指单一的某一类读者。吸引不了读者的译作，其生命力及影响力也是有限的。通常情况下，译入语的读者所需要的与普通读者不同，他们在阅读中想获得的收获是译者很难达到的。

封建社会后期，在译外国文学作品时，译者基本上都是按照自己的意愿进行归化，他们不只是简单地删除，也要添加一些内容、评论或创造人物，甚至给小说的原始角色增加台词这一举动在五四时期受到了批判，现在也很难想象有人会这样去做。但在一定的历史时期，这种翻译实践是有其原因的。当时，人们对国外文化缺乏开放的态度，译者应该试着加以引导，避免文化交流与走出去会遇到的种种困难。"糖衣"比喻是有他的道理的，因为"糖衣"他们才会吞下读者最初拒绝的苦药丸。我们也可以考虑在今天使用涂上"糖衣"的策略。这不是王所称的"雅"，而是强调的可读性。既然可以用"糖衣"来把外国文化引进中国，为什么不能把我们本土文化出口到外面的世界呢？过分强调原始的味道就像一种苦涩的草药，如果人们没有喝苦汁的习惯，那你就束手无策了。如果想打破僵局，取得预期的效果，就需要了解目标语言读者的审美习惯，并适当的做出妥协。创造目标语言读者所接受的跨文化产品，虽然它听起来可能很偏执，但也揭示了翻译目前难以生存的残酷现状，为了留住读者不得不这么做。

译文文本的可读性需要加强的现实已经摆在译者面前。事实上，翻译是一项不讨好的任务，只顾及读者的翻译是不可行的。

翻译目前必须面对的另一个困难的问题是接受性。按翻译评论者纽马克的观点，如果准确性受到损害，普通读者是无法接受的。无论是从评论者的观点还是从接受美学的观点出发，有些翻译在保证了准确性的情况下，艺术风格也是很难被接受的。译者因此常常被置于一种尴尬的境地，同行之间认可的作品，它可能不被接收，在批评者眼中最畅销的翻译却又可能充满了错误。

翻译一方面要顾及读者接受程度，另一方面又要提防背后的批评，以免受到攻击，前后无法全部顾及。读者和评论家之间的界限在网络世界中越来越不分明，读者就是评论家。然而，在新的解释框架下，各种翻译手段的转换使用、变形和重组成为成功翻译的重要保证。只有在没有任何调整或协商的情况下，翻译才会忠实于原文，而不仅停留在对语言结构的表面翻译上。相反，一个好的翻译作品，通常是一个大胆的实验的结果：重新组合单词和短语，理清上下文关系，并具有跨文化交流的灵活性。

第三节　翻译的变通

如前所述，翻译的生命力被置于一个重要的地位。美国评论家约翰·厄普代克早就称赞葛浩文一个人承包了整个美国当代小说的翻译市场。之所以给他这么高的评价，是因为葛浩文（Howard Goldblatt）的伟大之处在于，以一种生动的状态向西方读者介绍现、当代中国文学。安德里亚·林根费尔特这样评价过葛浩文："他与其他译者不同是因为他更加注重译文的英文性，更容易被读者和学界接受。在他之前，读者想阅读中国文学就只能忍受那些毫无灵魂的翻译，这是很让人难受的。可见，翻译作品如果没有了生机与活力就很难被读者接受，很难在市场上占有一席之地。葛译的成功在于卓越的敏捷性和增强了文章的可读性。

追求可读性就意味着必须牺牲一些东西。比如，葛浩文的译文就被评论者高度评价："有时是以原始历史和文化中提到的代价为代价的。"但他也承认，保持这两者的统一是在有大量可能会破坏文本整体性和阅读效果注释的辅助下才做到的，所以是必须要付出一些代价的，至于付出什么代价，取决于翻译的具体目的和功能。不管代价是什么，可读性都是特别重要的。翻译策略的制定应该是有针对性的，而且应该是平衡的。

翻译是一件很痛苦的事，那些不了解内情的人是很难理解的。

翻译是受到框架约束的，如原文的约束。如果原始文本是错的，译者该做些什么？如果译者选择不纠正，那读者在阅读的时候可能会把错误推到译者身上，而不去想是否是原作者的问题。如果翻译时真的看不下去，并改正了一些错误，在批评家看来，译者就是触犯了禁忌。

葛浩文的翻译对译者来说是有很大启发的。他在翻译时，对文本准确性和真实度不断追求以达到完美的程度，并注重在实践中反复练习，不断追求准确真实与完美。莫言曾评价说，他与葛浩文是长期合作的关系。自 20 世纪 80 年代以来，为了更好地理解原文，他们已经有了超过百次的信件交流和无数的电话沟通。虽然译者应该保证文章的可读性，但是也不能毫无底线地被归化所限制。20 世纪 90 年代，他曾在香港的英文报纸《南华早报》上发表文章说："他认真对待读者的接受水平，并高度关注是否采用了恰当的归化方式。"

文学翻译要加强译者的文学文化这样一个普遍的道理似乎被忽视了。如果译者的阅读水平不提高，那么他翻译出的作品的水平也就可想而知了。在这个层面上，葛浩文做得很好。他在第一次访问中国期间，就去拜访了杨宪益和他的妻子。例如，《沉重的翅膀》最初是由戴乃迭开始翻译的，但因为特殊原因不能继续从事翻译，如果他继续翻译下去，恐怕将翻译成 20 世纪 50 年代那种古英语，他认为葛浩文的翻译可以使文本更有现代感，能让外国人更好地了解中国。

葛浩文曾对很多喜欢翻译中国文学作品的美国年轻孩子说："在学好中文的同时，要记得提高本身的英语写作水平。"虽然他从未脱离西方的文化环境，但仍然不断地阅读英国和美国的文学经典，以丰富他的词汇和表达。知识和语言都是日新月异的。对国内的译者来说，译者要赶上时代更新换代的步伐，英语阅读和写作水平的提高是一个至关重要的问题。一个没有英语写作能力的人是没有资格把英语翻译成汉语的。没有跨文化的阅读、写作能力和相关的知识储备翻译，活动很容易变成一种自我娱乐的行为。

跨文化的交流能力是必须要提高的，译者要学会学习能够使自身提高的知识，促进自身的发展，并且要找到扩大跨文化交流视野的方法，解决文化层面上无法翻译或翻译不好的问题。

译者的气质问题可能是一个从事汉英翻译习惯了的人察觉不到的问题。以诗歌翻译为例。一般来说，只有诗人才能翻译好诗歌作品，这个说法并不是说诗人的技巧有多好，而是指诗人习惯了气质上的问题，也就是说有些翻译不能给人带来眼前一亮的感受和给人的印象不深，并不是诗人的技巧不好。创作贫瘠的诗人可能难以创造打动人心的诗，贫瘠的译者可能很难翻译出情感热烈的诗歌，除非翻译的原诗就是枯燥的。译者的翻译就像演员演戏一样，译者选择适合自己的译本就相当于演员挑选适合自己的剧本。翻译的目的是使自己的文字打动读者并与他们产生共鸣，就如同演员演的角色深入人心一样。演员要求扮演各种不同类型的角色，而翻译也要求灵活地翻译文本与读者的对话交流。

第四节　译文的接受性

一、文化移位

对可读性的期望使改写变得更加合法。改写这个词在英文中的表达具有很多含义，如重新写作。重新写当然包含了改变的意思，重新写作有很多不同的原因，这些原因在跨文化交流中也越来越明显。正是根深蒂固的文化偏见使翻译中产生了许多微妙的语义变化。文学翻译试图将两种文化的阅读体验联系起来，从而有效地加强各文化之间的联系，体现对文化差异的尊重。值得关注的是，跨文化交流可以使读者在情感上产生不同的体验，并促进文化的发展。而翻译也使用重构这种手法来消除文化之间的差异与陌生感，并在一定程度上对异国情调有一定的削减作用。但无论如何都要明白，翻译是一种文化之间的交流与碰撞，是一种文化之间的互动。

翻译是具体的阐释就是因为翻译对于文化形式并不是直接的转化而是一种对文本的调节。

不需要质疑的是，翻译最大的挑战就是文学的移位，但这肯定要涉及重写。在干预的作用下，人们通常都低估了移位在颠覆和变革中的强大力量。诗学中有很多部分是在描写词语的意义时产生的，翻译就是在崭新的、二次创作后的语境中使用这些词语，并对其进行改变和重写，通过种种手段使之移情，并保留部分内容，在文本中添加一些互动式的阅读体验，使读者在原文本与经过创作的文本之间游刃有余。翻译与原文本过于符合是没有什么好处的，译者应该注意与原文本保持一定的距离。

文本的移位和换置会带来一些困难，这会给译者造成很大的困扰，因此译者必须采用某种方法和手段来积极应对。由于政治与文化之间的种种限制，文章中很多部分是很难翻译的，译者很多时候需要对语言文字进行处理改换。从翻译时词语的改换中也可以看出，文化和语言移位所带来的种种挑战。翻译文学作品时，文章的文学性是最重要的，因此文学翻译的重点应逐渐从文本层面转向文化层面。此外，文化和语言的转换使形式与内容产生了区别，由于翻译涉及不同的文化和历史背景，文学译作的阅读效果又重新定义了可读性，所以译者如果想要打破语言障碍，就要学会重新描写语言，在文化层面上对其进行改写，这是文化移位的一个重要内涵。

实际上，文学翻译最直接的挑战与必须面对的问题就是文化移位。如果译者不能妥善处理，翻译在风格上就会出现严重的偏差，译文也会让人觉得模糊、不清晰、没有力度。读文学翻译往往不像读文学，因为在消除、减少或改变部分文化特征后，用不同的文化词汇表达，其中细微的差别，含混不清的地方便消失了。因此，作为一种补救措施的补偿就产生了，这样原始文本就可以被整合到新的文化语境中。

根据赫尔韦（Hervey）和希金斯（Higgins）的说法，在译文中用另外一种方法来更好地呈现原文本中的文字效果就可以称作补偿。这种说法并不全面，但对人们更好地理解补偿有很大的影响。翻译有一个很尴尬的原则和现象，就是如果对原文进行完整全面的翻译反而可能会使原文的效果被完全破坏，这在诗歌的翻译当中更是如此。

文化的不可译性为不同的文化背景呈现独特的文化体验提供了不同的框架和视角，或是将这些文化体验与语境重新融合交融。正如巴斯奈特在评论卡特福德对不可译文化的分类时所认为的那样：文化的不可译性在翻译的任何部分都是有所隐含的。

文化不可译性的内容、形式可谓十分丰富、庞杂，译者对翻译策略的调整势在必行，它的启发性对目的读者认识文化符号、理解其所蕴含的文化差异有很大影响。某种程度上，这些调整也是一些特定的语言文化意义得以保持的主要因素。

一些译者认为，翻译不必符合特定的标准，跨文化交际也确实没有对此严加限制。然而，不得不承认符合标准译文的优秀之处，某些结果导向性的翻译更是如此。武彦良美就曾提出改写的一种新形式，他是就英语的特定表达而言的，认为改写主要就是对这些表达进行增加、删减和替换。翻译与顺应的差异应当来说是比较明显的，但改写依旧需要对源语文本进行转换，与此同时更要做好增减的平衡工作。翻译往往是在寻求原作与译作的共通之处，也总是在创作与复制的冲突中寻求平衡。改写与操纵相差甚远，可以称其为一种模仿，这样可能会导致"拙劣模仿"的后果，这正是韦努蒂所批判的。

如果改写不受约束，就容易导致修正。何为修正？修正其实是对作品进行的大幅度变换，从而使实质、框架、重心产生巨大的偏移。这样的改写往往意味着改造的发生。那么，改写对原文信息的传达起促进作用还是阻碍作用呢？这其实受制于结果的不同。译者的改写往往会增加文本中可能会受目标读者欢迎的因素，而缩减可能会受到目标读者排斥的因素。因此，文化改写非常有必要，这关系到交际的实际效果。

写作规则的差异呼唤着改写的出现，不可译性迫使译者另辟蹊径，模仿性和创造性是改写的两种形式。改写意味着作品中一些内容的移位和再次排列。文化中某些特定的内容或许出于一些因素而被替换，但这并不是毫无相似之处的成分，而恰恰是译入语中可以用于取代的部分，其造成的结果也只能是原文中的文化特定被稀释甚至抛弃。阅读与改写是处于特定的文化环境之中的，也正是由此形成了改写的政治和诗学，并进一步决定了语言和文化挪用的具体实施。

二、不可为而为之

当代中国文学不乏优秀之作，但之所以没有得到国际认可和重视，与备受诟病的翻译问题不无关系。翻译文学作品时，文学性应当在文学翻译中得到关注，然而文学性在跨文化语境下不可避免地受到意识形态和政治动机的影响，特定的历史条件也会起到限制作用。文本转换中译入语文本形式往往难以与异质材料有效的融合，译文中往往难以译出原作中那种独特的"风味"，所以在翻译过程中要不断地将译本加以改进。我们有时候可能会遇到这样的情况，就是一些不可译的细节却关乎文章质量，这个时候在表达、文化等领域显示出创新便显得尤为重要。翻译语言并非普通的、一般的、自然的语言，而是通过杂合化后形成的语言中的语言，也可以将其称之为次属语言。翻译语言的产生与翻译这一具体行为关系密切，因此肯定会受到异质他者的影响，并且不能违背译入语系统的规范。这样一来，有点矫揉造作也是情理之中。

不可译而译之，这无可非议，但不代表要将不可译的部分强行译出，这样的结果只能是不伦不类。不可译与可读性低下在一定条件下往往会被联系到一起。突破文化限制不应仅停留在口头上，而应当付诸行动，如此人们又不得不回到不可译这一不可绕过的话题。在新的历史状况下，不可译的多元认知的途径得到开启，跨文化交际在这方面发挥了关键作用。何谓不可译？不可译便是对译文难以被接收或是译文的语义、形式出现重大亏损的预测和判断。也就是说，不可译所导致的结果是一种担忧，这迫使译者运用必要的手段防患于未然。固然，德里达的理论批判了将原文奉若神明的做法，但这并不意味着翻译的结果可以与原文迥然不同（旅游和以功能主义为特征的广告翻译除外），否则便要承担很大的风险，因为读者极有可能不将其看作是对原作的翻译。因此，对待不可译，既不可随意删除或改写，又不可无视翻译本道。

然则，强行追求"译出"的效果，将不可译的部分不加转化、调整便生硬译出也是不可取的，这样只能使人读起来艰涩拗口，其结果就跟没有翻译相差无几。其实，这都是对不可译的认识不够全面所致。还有的情况是：文本本身是可译的，但翻译后的效果却与不可译毫无区别，即人为导致的不可译的局面，如此则实在令人遗憾。中国翻译何以为世界所接受？首先要做的便是拥有超越现状的气魄，从语言及文化的枷锁中挣脱出来。达到上述要求并非易事，译者需要审慎的加以斟酌思量，于是可能会在某种意义上舍弃一些地道的表达，一步一步地吸引译入语读者。现阶段我国的文化竞争力还有待加强，因此文化信息的传递势必要进行再加工，这也许并非跨文化交际的长久之计，但却是必经之路。

现代翻译学理论发生了重大的变化，从重视接受到重视读者，翻译过程中越来越离不开转述，如何追求阅读效果的最大化也成为译者需要认真考虑的问题。无论如何，译入语始终无法消除语言和文化缺失的存在，因此不可译必将在比拟、双关、对偶、韵律等方面施以影响。但应当注意的是，不可译并非不可定界，其毕竟是局部的，这和可译性的情形相同。虽然人们都能认识到可读性的重要性，但那些让人诟病的翻译作品的主要特点则往往表现为信息的缺失，这些耗损与不可译难脱关联，因此补偿作为调停手段之一当然也就与不可译有密切联系了。有了替代，意义上的可译便取代了形式上的不可译。

人们通常用表达拙劣、语义模糊、可读性低来形容较为差劲的翻译作品，却往往忽视了原作的问题。即使原作的可读性不够强，人们通常也将责任推到译者身上。诚然，这与不可译难脱干系。那么，如何应对各具特色的文化所导致的后果便成为不能忽视的问题，译者在翻译时是否应该使用符合当地特色的口吻来进行描述呢？这实在是令人难以抉择。若是如此，易造成归化翻译的结果，与跨文化交际的内涵有所出入。之后，翻译将在语言文化、理想信念、价值期许等复杂的情况下发挥其"桥梁"作用。

不可译不是一成不变的，而是在不断地变化发展之中，也正因如此才能使翻译不断发展、生成并出现新的形态。面对文化翻译，译者无论如何都不能回避的问题有：我们应当翻译什么样的作品？译入语文化发挥作用的条件限度是什么？这种作用起的是积极影响还是消极影响？文化普世主义虽然饱受争议，可没有人能否认它快速传播的现实。语言和文化在一些地方有共通之处，这就使译入语读者在某种程度上得到在原本生活状况中极难有的文化体验，即使原语中或多或少存在着的不可沟通的文化形态加大了翻译这种体验的难度。虽然原语中一部分别具特色、无法用确切语言表达的生活方式严重阻碍了翻译的进程，但毫无疑问的是它对译入语文化与其他文化形态的交流起了无法估量的作用。

霍米·巴巴曾说："语言的'异质性'是不可译的核心，超越了主题的透明度。不同语言体系之间的意义传递不可能是完整的。"翻译似乎一直在寻求某种妥协，并必将成为妥协的产物。可译与不可译在平衡异化与归化这对矛盾之间起了重要作用。过度归化难免对再生产有所丢弃，用强制的手段将不可译转化为可译也是非常不可取的，这样势必会导致根本性的变化。

对于可译性和可读性的讨论都可以囊括在跨文化交际的大背景之下，处理不可译问题，最简单的措施便是对意义进行翻译。这些人之所以持有这一观点，是因为他们认为只需要意义存在，译者便能将其译出。然而，译作的可读性不强往往成了困扰译者的问题，这些问题大都是由不可译造成的。值得注意的是，可读性问题对于译入语读者心目中的文学价值还是十分重要的，尤其是在跨文化语境的背景下。文学体验关乎译者对文本的态度及实际运作手段。影响作品能否被读者接受的因素有很多，作品的可读性便是关键性因素之一，读者对译作的接受也必将对跨文化交际产生影响。一个作品也许会有很多的译本，这些译本不尽相同，很可能在准确率上不相上下，而在风格特色上却有天壤之别，其所揭示的便是针对不可译问题的不同处理方法，这意味着译者可以采取不同的途径和方法来解决不可译问题。

三、译文的接受性

当人们判断一个译作的价值时，要考虑到译入语读者对译文的接受，这是至关重要的。不能否认，可读性与文学价值存在联系，即使这种联系并不十分清晰。然而，原作中并不十分强调可读性而译文中却将其视为重中之重，这也是不可取的。若是译作的可读性过于彰明较著，读者就难免产生怀疑。虽说

"严肃"文学甚少追求可读性这一目标，但可读性终会影响读者的阅读感受。与此同时，翻译毕竟将可达性作为主要目标，不然译文将难以生存。可读性低在某种程度上体现了不可译性，改造则是为了尽可能提高读者对原语语言的熟悉程度。

有时形式的不可译，在语义的层面则是可译的。常常提到的翻译之道是：如形式难译，就去译意义。照字面翻译往往是有问题的。德曼（de Man）认为：一旦出现一字一句进行翻译的情形时，意义也就彻底流失了。通常的情形是，照字面逐字的翻译会让人感到蹩脚。但另一方面，人们又很难在文学价值不受影响的情况下对文本中诸如措辞、语言、风格等形式特征加以重大改动和删减。原作的文学性由于各种各样的原因很难为译入语读者完全欣赏，这点不可否认。因此，保留原作的文学性绝对不等同于简单的逐字翻译。

异化引起的生硬拖沓、矫揉造作的语言风格对作品的可读性产生了非常不利的影响，诗学维度也随之被限制。但这并不一定表明流利的表达就应当全部肯定，一些司空见惯的形式可以被置换。我们必须承认，置换是无法规避的。

通常情况下，形式上的不可译占大多数，于是一些人便认为忽略形式，将主要精力投入到意义的直接翻译上来不失为一个很好的方法，这种方法便是直译。然而，德曼却认为这种方法对不可译没有任何帮助，只会导致意义的彻底丧失，那么如何才能避免直译呢？先通过阐释然后再进行重构似乎是一个有效的选择。一个具体的所指的对象对译入语读者来说毫无意义，这就需要译者对其进行改写。如此，一定程度的改造便在不可译向可译的转化中起了至关重要的作用。由于可译性的提升，译作的可读性也必将得到提升。

虽说文学翻译是译者的行为，但"非自然"因素仍然会对译本加以影响，源语的形式特色便是不能忽视的问题。彼得·弗朗斯（Peter France）曾说：

"当然有些时候，译者感到他们所创造文本通过自己自如地流淌。但更多的时候，他们要受五花八门的限制和进行各种'非自然'的活动才能完整地译出原文，并有效地转达到读者那里。"

文学作品如何翻译才能显得自然、没有违和感又不至于产生较大的消极影响？这个问题是译者一直探求却又很难找到明确答案的，主要原因是对自如的追求容易导致对原文的偏离。平衡两者的关系对译者来说绝非易事，稍不注意便会导致翻译发生大幅度的变化，尤其是在跨文化交际之中。然而，这对矛盾的发展还会产生种种新的问题。大多数人都认识到了不可读对译文文学性的阻碍作用，所以一些译者出于对可读性的担忧，开始大胆地从事创作性翻译，刻意追求作品的流畅性。

进行去异化以及再整合是为了保持文化的连贯性，但实质上却揭示了某种问题或是某种担忧，即语言层面上的可译并不能保证文化层面上的可译，即便已经译成了译入语。这样所导致的后果是译入语读者仍旧无法理解其背后特定的文化内涵。译者不妨先着重关注文化相关性，如此便可使读者在潜意识中建立本族文化与异域文化的联系系统，从而进一步加强其对译文的理解。为了使译入语读者建立文化相关性，译者应适宜地帮助其进行联想。之所以采取这种步骤方法，主要是由于其对文化不可译的充分认知，译者希望尽可能多地发挥译者的调试作用，以此来减少作者对不可译问题的不适，使读者在潜移默化之中逐步适应文化不可译并获得应对方法。

然而，可靠性终究还是翻译所要追寻的目标，因为翻译如果过于粗糙是不被大众所接受的。翻译离不开意义，二者具有很深的渊源。意义是不明确的，并且经常会受到不同解读的影响，因此创造性翻译是做到有效翻译的必由之路。此外，译者还应当利用各种手段来解决翻译问题。若是特定的历史文化前提都能得以保证，那么问题的解决方法自然不胜枚举。而且，由于跨文化交流越来越频繁，更多解决不可译问题的方法也随之产生。值得说明的是，由于很难判断内容、措辞、风格、语气中何种要素关乎意义，已经经过翻译的部分其实依然不可译，这都需要见机行事。不可译并非完全、彻底地不可译，而是相对的。其实，不可译常常会体现在文化意义上，但译者仍旧可以利用移情来达到某种效果，尽管这意味着要在本土化过程中进行重构。

人们应当广泛地认识文化意义，追求某种程度上的普遍主义，而不应当将其限定在特定的范围内，地方主义。人们需要重点关注文化形态，用创新的态度来面对跨文化交际。翻译在某种意义上体现了文化的交融，译者不能一味地接受异域文化，更不能一味地拒绝。相反，跨文化谈判则越来越受到人们的青睐，在这一过程中往往会有文化交融和语言文化方面的改造。可读性作为衡量文学质量的标准之一无可厚非，但应当注意，可读性不单单是文化的可读性，更应是跨文化的可读性，前者往往会阻碍读者与原作的沟通，对真正意义上的跨文化交流产生不利影响。可译可读与不可译不可读，本身就意味着某种转变，这显示出翻译内在的可变通性。

在跨文化的框架之下，可读性变得尤为重要。将自身关于美学的认知强施以目的读者还自命不凡的译者实在不可取，生硬的强加不但不能吸引目的读者，还会将人"拒之千里"，从而导致文化自我走向边缘化。翻译在无数次的试验中一步步进行探索，要想使翻译做到精准无误的同时还要符合实际情况，实在不是件容易的事情。需要注意的是，可读性以及作者的接受度才是衡量一个译作成功与否的主要标志，尽管这在某种程度上意味着要舍弃对准确性的过度追求。翻译时追求作品的准确传真本无可非议，但不应忽视文化的差异性与译本的交流作用。跨文化交际从来不是一蹴而就的，循序渐进地增加文化信息不失为一种有效的选择。我们不可安心居于译入语文化之外，而应适应异域文化，用积极的心态面对不同文化间的交往并在其中得以周旋，认识到形式与功能的不同之处，进一步使原文中的独特艺术风味与情感特色在译文中得以体现，如此方能吸引、打动读者，向世界传播我们的文化，使我们的文化真正"走出去"。

第七章　翻译与文本的再创作

第一节　文化间的互文性

　　文学文本的移位和换置对译者来说是很大的挑战，会给翻译工作带来极大困难，这需要译者熟练运用恰当的翻译策略加以解决。词语在翻译过程中可谓十分重要，但却并非轻而易举就能翻译得当，需要反复斟酌。原因主要有两点：其一，一些词语会受到政治以及文化的限制；其二，文化和语言的移位势必会影响词语替代的选择。文学翻译与一般翻译有所不同，一般翻译注重语义内容的准确，甚少关注文学性，而文学翻译还特别注重作品的文学性，并将其视为最高追求，人们对文学翻译的着眼点也从关注文本到关注文化。由翻译而形成的形式和内容之间的差异主要是由文化及语言的移位造成的。与此同时，翻译涉及文化历史语境往往是有差异的，因此语境换置与可读性便成了衡量译本阅读效果的有效方式。

　　然而，一些读者由于相关文化知识的匮乏，往往默认翻译即真实全面反映了原作，而不去质疑翻译的可靠性。如此，他们就会将糟糕的阅读体验归咎于原作，即使这明明是由拙劣译本所导致的。如何评价译文是由相关的文化态度决定的："由于原作不仅出于某个作家的手笔还来自某个文化语境，翻译往往无法脱离其所处的文化，当中不仅包括语言、读者群，还包括当前对翻译的普遍态度。"虽然在原作的文化语境中，移位具有潜在的扰乱作用，但是目标语读者对翻译的理解方式决定了译者处理源语文化语境的认真程度。

　　同时，人们必须格外关注跨文化互文性这一重要问题，原因是文化互文性在置换后会引起严重的问题，即产生多义性。跨文化交际往往会使译文面目一新，让人得到偶然的收获，从而达到激动人心的效果。塞吉奥·魏斯曼（Sergio Waisman）称乔治·路易斯·包加斯（jorge Luis Borges）对翻译学的贡献在于"（他）阐述了移位发生在原文到译文的转换中并具有重要的意义，还解释了移位如何创造出意想不到的新意文"。文化语境在移位后会进行意义的重组以及再释义，虽说这一过程仍旧难以避免政治的操控，但由于文化移位的作用，翻译必将为释义提供更为广阔的发展空间。

需要注意的是，翻译处于相似与对立的矛盾之中，两者缺一不可，否则便不称其为翻译。一方面，翻译离不开模仿，甚少译者有资格对源语文本的基本信息置之不理。另一方面，翻译不可能完全复制原文，因此必须进行同化以对应源语文本中的文化差异。而一般来说，模仿趋向字面翻译或逐字翻译，而这种翻译效果往往不尽人意。究竟目的文本可以或应该在多大程度上保留或重现源语文本的文化特征仍然是一个重要的问题。

换置能突出文化特征，无论在模仿原文上做出多大的努力，翻译总毫不留情地采取不同的形式；翻译是一个不断要检验差异的（不）可调和性的过程，因而使得目标语系统内部关系剑拔弩张。

移位引起原文参考体系的换置，而且某些译者的确利用移位的效果来制造差异。其结果是，译文的语言在有意义、不完整意义或无意义之间摇摆不定，因此译者必须做出适当调整。令人遗憾的是，此举固然可以提升译文的明晰度，却又不可避免地导致某些元素的缺失。各种形式的语言挪用或文化挪用，都将使真实度大打折扣，这是跨文化互文性的效应，也是长期以来质疑译文真实性和译文中修辞改变的权威性的结果。翻译几乎无法置换字面意义，简单的词语替代又不可能起到沟通交际的作用，所以翻译极大地改变目标语的原初文化形式并使其为新的使用者所接受。翻译中文学移位的诗学建立在对文本的系统化跨文化分析中，涉及文学的跨文化互文性。译者能否构造一个文化空间并把陌生化重叠熟悉化的模式引入其中，是翻译成功的关键所在。此外，文化移植在有需要或偶然情况下被采用，并且需要译者施展足够的创造力和聪明才智。

尽管对翻译有太多的定义，但有一点，译文相对于原文仍需要保留一定的相似性——完全改变原文形式不是明智之举。帕特里克·皮里玛维斯高度概括了译文相似性的来之不易：

"原文应该是固定不变的，在某种程度上，翻译应该与原文相似。译者的任务始终是自相矛盾的：他不得不改变自己的语言，尽量地去模仿外国文本——好比一个演员穿着不合身的戏服，另一方面，他不得不破坏原文，用新的文本取而代之，并且不着痕迹，让其消失得无影无踪。"

按照解构主义的观点，文本"固定不变的"是不可能的事情，如此便极大增加了翻译的难度。即使这样，还是有一些译者刻意保留原作中的印迹。问题是原文本不会没有历史纪录，除去其他因素不提，复译的必要性体现了原语文本意义的不稳定性。

直译不适用于诗歌翻译，这是一种普遍的看法，并且引起了对译文如何能完整传达原文效果的深刻思考。乔治·米勒（George S. Miller）翻译亚历山大·勃洛克（Aleksandr Blok）的诗作《十二个》的翻译策略很有启发性：

"完整传达勃洛克原作的效果这一目的高于一切，我在我认为有必要改变语言结构的地方进行了调整，只要我感觉那不会丝毫妨碍我实现这一目的。必要时，我毫无歉意地就故意改变了字面意义，为的是更加忠实于他的其他效果。"

在某种意义上说，提供真实翻译相当于揭开事实的真相，但有的时候隐瞒事实反而更好，隐瞒事实可以防止灾难的发生，而时间似乎也会证明其他办法往往是正确的选择。

文化移位不容忽视，它对文学翻译具有很大的影响。若是译者翻译的过于稚拙，近于粗制滥造，与原作在风格方面产生严重的偏差，就会使译本读起来平淡无奇、语义模糊、辞不达义。文学翻译常常使人感到与文学作品有所差别，因为文化词语的不同，原作中的冷嘲热讽、插科打诨、模糊多义、郁热挣扎、细微之处很难在译本中得到体现。这些问题的存在呼唤着补救措施的出现，补偿便是在这种情况下产生的，原作也正因如此可以在异域文化的环境之中被读者所接受。按照赫尔韦（Hervey）和希金斯（Higgins）的观点，补偿就是"TT（译文）用另外一种形式弥补 ST（原文）中的文本效果"，这对理解补偿的本质有很大的帮助。把原文一字不落地翻译过来也会破坏原文，这正是翻译的怪异所在。

第二节　文化介入与位移

众所周知，翻译的根本目的便是沟通目的读者与原作。如果翻译的态度不够真诚，那么便顿时沦为拙劣的模仿。直接的语言录制显然不可取，在这个层面上加以介入是必须的也是必要的。即使这样，介入仍会受特定的上层建筑的影响，阻挡不利于目的文化的事物。翻译可以帮助人们介入译入语文化，异化翻译更不必说。故而，所谓的入侵可能会被译入语文化所接受，也有可能会被拒之门外。无论如何，移位在文化上使介入成为必然，并使介入合法化。无论出于何种原因，翻译中的介入难以避免，我们甚至从中还能窥探出译者的政治文化立场。人们可以将文化介入看作文化间沟通交流的一部分，这是其积极意义所在。介入有很多方式，既有不露痕迹的，又有剧烈的、粗糙的。译者在"正确地"解读源语文本的同时，还应确保目的读者能以"正确的"方式解读译本，这是十分关键的。

最初，介入是为了防止不良后果和敌意的产生。总体来说，翻译系统地呈现出明晰化的趋势——这是由介入引起的无意识行为。其主要原因是由于翻译的语言和文化语境发生改变，读者理解作品的难度也随之提高。也就是说，译者需要介入文学翻译来帮助译入语读者理解译文，这样的文学翻译才是令人赞赏的。认知与实践使译者能够充分预知到翻译过程中可能出现的问题，译者进一步通过介入的手段加以避免。

翻译理应为不同文化间的沟通贡献自己的力量，并以此为目标。正因如此，在译作中保留原文的独特风貌便成为译者追求的目标。然而，判定介入的必要性与时机对译者来说绝非易事，而如果有必要，应该在何种程度进行介入呢？关于这一点，道格拉斯·罗宾逊进一步发问：

"这是一个棘手的问题：假如翻译家或者翻译理论家知道需以哪一种面目翻译，他或她应从哪里开始着手呢？不管我多么珍视自己的反叛（rebeliousness），不管我多么想把这种反叛底下的介入主义之风发扬光大，我仍然难以逃脱介入的暗示。介入暗含了一种道德优越感的立场或态度，指挥着介入的实施和证明介入的必要性。"

可是，这种态度不只是"道德优越"，而是一个严肃的道德问题，除译者的"反叛"外，还存在其他方面的原因。实施介入的决定并非都是没有缘由的。如果一个以目的文化为导向的翻译是出于介入的必要性，这时就与"反叛"没有关系。

此外，译者不一定都是天生的介入主义者。他们经常采用文化介入来防止文化冲突等问题，有时还可以抑制文化误解等情况。介入最重要的用途是解决语言层面上的不可译性和文化上的不可通约性。尽管拥有改造力，介入仍然是一项必要的施事行为。如果一个翻译十分具有施事性，那么其在绝大多数情况下也具有改造性。尽管如此，如果译者能够减少文化转换时的介入，翻译将更好地发挥推动跨文化交际的作用。言外之意即介入是某些根本变化的征兆，这些变化发生在寻求解决不可译性的有效方法中，或者在避开文化或政治问题和破坏性的特征中。

至于介入的具体方法，威利·保罗·亚当斯（Willi Paul Adams）就不可译问题提出了五种可行的路径，苏珊·伊丽莎白·拉米雷斯（Susan Elizabeth

Ramírez）概括如下。

（1）引进外来语。

（2）用读者所熟知的语言来阐述异域风俗。

（3）用译入语文化中特定的称谓来指称相似的风俗习惯。

（4）灵活运用借译手法。

（5）发挥独创性，自由释义。

故而，西班牙语将 cacique 或 curaca（当地首长）等词收录在内，因为西班牙语没有这种表达方法。

于是，译者被授予权力，可以在任何必要的时候突破交际的阻碍，没有任何东西可以阻止译者通向源语文本。释义虽说是最后一种手段，却仍在解决语言不可译性问题上发挥着自己的独特作用。所以，面对语言差异，译者并非束手无策，他可以选择化解或将其绕过。

然而，文化不可译性与上述内容却是完全不同。文化语境不同，相应的结构与角度自然也就不尽相同，因此便可以展示出别具特色的文化经验，或把这些经验加以语境化以适应新的环境。巴斯奈特认为，文化不可译其实渗透在翻译的各个环节内。文化不可译性的内容、形式十分丰富，译者对翻译策略的调整势在必行，它的启发性对目的读者认识文化符号、理解其所蕴含的文化差异有很大影响。某种程度上，这些调整也是一些特定的语言文化意义得以保持的主要因素。

类似于文化移植，文化介入也需要经常进行形式调整，然而后果是与文学语言密切相关的修辞表现力遭到削弱。如果文化特色在原文本中分量很重，对其完全忽略显然不是明智的做法。在跨文化交际中，建立和保留与原文的形式联系也是绝对有必要的。形式和内容有时候可以划分但也不是没有问题，因为形式特征是原文不可分割的一部分，关系到对原文文化意义的理解。翻译原文本的形式特征是对译者的主要挑战，译者需要仔细研究当中的语义和文化价值以及这些特征如何形成和进一步加强内容。如果这些形式特征无法在翻译中呈现或无法充分翻译，意义和可读性必定会受到影响。因此，解决两种文本中的搭配不当成为实施介入的主要原因。翻译并非是不夹带任何感情色彩的领域。翻译不可能没有介入，在跨文化交际中应该注意平衡介入的方方面面。

如上所述，目标语通过介入拦截及排斥跨文化交际中不受欢迎的因素，以"保护"目的文化或其读者群。译者充当文化过滤者，有权力删除原文固有的文化或政治敏锐性因素。采取这种侵略性介入，译者可以绕开审查机制，避免麻烦，同时阻止侵害目标语系统的信息。当然，这也是一种反映译者文化或政治立场的自我审查方式。因此，一些明显的差异被引入到目的文本中，表现为政治或文化调整。

第三节　跨文化的创造性改写

一、文化的把控

前些时候，学者在研究翻译时极其注重语言学观，罗曼·雅各布森（Roman Jakobson）在 1959 年发表的论文《论翻译的语言学观》便是其中的代表作，这篇论文对后世产生了极大的影响。翻译学发展到 20 世纪六七十年代时，便与语言学相差无几，人们普遍认为，翻译学属于应用语言学范畴，主要注重的是语言形式。于是，人们在理解翻译的性质时也总是默认其是等同的。过度追求译作与原作的相似乃至雷同是不可取的，这体现了僵化、封闭的观念。画地为牢的种种缺陷促使译者吸取其他学科的有益成果。人们逐渐认识到，墨守成规实在不符合发展的要求，突破传统意义上的翻译观势在必行。

语言学意义上的对等概念被普遍摒弃后，源语与目标语文本的矛盾更加激化，在跨文化改写的语境下，重新定义有关写作的归属或起源概念势在必行。错综复杂的政治权力的交织、僵化的关系使人们往往用异化特质视角来审视翻译。译者在这样的等级秩序中艰难地应对文化、语言、文体等各种性质的翻译问题。虽说解构主义在某种程度上质疑了传统翻译学，缓和了中心与边缘之间的矛盾，但并没有充分肯定其取缔源语文本之权利。人们普遍认为，翻译的准确度是决定其能否在译入语环境中为大众所接受的唯一因素，这样一来，异化翻译仿佛就成了极为常见的模仿形式和能为人所信服的形式。但是，模仿不可能是轻而易举便可完成之事，而且其对象也不可局限于形式，不然就会导致浅薄的模仿。

本雅明的《译者的任务》被德里达重新进行阐释，这一做法深刻冲击了原文至上的观点。"不可译"问题在哲学意义上的理性思索解放了人们的思想，使人们投入到对翻译和语言本质的探索中来。他将原文的内容和语言的密切关系加以形象化的表述，将其分别喻为水果的肉与皮，从而进一步向人们展示了跨文化翻译的不易之处。德里达于 1985 年发表了《论巴别塔》，在对本雅明的讨论过程中提出了一些新奇的见解，这也促使学术界对本雅明文章的关注。德里达认为，原作已是翻译，译作只能是翻译之翻译。他还表明译作始终无法再现原作中的异质化。读者是判定一个译本是否能够得以生存的决定因素，在一定程度上甚至等同于译者。延异的书写活动显示了符号内涵的不明确性，深刻冲击了"本体"思路的权威，在一些情况下，译本成了翻译的原版。无论如何，《论巴别塔》在促使人们对本雅明思想进行再次关注研究方面有不可估量的作用。翻译总是企图发现和创建新的共同点。除此之外，文学评论家如沃尔夫冈·伊塞尔和 J·希利斯·米勒对翻译也有极为独到的见解。可以看出，翻译学最终发展为以跨学科为特色的创举并非偶然之事。20 世纪 80 年代，翻译学的发展可谓突飞猛进，传统的、把语言学视作研究中心的方法也至此完结。翻译学同其他学科的交流融合不但丰富了翻译学，而且为其他学科提供了观察问题、解决问题的新途径。

值得注意的是，1985 年赫尔曼斯所编辑的《文学操纵》一书的出版，成为翻译学发展史上划时代的事件。它向传统意义上的翻译所属的从属地位发出了强有力的挑战，使翻译学的学科地位得到提高。该论文中的观点无论是从跨文化交际角度还是从一个国家文化发展战略角度看，都影响广泛。文化构建是翻译对文学操纵的长远目标。文学翻译以文化改写为主要目标，并通过不断对文学进行经典化以促成文学史的改写，这一过程必然将去经典化和再经典化包含在内。对译入语文化的改写手段会受到特定的历史文化背景的直接影响。文化形态之间是彼此作用、彼此限制、彼此交融的，而不是隔绝的。文化操纵和改写不可避免地会受到文化交流的浸染，与此同时又依托于特定的经济政治环境。根茨勒说过："纵观西欧悠久的传统翻译思想，我们认识到近来那些将涉及翻译的讨论限于语言的制约的尝试，显然不足以说明问题的复杂性。""文化转向"也终于在 20 世纪 80 年代应运而生，对翻译学产生了深远的影响。

随后，翻译学始终保持良好的发展状况，一些新方法如雨后春笋般出现。这些方法大多能够认清翻译的本质，这实在令人欣慰。而且，这些新方法往往重新定义了翻译的本质。文化研究作为其中之一产生了极大的作用，它带来了概念构架，极大促进了翻译学的发展。文化多元性以容纳他性为主要特征，使学者以更加开放、包容的姿态去面对跨文化研究。译者主体性的扩展以及改写为解构主义开辟了性别主体的探索空间，女性身份也因此得以突显，表现为译文的不同观点和体验的相关意识的提高。比如，谢莉·西蒙和路易丝·冯·费拉德等将性别研究与翻译相结合开辟了运用女性主义批评方法从事研究的新途径。日新月异的变化不断为翻译学注入新的活力。翻译学蒸蒸日上，但也导致了一些学者开始盲目乐观，夏娃·塔沃尔·巴耐特便是其中之一。他认为，雅各布森、本雅明、德曼（de Man）和德里达以后，翻译学的发展便焕然一新了，翻译不再是从属地位，而是走向了舞台中央。这种说法虽说有些不切实际（说翻译已经到了"舞台中央"未免有些言过其实），但无法否认，翻译越来越得到了人们的重视，尤其是在翻译活动可以准确审视其功能的背景之下，这在某种程度上也体现了向舞台中央发展的趋势。

二、文化性改写

翻译并不仅是单纯的转换行为，而是译者面向特定的读者对原文本进行的改写。需要注意的是，翻译是改写的一种特殊形式，这与一般意义上的改写还是有很大差别的，翻译内部特定因素的变化也会对其产生影响。翻译活动的重中之重便是语言参数，译者便是在这些参数中总结翻译方法并在不同条件下做出不同选择的。换言之，为了满足翻译的基本要求和遵守目标语种根深蒂固的习俗，译者不得不进行相应的改写。应当明确的是，无论何种形式，也无论与改写有何等关联，介入本身便意味着改写的存在。介入更多强调直接意义上的支配，而改写则较为迂回婉转甚至在一些方面超越了语言，如广义的社会和意识层面。改写成了翻译实践的焦点，这是由于它并不依附于语言对等，不会受到语言对等的约束，也是因为在改写过程中所体现的文化政治的调节与适应是翻译学语境化的内在条件。

勒菲费尔曾谈到翻译是"对原文的改写"。他用另外别的形式概括总结了改写，从而产生深远的影响："不论抱着何种目的和想法，任何一种形式的改写言论都代表了某种意识与思想。同样，改写也运用着特定的形式控制着文学在一定的社会环境中发挥作用。"尽管一定程度上正确率不是百分百，却从某种方面想到并预言了翻译的社会政治制度。由于受外界环境因素的影响，翻译有可能会发生改变。而控制代表了部分程度具有欺骗性——翻译人员试图有意变换意思，原因是根据勒菲费尔的观点操纵是"为权力服务的"，尽管在他的文章言论中体现的目的是好的。控制"能够推动社会和文学发展"，然而控制仍然具有很多弊端，它表现为滥用，是不道德和不可靠的。另外，改写也可能是被动的，并非迫不得已的一种恢复性行为，仅是为难以控制的局面提供出路。因此，翻译不一定是出于政治动机而对源语文本的目的性改写。每时每刻都存在的权利关系或许在某种程度上被夸大了。

　　我们只能说改写的存在推动了操纵的产生，但不是所有的改写都与操纵有关。韦努蒂将翻译理解为"以自身国家的文化程度和国家利益为前提对外来文章进行改写"。尽管他对强用自身国家的语言方式来减小因外来原因引起的不通顺持有反对意见，但从中可以看出，改写在一定程度上受目的文化的影响和控制，而其对改写的实施时间和实施方法进行指导。主体性在改写过程中占很大一部分，而不同的目的和实现方式会导致改写的不同形式。韦努蒂着重点出了翻译的一个实际用处：改写的意义是提升交际能力。但是，假若改写的目的是强行对目标语文化中的术语进行推广，那改写就是粗暴的。借用韦努蒂的话，就是改写强行在源语文本中宣传自身国家的价值观与文化利益。从另一个方面说，改写的终极意图与其说是为了改变，倒不如说是为了更好地传达目的。正如卡特琳娜·莱斯（Katharina Reiss）所说："……经过数小时的试验和改写，很大机会得出更好的结果。"这里的目的直接明确：仅是为了寻找最佳结果。这样，改写就是为了保证交际的效力。

　　罗宾逊认为，改写的必要性不言而喻，如果不进行改写，跨文化交际将无法进行："各个国家无论在技术说明书、演说，还是广告上的写作方法差异很大。读者所期望的意义也大不相同，因此如果不迎合读者进行改写，译文的清晰性和有效性将大大降低。"目标语文化公认的翻译标准是译者必须考虑的一项重要因素，如果违背标准，特别是文化标准，会遭到目的读者的抵制。源语文本和目标语文本很少有相同的含义，更不必说不同的语言带来的问题，因此译者必须谨小慎微地处理翻译中极小的细节。

　　虽然跨文化的交流没有对翻译符合规范提出明确的要求，更甚者很多人并不把此事放在心上，但是符合要求规范依然是一种有利的翻译方法，特别是在看中结果的翻译情况下。武彦良美在看英文报纸头条研究日语翻译时，发现了一种改写形式，其激进却很必要："改写分三种情况，一种是对英语固定表达的增词，一种是删除，一种是替代，还有就是在实验体系中加入事先编写的符号。"尽管翻译和顺应的本质并不一样，但是改写还是需要在一定程度上对原文进行一些改变和转换，这是一个通过增加或减少翻译词语来不断调解的过程。翻译一直在潜意识的提醒我们，源语文本和目的语文本很可能在某些方面具有相同之处，它不停的在创作和复制方面加入新的元力，渲染紧张的气氛。改写绝不是操纵，但它可以是一种模仿，虽然很有可能给人一种拙劣模仿的感觉，而且诗学的模仿也需要检验对正，因为它是对原作的批改判定。

　　改写在某种程度上主张创作，特别是为了使两种文本之间的差异更明显或在改写原文的时候。除非译文在改写后仍然被看作翻译，否则改写时一定不能与原文意思相差太大。改写是对差异的反映，有时在反映新的差异时，原来的差异会被新的差异所代替。翻译就跟原创作一样，有时候被认为是一种创造性的改写。正如巴斯奈特所观察的，一些"非欧洲"的翻译学者认为：

"译者好比解放者，把文本从原来形式的固定符号中释放出来。文本不用屈从源语文本，而是致力于创造空间，将源语作者和文本以及目标语读者群联系起来。这种观点强调翻译的创造性，比起之前译者'挪用''渗透'或'占用'文本的粗暴形象，新的模式把翻译置于一种更加和谐的关系中。翻译的后殖民视角认为，语言交换在本质上是对话式的，它发生在既不属于源语又不属于目标语的模糊空间中。"

文化翻译恰恰处于这个"第三空间"。尽管如此，翻译在自由改写方面占很少一部分，译者能够拥有一部分的回旋空间，或者按照自己的意愿转换源语文本，于是再次出现翻译对源语文本解放性改写的画面，可是"他者"在原文本中可能被视为威胁或者具有敌意。与此同时，改写经常为消解差异创造机会。

假若改写不受限制，那么它会变成修正的一种形式。"修正的含义就是指对大量存在的文章进行修改和转变，使其在内容、重点、结构和意义各方面变化修辞。"显而易见，具有修正性质的改写代表着一种改造。改写对源语文本的信息在一定程度上会起促进或阻碍作用，这取决于最后所产生的差异。因此，译者改写后的原文，被人不喜欢的部分会减少，受目标语系统欢迎的部分会增加。

总的来说，在翻译的语言环境下，由于目标语中写作规则的不同，改写会由此产生，而由于不可译性的原因，译者会选择另外的方法来解决问题。翻译方面的改写大概分为两种：模仿型和创造型。不管怎样，改写使原文的某字某句产生变化，通过拆分或组合形成新的东西。比如，由于某种原因，文化比喻或具体事物被替代，那是在目标语中可用来取代的部分，而不是完全不一样的东西，这代表着原文中会减弱文化特征甚至消失不见。阅读与改写属于文化环境方面的活动，由此形成了改写的政治和诗学，并决定了语言和文化挪用的具体实施。

表面看来，贴近原作的翻译通常是可以信赖的。从源语文本的隐含到目的语文本的明晰化等范式的转变，证明了人们极度渴望让目的读者读懂译文的惯势。尽管文化中仍然盛行着这种做法，但它还不能为文化翻译所认可。毋庸置疑，正面意义的介入能对抗跨文化交际中的潜在阻力，这在翻译中绝对是必要和正当的。然而必须指出的是，翻译中各种各样的行为构成了形式多样的政治或文化介入，有时也会对真正的跨文化交际造成损害。

第八章 文化语言学与当代翻译教学

第一节 语言与文化研究的基本概念

一、关于文化

（一）文化的定义

文化（culture）一词来源于西方，源自拉丁语的 cultura，含有"神明""崇拜""耕神""练习""动植物培育"和"精神修养"的意思，这表示文化本质上是生产实践和社会实践的结果，它以人为本。自 18 世纪以来，在西方语言的影响下，文化逐渐演变为人类修养、社会总体知识、思想领域的成就及优秀艺术和学术作品的汇集，并且被引用延伸为一定社会时代和地区的生活内容（杨元刚，2005）。伴随着 19 世纪下半叶人类学科、文化学科、社会学科的兴起，文化方面的问题才得到学者的关注并因此展开深入研究，而之前的状态则是处于文化的"前科学"状态。

英国人类学家泰勒（E.B.Tylor）是最早对文化进行定义的学者，他在《原始文化》一书（1871 年首次出版）中指出："从民族学意义讲，文化或文明是人类在社会中所掌握或吸收的知识技能并包括全部的梦想信仰、艺术、思想道德、文明法律、文化风俗的复合体"（泰勒，1992：1）。之后，人们相继对文化下的定义有数百种。

对于文化的种类，不同学者有不同的看法。有的学者将所有的文化归纳为两大类：其一是广义的文化（Culture with a big C），其二是狭义的文化（culture with a small c）。广义的文化是指人类文明的各个方面，包括文学、艺术、音乐、建筑、哲学、科学技术成就等；狭义的文化包含人类的风俗习惯、生存方式、行为原则、社会组织、相互关系等，也就是将文化作为一系列的特征（Allen & Vallette，1977：325；Ovado &Collier，1985：105~107）。

有的学者则将文化分为三类。戚雨村（1994）将文化划分为三个方面：物质方面的文化（通过实际物质表达出来，包括衣、食、住、行、物体、工具、艺术饰品）；风俗习惯方面的文化（通过在社会中的行为举止和规范原则体现，包括法律、制度、基础设施、风俗习惯）；精神方面（通过思维活动和思想所产生的物质实际的东西表现，包含价值观、世界观、思想方式、审美观、道德观、宗教信仰以及在科技、哲学、文学、艺术方面的成就和产物）。胡文仲和高一虹将文化同样分为三层，"第一是物质文化层面，它受人的主观意识所影响。第二是制度层面，其中包括政治制度、风俗习惯、经济制度、法律、艺术作品、人际关系、行为方式等。第三是心理层面，也可以称为观念文化，包括人的价值观、人生观、道德观、审美观、宗教信仰、民族向心力等"。

还有的学者将文化分为四类。马林诺夫斯基在《文化论》中把文化划分为物质文化、精神文化、语言文化和社会组织文化等四个类型。在《文化社会学》中，司马云杰曾以人类与自然、社会的关系为基准，把文化划分为两大类、四小类：第一类文化代表人类在认识世界和改造世界，也就是实践的过程中对自然进行控制和利用所形成的产物，它包括物质和智能方面的文化；第二类文化就是指在社会环境中人类对其进行认识、改造、控制、适应所获得的成果，其中包括精神和规范文化。在《文化学通论》中，刘守华将文化分为物质文化、制度文化、行为文化和精神文化。物质文化包括人类在活动中所产生的器具，是可以触摸的物质实物，也就是人类活动、生产方式、活动产物的结合体，是文化组合的本质和基础；制度文化包括人类在社会实践活动中为了维护秩序而建立的法律法规、行为准则、活动原则及组织形式；行为文化代表人类在社会中实践活动时或与人交往时所制定的行为规范，它由风俗习惯来体现；精神文化是整个文化系统的核心所在，它由人类在物质世界的各种实践和意识活动的长期影响下所产生的思维方式、价值观、道德观、审美观、宗教信仰、民族热情等多种因素构成。（刘守华，1992：40-49）。

综观以上各位学者对文化的理解，文化至少包含物质文化和精神文化，物质文化位于最表层，精神文化则渗透到思想、行为的深层。"简单来说，文化包括一个民族的全部生活方式，它不仅拥有基础设施、学校城市等物质方面的东西，也包括语言、价值观、家庭模式等非物质方面的东西"（邓炎昌、刘润清，1989：159）。文化是"人们所思、所言（言语和非言语）、所为、所觉的总和"（贾玉新，1997：17）。

（二）文化的特征

1. 文化的共性

人类共同居住在一个世界，这个世界拥有相同的春华秋实、草长莺飞、阴晴冷暖、日夜消长，不同文化的人们都经历过并正在经历生老病死、喜怒哀乐、悲欢离合、爱恨离愁。不同的文化存在一定的共性特征，这些特征不取决于地理位置、社会形态、自然环境，而属于整个人类，这就为不同文化的个体能够理解彼此提供了可能。

首先，虽然人们有着不同的国籍、种族、语言、肤色，但他们的人体结构相同，这就为文化的共性特征提供了共同的生理基础。这种相似的生理特征和感觉功能决定了人类以维持自身的生存和繁衍为最终目标，而且在具有类似情绪或心理状态时有相似的表现方式：碰到喜事时会笑，碰到不如意的事情时面部表情会严肃；当与说话人关系亲密时距离较近，关系疏远时距离较远等等。

其次，全世界的文化都经历了由低级到高级、由蒙昧到文明的过程，在此过程中人类社会的道德约束、规范机制起到了关键性的作用，这为文化共性特征的形成提供了历史基础。全人类都处于各自的社会规约中，都认为符合全民道德准则的行为和现象就是真的、善的和美的，阻碍了社会发展的行为和现象是假的、恶的和丑的。同时，在一定历史阶段出现过的观念会保留在许多文化当中，如对神明的崇拜、对不可抗力的畏惧等。

2. 文化的个性

文化具有个性。"每一种文化都坚强如小草般奋发破土而出，这是它最原始的力量，在生长期和发展期中，它始终与它的根、土壤紧密联系着；每一种文化都在潜移默化地影响着人类；它们都拥有自己的想法、自己的生活、自己的世界观、自己的感情、自己的死亡。"（斯宾格勒，1963：39）人们按照有利于自己生存的原则来改造世界，并进行文化创造，但由于所处的自然环境和历史条件的不同，人们改造自然的具体方式也不尽相同。人类对不同地理和生存环境的适应，导致文化具有鲜明的地域特点和各自独特的历史文化积淀，从而产生了不同地域、民族和历史文化的特殊性，体现为文化的个性。一个民族具有这个民族所特有的思维方式、行为规范、处世原则、生活态度，具有特有的民族性格、心理特征、价值观念，具有独特的民族精神文化。

文化的共性和个性是同时存在的，承认个性是实现不同民族交往的关键。文化间的相互交流和取长补短，是当今世界的主题和今后发展的必然趋势，为此，必须在充分理解文化共性的基础上，深入挖掘各个民族文化的个性所在，并探索出在跨文化交际过程中克服这些差异的途径。

3. 文化的动态性

从历史的角度来看，一个民族的文化并非一成不变，文化的内容和形式始终处于不断发展变化之中。不同时代的生产力、生产关系和科技发展水平不同，也就导致不同的价值观、道德观、制度法律、风俗艺术、心理活动。文化始于无意识，而后取得了很大的明确性和肯定性，之后又扩展到其他的行为。随着时代的发展，新的历史时期具有新的生产力水平，原有的文化就会被新的文化所取代。"每一种文化都有各自的特点和表现，从产生到发展，到成熟，再到衰老，永不复返。"（斯宾格勒，1963：39）在文化发展的进程中，原有文化被新元素代替的同时，还有一部分会被继承下来。原有文化为新文化的建立、发展起到了一定作用。一个社会团体的文化总是保持相对的稳定性，这种文化通过各种方式被人们世代传承下来。因此，文化是一种历史现象，它是历史的积淀物戚雨村，1994：15）。历史衍生及选择的传统观念，尤其是世界观、价值观等文化核心成分，会深深镌刻在每一辈人的意识深处，决定着他们的思维、行为方式、言语交际。例如，社会制度的变革会影响社会生活的方方面面，也自然会影响到人们看待问题的方法，影响到人们的价值取向，影响到时代的文化，但有一些文化特质不会随着政治变革发生改变，是该民族文化的恒定部分。中国有着悠久的封建统治历史，而今社会制度发生了根本的改变，原有的"君君臣臣""父父子子""三纲五常"之类代表了封建时期的文化自然失去了当时的地位和影响力，但中国人崇尚道德、礼仪和卑己尊人的传统文化却世代流传。

4. 文化的符号性

文化的基本要素是符号，人类斑斓的文化世界是由符号构成的，符号承载着民族文化景观，成为文化的基础，更是人类文化传承、交流的基本手段。

文化具有符号性（symbolism），文化领域的相关概念通过符号联系起来，而这种联系的基础是社会的共同约定。符号是社会化的意义载体，符号的这种功能是通过人们对不同地域、不同时段文化对象相似性的抽象归纳实现的。用于表征文化的符号具有物质性，能够通过感观被体验。符号所代表的不仅仅是符号本身，它还代表了文化过程与关系之间、符号与符号之间有着某些共同的意义成分，并构筑了强大的文化意义网络。符号背后的文化意义存在于每一个文化参与者的脑海中，是社会化的人在生活实践中通过一系列认识活动获得的。之所以说符号具有社会性，是因为符号在社会参与上是具有一定意义的实体，每个符号与其他符号存在的共同文化意义是维护社会构成的和通过约定俗成操作的符号网络的基础。

文化的符号性在人类文化的产生和发展中始终发挥着重要作用，而文化的符号性概念在人类学和文化理论领域都占有至关重要的地位。

二、语言与文化

（一）不同学派的不同认识

不同语言学派对语言和文化间的关系存在不同的认识，有的学派将语言与文化割裂开来，认为文化不是语言学家所应关注的内容，如结构语言学、转换生成学派等。还有一些学派认为，文化与语言相互促进，文化由语言体现，语言反映文化，对于语言研究而言，文化是必须考虑的一个因素。持这种观点的学派包括文化语言学、认知语言学、社会语言学等。

1. 语言与文化割裂观

索绪尔提出语言符号是一种"两面的心理实体"（Saussure，1980：101），这两面分别是概念和音响形象（即所指和能指）。语言符号的意义不是物质实体，而是一种关系结构。这种意义的二元观是以语言的静态、封闭的系统观为背景的，重视系统内各语言单位的对立关系，语言单位因彼此间的差别而获得价值。他强调语言符号的价值在于系统内部符号间的关系，忽视语言之外的因素，认为历史的、文化的、个人的因素应被排除在语言研究之外。

乔姆斯基所代表的生成语言学派认为，自然语言是一种天赋的（innate）、自治的（autonomous）形式系统。人的头脑中存在生成句子的装置，其核心部分包含了人类语言共同的普遍特征，它是由某些抽象规则构成的有限系统，这就是"普遍语法"（Universal Grammar）。语法的自足性和自主性决定了语法完全可以独立于语义之外，语法构造无须参照语言之外的诸多因素，如文化因素、认知因素等。

2. 语言与文化联系观

较早对语言和文化的密切关系做出专门研究并取得丰硕成果的是 19 世纪德国语言学家洪堡特（Humboldt）、20 世纪美国语言学家萨丕尔以及美国语言方面的专家和萨丕尔 - 沃尔夫假说的建立者——沃尔夫。他们对语言和文化关系的认识对以后文化语言学、认知语言学、社会语言学产生了重要影响。

洪堡特用"语言世界观"来概括自己对语言和文化的认识。洪堡特（1997：74）认为，每一种语言都有自己独特的理论体系，人们用语言来表达自己的情感和想法，以便处理事情和与人交流。这些语言表述绝对没有超出简单真理的范围。在社会生活中，人主要利用语言来传递情感和事物，但由于受人的感知和行为的限制，语言反而成了他们生活的引导。人创造了语言，反而语言也成了他们束缚；每一种语言都在它控制的民族范围内设有屏障，一个人只有冲破这个屏障，才有可能摆脱语言的约束。可以这样说，学会一种外语就代表着在自己所形成的语言世界外获得了一个新的有利的闪光点。这就是事实，因为每一种语言都代表了世界上某个国家或种族交流的完整体系。之所以没有清楚地认识到掌握外语的重要，完全是因为人们有自己原有的世界观和语言习惯。

　　洪堡特从认识论方面描述了语言世界观，认为语言是一种认知手段，制约着人的认识活动。在语言和文化的关系上，洪堡特还强调了民族文化和语言的密切关系，"民族的语言即民族的精神，民族的精神就是民族的语言。两者的统一程度超过想象"。所以，语言揭示并影响了人们认识世界的途径和方式，语言代表了人的基本文化样式。语言世界观的提出是欧洲人文主义语言研究的一大建树，并为后来"萨丕尔 - 沃尔夫假说"的产生奠定了基础。

　　萨丕尔对语言与民族文化、风俗习惯和信仰之间的关系进行研究后指出，"语言的词汇多多少少忠实地反映出它所服务的文化"，认为"语言离不开文化，换句话说，语言是在社会中流传下来的、对我们生活面貌的风俗和信仰有影响的总体"（萨丕尔，2002：186~196）。萨丕尔的学生沃尔夫在研究了世界上多种语言后发现，由于不同民族的语言表达不同，人们对世界的看法也有很大不同。沃尔夫曾以万有引力为例，比拟语法的产生构造及规律对人类思想方式和思维活动的影响——没有受过教育的人完全认识不到任何与引力有关的法则，因为他从来不会去想象有这样的宇宙，其中的物体运动方式与在地球表面的运动方式完全不同。"（沃尔夫，2001：208）萨丕尔和沃尔夫对语言和文化关系问题进行探讨的主要观点集中反映在"萨丕尔 - 沃尔夫假说"当中。该假说的主要思想是强调语言的结构会影响使用者的习惯性思维，在一定意义上，现实世界是建立在人群集体的语言习惯之上的，人们对世界的认识受到民族语言的制约。这种"语言范畴影响人的思维和认知"的看法引起了语言学界极大的兴趣，并引发了一系列争论。后人将该假说分为强式和弱式两种：强式即"语言决定论"（The Linguistic Determinism），认为语言决定思维；弱式即"语言相对论"（The Linguistic Relativism），认为语言影响思维。

（二）语言与文化的联系

　　对于语言与文化千丝万缕的联系，总结起来，主要有以下几点。

1. 部分观

罗常培曾说过，"语言不是单独存在的，它与社会多方面都有联系。任何社会现象都不会单独存在和孤立发展"，与此同时，"在研究语言学时绝对不可以单方面局限在语言的城堡，而是要扩大研究范围，让语言与其他社会现象和社会意识联系起来，才能超常发挥语言的功能和作用，阐述和发扬语言学的原理"（罗常培，1989：89）。语言是人类文化不可分割的一部分，是人类在社会中后天学习到的一种文化手段。语言作为民族文化的重要表现形式、建构手段和传承方式，具有其他文化形式不可比拟的重要地位和意义。在《文化人类学和语言学》中，古迪纳夫曾指出，"语言是社会文化的一个方面，语言是部分，文化是整体，语言是文化的组成部分，它的特殊性在于：作为学习文化的一种工具，在学习和运用过程中人们会感受到整个文化"。（石英，2007：304）同时，由于语言兼有精神文化的特点（表达抽象意义，传递抽象观念）和物质文化的特点（有物质形式，可以文字的形式被看到，可以声音的形式被听到），又像社会制度一样具有社会规约性和全民性，因此不可能将其归入这些文化中的任何一类，马林诺夫斯基就将语言独立于物质文化、精神文化和社会组织文化之外。韩民青同样觉得，"语言是一种独特的文化体系。它具有其他文化的特点，但不能完全归属于任何一种文化现象。语言与意识文化联系紧密，没有语言就没有思想和意识活动。人们经常将语言看作是表达思想和感情的工具，这就可以看出语言与意识之间的亲密程度，所以人们大多将它看作意识方面的文化。但是，语言本身并不是一种虚的观念，恰恰相反，它是物质的，是由声音、符号所组成的系统。同时，语言属于行为文化活动，它以言语活动的形态存在着。因此，语言是包括意识、物质、行为三种文化现象，却又不能简单归于任何一种文化的特殊现象"（韩民青，1989：151~152）。

语言是文化的基础所在，是文化中的核心，是最具影响力的部分。如果说任何种类的文化（如宗教文化、历史文化、政治文化、经济文化等）反映的都是文化的局部，那么作为文化构成成分的语言中同时包含了整个文化世界。人类通过语言把握文化的各个领域，要了解人类的文化就必须先了解语言。语言包括人类对整个世界的总体认识和行为准则，它所代表的文化意义和在人类生活中的根本作用非常巨大。语言具有社会性和人文性，因此语言不仅仅是一套符号系统，更是一套价值系统和意义系统。语言与社会生活息息相关，如果对语言的社会文化背景不了解，那么就很难认识到语言的本质和确切含义，语言文化的体现是语言结构和语义功能特点。

2. 载体观

语言国情学将语言的功能分为三种：交际功能，强调语言是人类传递信息的手段，是最重要的交际工具；文化载蓄功能，指文化具有反映、记录和储存文化信息的功能；指向功能，指语言引导、影响和培养人的个性的功能。其中，"文化载蓄功能"集中体现了语言作为民族文化的承载体和民族文化的镜像在文化形成、发展、传承和交流中的作用。

克拉姆什（Kramsch）在《语言与文化》（Language and Culture）中指出，语言具有三个文化功能：其一是语言表达文化现实，其二是体现文化现实，其三是象征文化现实"（2000：3）。由于语言中存储着各民族人民的劳动和生活经验、他们对世间万物的观察和体悟、心中蕴含的丰富的情感以及对大千世界的理性思考，因而语言是观察该民族文化的最佳途径。语言是人与周围群体在交流过程中产生的，有其特定的历史文化土壤，语言体系背后是该民族的文化体系，反映了独特的民族特质。

由于语言反映了民族文化，是文化的镜像，因此一些明显带有文化信息的语言单位（包括词汇、成语、谚语等）受到了语言研究者的关注。比如宗教在一定的历史时期均对不同民族人民的生活产生了重大影响，这种影响在语言中有所体现。对汉族影响较大的是佛教和道教，因此汉语中就有不少与佛教和道教有关的成语，如"一尘不染""不二法门""借花献佛""镜花水月""口吐莲花""信口开河""苦海无边""放下屠刀，立地成佛""大慈大悲""在劫难逃"等来源于佛教著作，而"灵丹妙药""脱胎换骨""回光返照"等则来自道教思想。

在西方近代启蒙运动和工业革命之前，宗教是人类思想文化的重要组成部分（平洪、张国扬，2000：107）。基督教的教义声称上帝创造了世界，创造了人类的祖先——亚当和夏娃，并让他们繁衍生存，可是后来人类开始道德沦丧，违背了和上帝的契约，于是上帝引发洪水毁灭了人类。英语中 before the flood（直译为"洪水之前"）就是指圣经《旧约·创世记》中的诺亚（Noah）时代的大洪水，现代英语中经常用来比喻"很久以前""远古时代"。olive branch（橄榄枝）同样来自《圣经》，《圣经》中鸽子衔着橄榄枝飞回挪亚方舟，象征大洪水的终结，因此 olive branch 喻指"和平"。

社会语言学家古迪纳夫曾说过："语言是一个社会的重要组成部分，其特殊性表现是它是学习文化的主要工具，在学习语言和运用语言进行交流和表达的过程中得到整个文化（1957：167）。语言是文化的符号，是反映民族文化的镜子，文化精神的内容通过语言体现，语言的产生为文化的产生与发展创造了条件。作为文化储存器，人类语言在人类发展的各个历史阶段记录了社会生活的方方面面，并将民族文化和集体经验固定下来世代相传。语言中反映了该语言人民的社会、历史、文化、心理特征，从语言中可以窥见他们的民族性格、气质情感、思维方式、价值取向、宗教信仰、风俗习惯、心理状态以及对世界的态度和看法。文化是在人类社会发展历史过程中所形成的文化积累，这些文化沉淀经常通过语言体系统地表现出来。

3. 互动观

语言是文化的符号，文化是语言的管轨。不同民族的语言如同镜子或影集，反映和记录了不同民族的文化特征和历史积淀；不同民族的特定文化就像火车轨道，在不同的历史时期会对文化起着某种层次的制约作用（邢福义，1990）。语言和文化的关系是相互制约、相互促进的。文化由语言反映，文化在各个层次（词汇、语法、篇章等）均对语言产生影响，反过来语言对文化也有影响，语言是文化形成和发展的基础，不同语言的表达特点构成了具有民族特色的文化面貌。

对文化的研究不可能脱离语言孤立进行，因为语言是文化最重要的表达手段，对语言的研究也不可能脱离文化孤立进行，原因是文化对语言的渗透无处不在。

一方面，文化从各个方面影响和制约着语言的产生和发展，文化作为语言表达的内容，从根本上决定了语言作为一种文化符号的表达特点。从文化的角度看，文化由语言来表达，语言是文化系统的编码，文化是语言的深层构建机构，一个民族的精神文化对语言的发展有所制约，所以研究一门语言时须从新的高度加以认识，妄图脱离这种语言产生和发展的历史背景、文化渊源、哲学精神的做法是不可取的，只有真正地认识到语言的本质，挖掘出隐藏在深处的民族文化精神，并理解了哲学思想，才能全面、科学、正确地看待一个民族的语言，才能对语言现象做出符合其本质的阐释，也才能树立正确的语言观，找到科学的语言研究方法。各种语言中都有一些词汇反映了所属民族的特有事物，从而揭示了该民族的特有文化，如英语中的 hotdog（热狗）、cheese（奶酪）、cathedral（大教堂）、chapel（小礼拜堂）、pan（平底锅）、bikini（比基尼）、kilt（苏格兰方格呢短裙）、jazz（爵士乐）、soap opera（肥肥皂剧）、bungee（颇极）等，汉语中也有一些词汇表示的事物是汉民族独有的，如饺子、粽子、月饼、年糕、冰糖葫芦、牌坊、花轿、唢呐、旗袍、乌纱帽、绣花鞋等。一些习语也反映了不同民族的思维特点，例如：

① It is a wise father that knows his child.

直译为：明智的父亲了解自己的孩子。

② Birds of a feather flock together.

直译为：一种羽毛的鸟聚集在一起。

句①中所表达的意思是"即使是父亲也不一定了解自己的孩子"，这与汉语中"知子莫若父"（父亲最了解儿子）的意义是相反的。句②表达的意思为"物以类聚，人以群分"，相应地，汉语中用"一丘之貉"表示。

不同民族对世界的认识不可避免地带有自身的特点，这种特点具有约定俗成性，从不同的语言中可以窥见不同民族特有的事物、概念以及对世界的认知方式。这些均是外语专业教学中应重点注意的方面，因为这些内容的掌握将会对跨文化交际是否能够顺利进行产生直接影响。

另外在文化制约语言时，还会对文化产生反作用。作为民族文化的符号形式和承载物，其背后蕴藏着一个民族的文化精神和认知方式；作为人类交流和表达情感认识世界的工具，语言对人类文化的进步和历史的发展具有无法替代的促进作用。语言的使用特点和制度准则会影响人类的思想方式和思维活动，它是人们相互交流的工具和维系感情的纽带，同时决定了人的文化心态（杨元刚，2005：49）。

人们赋予语言符号意义的同时，决定了使用该种语言的人的概念化方式，不同语言中对应语言符号的赋值并非绝对相同，这会影响到不同民族的认知方式和认知经验。英语中一些词汇的意义范围要大于汉语对应词，如 uncle 对应汉语的"叔父""伯父""姨父""姑父""舅舅"等。以上英语中的词汇反映了与汉语不同的概念化方式，外语学习者在使用这些词汇时，不知不觉地在用新的方式将世界分门别类，所以目的语语言单位对学习者的思维方式产生的影响理应得到充分关注。

既然语言是与民族文化精神体系同构的文化符号系统，那么在外语专业教学过程中，应认识到语言能力培养和跨文化交际能力培养之间的紧密联系，认识到纯粹语言的学习与真正掌握语言之间还有很大距离，要真正学会一种语言，不仅要学会这门语言的语法、词语、表达方式和语音，还要了解这门语言真正的本质以及深处的社会文化系统。从一定意义上说，学习一门语言，就要掌握这门语言背后的整个社会生活，有关目的语社会文化的知识在任何时候都不可能独立于语言知识之外。

第二节　翻译教学视角下的语言与文化研究的基本理论与实践

一、翻译教学领域语言与文化研究的基本理论

传统外语专业教学模式是将语言理解为静态的知识体系（包括语音知识、语法知识和词汇知识），而非动态地运用。传统外语技能方面的教学主要集中在听、说、读、写、译的训练，始终没能走出"语言"本身的框架。这种教学思想显然受到了长期以来主流语言学思想的影响，无论是结构语言学，还是转换生成语法，都将语言研究的视域限定在"语言"自身。自 19 世纪末索绪尔开创结构语言学以来，1928 年在海牙召开的第一届国际语言学会议上出现的"布拉格音位学派"、20 世纪 40 年代的"伦敦学派"、美国的"描写语言学派"成为现代语言学的主流。20 世纪 50 年代，结构语言学思想在世界范围产生了重大影响，这种影响自然波及了外语教学领域。由于结构主义重视对语言形式的研究，不重视语义的描写，对语言结构的分析脱离语言环境和意义，因此往往不能抓住语言结构的本质，这种偏重形式的分析方法给外语教学带来了一些不利影响（杨藻镜，1994）。20 世纪 60 年代乔姆斯基提出，人类具有先天的语言习得机制，这种"语言能力"是本民族人民改变过的语言知识体系，可以说是人类掌握语言的关键，而语言能力的具体表现就是语言运用。尽管乔姆斯基将解释语言现象确立为自己的研究目的，但对语言现象的解释仍是通过语言规则本身实现的，解释的过程既没有考虑语言外的因素，也没有考虑语言的实际运用。

随着当代语言学的发展，越来越多的外语教育工作者意识到传统外语教学模式的局限性，意识到仅就语言而研究语言是解释不清语言现象的，如果不把视野放在社会文化的广阔天地中，语言研究和语言教学都将是没有出路的。三个相关语言学科在此方面颇有建树：一是跨文化交际学，产生于美国；二是语言国情学，产生于苏联；三是文化语言学（狭义上的"文化语言学"），产生于中国。三门学科各有侧重，跨文化交际学侧重研究交际文化，语言国情学侧重研究词汇文化（后来的研究涉及语言的其他层面以及言语的使用方面），文化语言学则侧重汉语同文化传统、民族心理和文化习俗的关系。尽管这三个学科都有着各自的兴趣点和研究思路，但他们的研究对象是一样的，都是研究语言

和文化之间的关系。对于外语教学来说，跨文化交际学和语言国情学（这里用广义上的"文化语言学"概括这两个研究领域）具有突出的理论价值和指导意义，为外语教学新思路，至今仍在教学实践领域具有深远的影响。

西方（主要在美国）对语言和文化间关系的研究集中体现在"跨文化交际学"（Intercultural Communication）领域。跨文化交际研究始于20世纪四五十年代，由于当时美国政府意识到其驻外外交官员对所在国家文化知识的匮乏，严重影响了他们的工作，因而决定对其进行岗前和在岗培训，希望他们在短期内掌握一些国外生活所需的生存技巧。跨文化交际学的创始人霍尔在《无声的语言》中第一次创造了"跨文化交际"这一名词，并强调了文化在生活中的重要性。霍尔（Edward T. Hall）等人有关跨文化交际的论述引起了当局的重视，并发挥了重要作用（张红玲，2007）。他们认为，人们生活在文化的环境下，并且每时每刻每个方面都在受文化的潜移默化的影响，它们随着文化的改变而变化，抑或是人的存在本身就由文化决定，包括表达感情、做事方法、行为举止的方式等（Hall，1959）。跨文化交际学认为，儿童在学习民族语言的时候，不仅单单在学习一种知识，更多的是学习其中的内涵和文化以及传统（戚雨村，1994）。在乔姆斯基之后，海姆斯指出，语言能力仅仅是一种在语法方面的能力，它只单方面地强调了注重人的内在语言心理方面，却没有注意到社会文化方面的外在形象，放弃了语言的交流功能，因此应当关注语言的"交际能力"（communicative competence）。交际能力的提出为跨文化交际学提供了合理的分析框架。

在翻译教学领域，"交际教学法"产生于"交际能力"理论提出后，此后在交际教学法的冲击下，传统的翻译方法日渐衰落。外语专业教育工作者意识到，外语专业教学的目的就在于激发人们在不同文化背景下依然能够交流的能力。所以，外语翻译教学不应该只单纯地教语言方面，还应该包括文化方面（戚雨村，1994），重视翻译教学对于语言教学的重要作用。就语言而言，教授语言的翻译教学模式开始走下坡路，随之开始重视"目的语文化"，"因为只强调语言的形式而不看内容是不会学好外语的"（胡文仲，1999：16）。文化教学"应该给学习者创造一个良好的学习环境，使其拥有足够的知识储备和技能，以此为基础与外国的文化进行互相交流。他们需要在不知不觉的情况下真正设身处地地去了解外国文化，并去认同和接受，进而吸收、融合当地语言行为习惯（Byram，1994：69）。语言行为属于文化行为，文化对于语言和交际能力的提高具有重要作用。传统翻译教学忽视了社会文化因素对翻译教学的影响，只侧重培养学习者的语言翻译能力，往往只考虑到母语对外语学习的阻挠，却没有看到社会文化因素方面的作用。所以，学习语言应该具备两个方面的能力：一个是语言能力，一个是交际能力。前者的含义是学习词语、语法、音标、意义等基础知识，后者代表利用这些基础知识去获得交流的能力。在外语方面的交流能力包括六个方面：听、说、读、写、译和文化素养（也可以说是社会文化能力）（戚雨村，1994；司徒双，1994）。这种对社会文化能力所具有的价值的充分认识极大地推动了当时的外语翻译教学。

在跨文化交际理论框架下，托马林和斯特姆普列斯基（Tomalin & Stempleski，1993：8）提出了语言文化教学目标。

帮助学生渐渐知道：所有的人在不同文化背景下会做出不同行为；

帮助学生渐渐知道：在年龄、性别、阶级和居住地等不同的社会因素影响下，人们的思维方式和说话行为会受到改变；

帮助学生对一般情况下人们的日常生活习惯和行为进行更多了解；

帮助学生更好地理解目的语词语和短语的含义；

帮助学生提高鉴赏文化的能力；

帮助学生提高寻找和搜集文化信息并组织语言的能力；

引发学生对目的智力文化的好奇心，加强他们对外来民族的文化认同和理解。

俞约法（1994）在详细考察语言国情学之后，提出了语言国情学的学科性质、研究对象、研究方法。

首先，语言国情学事实上是一种应用语言学，它为外语教学提供语言教育科学方面的服务，其研究的起点和终点都是语言教学，它与语言教学有着紧密联系，但它并没有提出一个系统研究文化本身的目标，也并没有将探索文化语言规律当作一项任务。

其次，语言国情学对文化研究并没有追究到本质，而只是停留在了表层；重点是各种词汇的含义和语法规律的引用；对象是很零散的不规则的个体；研究工作在其发掘方面和描写方面具有潜力。

最后，语言国情学对文化背景下的教学法问题进行研究。

二、跨文化交际学的理论和实践

（一）跨文化交际学的理论来源

跨文化交际学是传播学（Communication）的一个分支。1909 年，美国的社会学家库尔利（Cooley C.H）曾将传播定义为：传播以人际关系的产生为基础，并利用此次机会发展。也就是说，它是由意识转化为物质，由精神现象提升到现实并在一定的范围空间里进行搬运、保存的手段。传播学作为独立概念最早出现于 1945 年 11 月 16 日在伦敦发表的联合国教科文宪章中，1963 年，传播学才成为一门正式的学科。传播学的研究方向有很多，跨文化交际是其中主要的研究方向之一。传播的含义有两个方面：一个是信息的分享，一个是信息的传递。与传播学研究的侧重方向和内容不一样，跨文化交际学的主要研究内容是文化与交流的关系及文化对交流的影响，强调在不同文化的情况对下个人与群体之间的交流起阻碍作用的是文化因素（贾冠杰，2000）。跨文化交际学作为一门独立学科，产生于 20 世纪 70 年代末。跨文化交际学综合了传播学、社会学、社会语言学和社会心理学等学科的有关理论，并与实践紧密结合，因此跨文化交际学是一门交叉学科。

　　社会学中对有关社会现象和社会行为，尤其是对社会行为规律的研究和跨文化交际学的形成具有重要意义。这是由于交际本身就是一种重要的社会现象，交际与社会相互依存，人类社会的重要特征便是人们能够使用语言，通过交际行为维持社会个体间的联系。若没有社会环境，交际行为便失去了存在的土壤和前提。

　　社会语言学家对情境、交际的讨论成为跨文化交际学的理论源泉。早在 1972 年，海姆斯和甘柏兹（Gumperz）就出版了 *Directions in Sociolinguistics : the Ethnography of Communication* 一书，目的在于从社会语言学的角度研究社会情境和交际的关系，分析研究和归纳影响交往活动的各种情境因素。海姆斯将其称为 SPEAKING，分别代表环境（S）、主人公（P）、目的（E）、行为顺序（A）、信息传递方法（K）、使用的语言或方言（I）、说话的规则（N）和风格（G）（Gumperz & Hymes，1972）。任何情况下的交往活动都会与其自然环境、社会环境、人为环境相互融合，相同文化背景下的交往是如此，不同背景下的交际亦是如此。如果说以上研究是基于同一文化背景下的交往行为，那么社会语言学家对影响交往活动的文化因素方面的论述对于跨文化交际研究具有直接的借鉴意义。甘柏兹（1982：1~22）认为，从理论上看，人们在相似情境中的交往可能具有共性，但某一具体情境在某一时刻，对交际者的社会期望或要求其所承担的义务以及完成的行为，可能会因文化的不同而相去甚远。例如，在制约什么该说、什么不该说的礼貌规范方面的差异常常会导致跨文化交际失误；权势关系方面的变化也会产生语言使用规范方面的变化。结果是，尽管交际者尽最大努力做到彬彬有礼，但也不能克服人与人之间的距离（贾玉新，1997）。

社会心理学中有诸多理论对跨文化交际学产生了巨大影响，如信息破译的过程、行为的知觉过程、言语社团理论、人际关系理论、领域与无领域依附感的认知理论等。社会心理学中有关人际关系的论述为跨文化交际学提供了独特的视角。人际关系不同于社会关系，属于认知心理学的范畴，是人们通过交际活动产生的结果，体现为心理距离。影响人际关系的主要因素有文化因素、社会因素、心理因素、自然因素和空间因素（贾玉新，1997：156~159）。文化因素包括价值观、世界观和一系列规范，不同文化形成不同的人际关系取向。不同社会通过不同交往方式的影响会对人际关系造成不同影响，不同的社会规矩和约定俗成使人们对同一交往行为产生不同看法。心理因素是形成人际关系的重要因素，包括交际个体的认知、思维方式、性格、态度、能力等因素，这些因素赋予了交际主体的个性化特征，直接影响交际的进行。自然和空间环境同样影响了不同社会与文化氛围中人们的宏观认知背景，决定了不同文化交际中的潜台词。

（二）跨文化交际学的主要概念

跨文化交际学中的主要概念有文化和交际、文化身份、民族中心主义/文化相对论、定型和交际风格（张红玲，2007：25~31）。这几个主要概念包含了跨文化交际过程的基本要素，它们从不同的角度对跨文化交际的动态过程构成影响。

1. 文化和交际

文化和交际（communication）是跨文化交际学中最重要的两个基本概念。对于"文化""交际"的定义和认识很早就有，而且有不同的角度和侧重点。在跨文化交际学看来，"文化"和"交际"的关系尤为重要，即文化与交际密不可分，交际不可能脱离文化而单独存在。文化是一个群体共享的意义系统，决定我们作为社会成员对世界主要事物的感知、认识和态度。任何一个社会的人，从出生开始就受到这一意义系统的熏陶。文化扎根于人们的脑海中，并时刻左右着人们的言行、思想和思维方式。格尔茨（Geertz, 1973）认为，在跨文化交际中，交际双方不可能完全摆脱本民族文化的制约和影响，而为了达成交际，必须克服不同文化的不同规约，使交际顺利进行。基于以上认识，霍尔认为，文化是一个群体生活方式的系统，文化系统是有序的，是可以被该文化群体学习和掌握的，而且也是可以分析和描述的。他还认为，交际就是文化本身

（Hall，1963：106）。由此可以看出，文化和交际是水乳交融的关系。

2. 文化身份

文化身份（cultural identity）的概念来自社会语言学和文化学，是指"对某个有着共同的符号和意义和共同需要遵守的规则的文化群体的认可和接受"（Comer & Thomas，1988：113）。

首先，文化身份具有多重性。文化身份总是对应一定的文化群体，同一个体可能同时属于不同的文化群体，这个个体也就具有了各不相同的文化身份。文化群体包括民族文化（如中国文化、日本文化、英国文化等）、区域文化（如东方文化和西方文化）以及一些主流文化中的亚文化（如美国天主教信徒的文化和美国浸礼教信徒的文化、美国男权主义者的文化和美国女权主义者的文化、美国异性恋者的文化和美国同性恋者的文化等）。因此，同一文化个体的文化身份可能是多样的，如在地区方面、国家方面、工作方面、民族方面、性别方面、宗教信仰方面等。

其次，文化身份具有动态性。在跨文化交际之初，不同文化身份的人所遵循的符号意义系统和行为规范（即文化身份）可能差别很大，因此为顺利达成交际，交际双方需要付出很大的努力。而当交际一方随着个人对异文化体验的增加，完成了跨文化调适的时候，交际就很容易顺利达成，而交际一方则是一个有着跨文化身份的文化个体。

3. 民族中心主义和文化相对论

民族中心主义（ethnocentrism）和文化相对论（cultural relativism）的概念来自文化人类学。文化在社会中有着不可替代的作用，在一定历史时期内形成了自己的文化积淀，并潜移默化地对社会各方面造成影响，进行文化渗透，制约并影响着人的实践活动和思维模式，特别是在跨文化交流方面受到的影响特大。人们对本身文化和别国文化的看法，即文化价值观，关乎跨文化交际过程的成败与否。

所谓民族中心主义，是指在跨文化交流过程中，人们都潜意识地觉得自己的文化更优秀，用本文化的标准和规则去判定和要求其他文化，其实这是非常不公平的。民族中心主义主张自己的人生观、价值观、审美观，否认其他的看法和信仰。持这种观点的人的潜意识里存在"本文化所规约的语言或行为方式是对的"，"他文化中与其不一致的语言和行为方式都是错误的"的认识，而这种认识显然不利于跨文化交际的实现，只会导致跨文化交际活动的失败，甚至引起国家间、民族间的对立和冲突。

与民族中心主义相对立，主张"文化无优劣之分"的是文化相对论。它最早由美国人类学家博厄斯提出。他坚定地提倡研究每一个民族及其发展的文化的历史积淀，认为对文化的评价没有固定的标准和规则，因为每一种文化都有它本身存在的价值，每种文化都有其各自的特点和特殊性，并且每个民族的价值观和文化看法也不尽相同。所以，所有的道德评价标准都不是绝对的，不能用一套标准来否定所有的文化，也不能以自己的看法和自身判断去评价一种文化。（林大津，2000：95）。博厄斯认为，"只有以每种文化本身个体为基础，才能对文化有更正确的认识；只有深入研究其本质和思想，才能更全面地意识到他的范围，并把它容纳到我们的研究中，更客观地挖到更深处的东西"（杨雪晶，2005：32）。文化相对论认为，应对不同的文化特点、言语习惯、实践活动、价值观人生观表示理解并接受其差异性，然后根据不同的社会环境和突发状况来调整自己的心态和行为，进行正确的判断（Bennett，1998：26）。文化相对主义这种宽容的态度和开阔的胸襟对跨文化交际的顺利进行起到了正面作用。

4. 定型

定型（stereotype）的概念来源于社会心理学，而最早将定型引入社会心理学的是美国新闻记者利普曼（Water Lippmann）。1922年利普曼的《公众舆论》（Public Opinion）一书出版，首次使用"定型"这一术语，用以表示不同社会群体"在人们头脑中的形象"（Lippmann，1922：81）。之后社会心理学家在利普曼的基础上进一步发展了对定型的理解，认为定型的概念是"对现实的具体的某一件事物或某一个人的片面认识，对一个社会群体单纯简单的评价"。（English & English，1958：523）20世纪50~80年代，心理学和跨文化交际学对于定型的看法开始分开，向多元化发展，但仍然主要表现在两个方面：首先，定型是一种对事物的认识（belief），带有一定程度的类型化；其次，定型是一种过度的概括（overgeneralization），具有简单化特点（文卫平，2002：12）。定型呈现过分简单化的特征（如认为所有的英国人都很保守、所有的法国人都很浪漫、所有的犹太人都很精明、所有的日本人都很勤劳等），是由于片面夸大了群体的相似性，而忽略了个体的差异性（如部分英国人可能不保守、部分法国人可能不浪漫等）。

对于定型在跨文化交际中所起到的作用，高一虹（1995）称之为"跨文化交际悖论"，即定型起到了沟通文化差异的"桥梁"作用，帮助不同文化背景的人相互了解，而同时，在定型基础上建立的对其他文化的理解是不客观的，有对其他文化"贴标签"之嫌。这种认识很容易变成"偏见"，也就是说，定型对跨文化交际既有正面的沟通作用，同时因其片面性阻碍了跨文化交际的进行。因而，对定型所应采取的态度是既要研究交流不同文化之间的共同的地方和文化特点，也要注意不同文化之间的区别和差异性。没有群体的共性就等于没有形成对异文化的认识，而没有个性的差异就证明对异文化的认识处于比较低的阶段。

因此，在外语专业教学的初级阶段，应当构建目的语的一种文化定型方面的原则，这属于一种能够短时间内在一定程度上了解文化差异的方法。尽管这种定型可能很不全面、很不客观，但有助于外语学习者建立有关目的语文化的一系列认识。随着以后学习的深入，头脑中原本清晰的印象开始模糊，原有的一个个定型变得不可靠，这时就应对原有的、相当幼稚的认识进行修正，打破原有定型观念，建立新的概括方式，从而促进认识的深化（陈俊森等，2006）。

5. 交际风格

交际风格指的是人们在与人交流时喜欢使用的态度和方式。古迪昆斯特等（Gudykunst, et al, 1992）列举了四对不同的风格类型：直接和间接型、详尽和简洁型、个人为中心和语境为中心型、情感型和工具型。以美国人和中国人的交际风格为例，美国人的交际是属于直接型的，在交际时倾向于直截了当、直奔主题，而中国人的交际则是间接型的，习惯拐弯抹角、兜圈子；美国人的交际介于详尽型和间接型之间，而中国人则属于间接交际风格，在说话交流时往往表现得特别谦虚，说到真正重点的时候浅尝辄止，说话简短；美国人属于以个人为中心、工具型的交际风格，言论较为自由，不会考虑太多，就事论事，不太注意所交谈的话题对社会和个人产生的影响，中国人则属于以语境为中心、情感型的交际风格，交谈双方的地位关系非常重要，决定了谈话的方式、语言措辞的选择，交际的主要目的之一就是交流情感，建立良好的人际关系。不同的交际风格可能会引起交际双方的误解：美国人认为中国人虚情假意，办事懒惰，没有效率；中国人认为美国人自大傲慢、没有礼貌。为了避免不同交际风格对交际可能产生的不利影响，应当事先了解对方的风格，同时在交际过程中有意识地调整自己的风格（张红玲，2007：29~30）。

（三）基于教学的跨文化交际研究的主要方面

1. 跨文化交际的语用方面

在跨文化交际中，很多情况下影响交际的因素并不仅仅是语音、词汇和语法，而是人们说话的方式以及对语码的使用。在语用学领域，言语行为理论、会话含义理论、礼貌原则等的提出，使人们开始关注语言外因素对语言使用的制约。然而，在跨文化背景下，语言的使用规则会因文化和社会的不同存在差异，究其原因是由于不同文化存在不同的社会规范。研究这种差异对跨文化背景下的外语专业教学具有重要意义，可以帮助外语教师更为深刻地认识到：跨文化交际过程中文化准则和社会规范的错置（认为目的语文化的社会规范与本族语文化没有差别）会导致交际失败（pragmatic failure），从而产生较大的心理或社会距离（Wolfson，1989：141~160）。这对于引导学生克服典型的文化语用失误、顺利达成交际具有深刻的指导意义。

　　具体来讲，有一系列言语行为，它们的语言表现形式会因文化的不同而产生差异，这些言语行为包括称呼（forms of addressing）、道歉（apologies）、请求（request）、请求别人允许（asking for permission）、感谢语（gratitude）、同意或不同意（agreement or disagreement）、批准或不批准（approval or disapproval）、拒绝（refusal）、建议（suggestions）、劝告（advice）、警告（warning）、恭维（compliment）、邀请（invitation）、问候（greetings）、告别（partings）、电话语（telephone talk）、介绍（introduction）、关切（expressing concern）、批评（criticism）、提供（offer）、否认（deny）、祝贺（congratulation）、说服（persuasion）、命令（command）、指引（directions）、教导（instructions）、推荐（recommendations）、报告（report）、威胁（threat）、禁止（prohibitions）等（贾玉新，1997：329~330）。

　　由于不同文化环境中社会语言规则存在差异，各社会群体在问候、道歉、请求、感谢、祝贺等很多表达情感的语言方面都有其各自的特点和规律，所以尽管有可能所处的情况是一样的，所使用的功能也是一样的，但说出来的话和做出来的行为却不一样。例如，在称呼语中鲜明地体现了汉语的卑己尊人的礼仪规范，称呼对方的家人一般用尊称，如“令尊”“令堂”“令郎”“令爱”，对自己的家人则用谦称，如“家父”“家母”“犬子”“家女”“贱内”，而在英语和俄语中均无相应的表达；在致谢的言语行为中，英语用“You are welcome”（乐意为您效劳）或者“It's my pleasure”（乐意为您效劳）回答对方的谢词，而非“It's my duty”（这是我的责任）或“This is what I should do”（这是我应该做的）等汉语式的表达。除此之外，不同文化对合作原则（量的标准、质的标准、切题原则、方式原则）和礼貌准则（得体准则、慷慨准则、赞扬准则、谦虚准则、赞同准则和同情准则）的理解均有不同。在一种语言中符合交际准则的表达，放到另一种语言中就不一定适合。因此，在外语专业教学过程中，应当着重关注跨文化交际中语用方面引起的失误现象，并努力克服。

2. 跨文化交际的语篇方面

较早对跨文化交际与语篇结构关系进行深入探讨的是卡普兰（Robert B.Kaplan，1966）的研究。卡普兰认为，中国人的思想活动和思维模式是曲线式的（indirection），类似一种波浪线（gyre），叙述时一般不直奔主题，而是从其他内容开始语篇的陈述，迂回地指出语篇的主题和大意；英美人的思维方式是直线式的（linear），段落当中通常都有主题句，其后的内容是对主题句的充分展开，最后是对主要内容的总结；俄罗斯人的思想方式是在文章中有许多猜想的词句与文章主题毫不相关，是平行或并列的；法国人和西班牙人的思维模式是在文章中加入一些与中心毫不相关词语或句子；日本学者提出日本人的思维方式是"点式"（dots）的（司联合，2001：101）。

英语语篇具有直线型特点，汉语等东方语言则具有螺旋型特点。卡普兰曾用图表大致表示了不同文化的思维方式，而有相当多的文化学者认为，这些图示基本上代表了不同文化语篇的不同建构特点。

曲政和俞东明（2003：36）曾经进行过实验研究，探讨了不同文化对语篇生成的影响。实验中要求中国学生写一封由三段文字构成的信，内容是学生向他们以前的一位英语教师借一本英语词典，结果表明，在35位学生中有29位同学均在信的最后一段才提出要求，信的前两段主要谈及该教师对自己以往的帮助，而这显然是汉语的思维方式和组织语篇的方式。按英美人的写法，应当在信的开头段提出自己的请求，也即西方人的思维模式为request-background-confirmation of request。在跨文化交际中，如果在作文、翻译或口头交际时不注意西方人的思维习惯，仍使用中式思维模式，那么西方人在面对这类文章或讲话时会有一种不耐烦（不愿读下去或听下去）的反应，从而容易产生误解甚至导致交际失败。在外语专业教学过程中，应重视不同文化背景下不同语言的语篇特点，从而对教学实践（尤其是写作教学）有所帮助和指导。

3. 跨文化交际的教学应用方面

随着人们越来越了解语言以及语言能力、交流沟通能力、跨文化能力的提出和发展的深化，我们就有了新的外语专业教学的目标，即培养学生的跨文化交流能力。外语翻译教学不仅对学生拥有的语言能力（即语法能力，具有能够构建语法规则的能力）、交流能力（根据不同情况选择不同语句和交流的能力）有要求，而且对学生的跨文化交流能力有要求（在跨文化的情况中成功交流的能力）。这就要求学生对异国文化有更深入的了解，在外语专业的开设课程中，

　　这个重任也就落到了翻译课程上。通过翻译课程的学习，让学生更加了解西方文化，更好地进行跨文化交流。

　　卡纳勒（Canale）和斯温（Swain）划分的语言交流时需要的能力，直接为分析跨文化交流能力提供了一个框架。跨文化交流能力主要体现在四个方面：其一是语法（grammatical）能力，其二是社会语言（sociolinguistic）能力，其三是语篇（discourse）能力，其四是策略（strategic）能力（Canale & Swain，1980；Canale，1983；Swain，1984；许力生，2000）。这四方面的能力在跨文化交流中的作用无法替代，不可或缺。

　　语法能力大概是指对语言知识的了解和掌握，比如单词、造句、音标、默写等语法规则知识体系的构建，是正确认识一个句子所表达意思的必要前提及基本能力。语法能力很大一部分会受到各种各样的文化熏陶，社会上对这一问题说法各不统一，但有一点是肯定的，就是文化对语法能力的控制阻碍远远没有在其他方面显著。

　　社会语言能力是指能够根据社会的不同情况和环境来调节自己语言的能力。从一定意义上来说，社会语言能力就是文化，是利用语言来进行作用的文化，学习社会语言能力事实上也就是学习文化能力。人们在交往和交流时，文化失误要比语法错误更为严重，故翻译时应特别注重这一方面的失误。

　　语篇能力是指能利用自己脑海中的知识和语言的类型意义来组建词语，构成不同的句子和篇幅，使语句通顺。语篇能力反映了翻译人的思想和价值观及翻译能力。例如，卡普兰（1966，1968）曾说，从组织结构层面来讲，英语篇章主要是直线型，汉语篇章是螺旋型。所谓直线型就是首段往往有一个用来当作主题的句子（topic sentence），然后根据这个句子两边展开，分层次来逐渐说明想要表达的中心意思。而螺旋型与汉族人的思维模式（天人合一）及八股文的结构有紧密联系，具有比较含蓄、婉约、暗示、迂回的特点。所以，在进行外语教学时应该极力注意避免因母语语篇所造成的外来模式的干扰，防止将英语语法和汉语结构混为一谈，让使用英语的人听不明白，看不清楚。

　　策略能力主要指的是运用各种策略（communication strategies）和交流方法巧妙地去减少因为外在或内在而引发的交流问题。与社会语言和语篇能力迁移不同的是，由于策略能力与文化的关系疏远，这方面的迁移不会阻碍其发展，反而有利于跨文化交流和学习（许力生，2000：19~20）。

　　除此之外，赵爱国和姜雅明（2003：229）持有这样一个观点：外语教学的跨文化交流中需要的能力包括语言、使用和行为能力。其中，语言能力主要表现在语音、词汇、语法、语义四方面；语用能力主要包括语境、语篇、社会语言学和社会文化能力；行为能力则体现在社交、非语言交流及文化适应能力三个方面。贾玉新（1997：480）则认为跨文化交际能力应包括基本交流能力、情感系统能力、情节调节能力和交际方法能力系统。基本交际能力系统主要是强调交际个体为达到有效交际所掌握的能力，包括语言能力、文化能力、交往能力和认知能力。在情感和关系能力系统中，移情是一种重要的情感能力，它以别人的文化准则为基准，对他人的行为进行评价和说明，而关系能力就是侧重于说明交际双方形成共识和彼此适应的重要性。情节能力是指在交流过程中交流对象根据现场实际情况和突发状况所采取的临时交流措施。策略能力系统主要包括语言转换、同义词、合作和非言语策略等。

三、文化导入：语言与文化研究在翻译教学中的应用

（一）文化导入的概念

文化导入，又叫文化植入、文化移入，最早由舒曼（Schumann）于 1978 年提出，其概念适用于两语习得领域。他从社会心理学方面构造了文化导入模式（acculturation model），认为在第二语言学习过程中受社会因素和个人情感因素影响最大，故提出了相关假设，第二语言学习的成败取决于文化导入的程度（Schumann，1978）。

20 世纪 80 年代，中国学界开始关注外语教学当中的文化因素，赵贤洲（1989）较早提出"文化导入"概念，许国璋（1998）较早探讨英语教学中的词汇文化内涵问题，胡文仲（1990，1994，1997，1998）对外语教学中的文化、交流问题进行了较为系统的理论说明。陈光磊（1992）很早就对文化导入的内涵修订了范围，他认为所谓的文化导入的含义就是以教授语言结构规律为基础，使学习者认识到学习语言的内涵和本质以及所需要遵守的规定，并将其转化形成交流和交际能力，从而在一定情况下成功加入语言社团的各种交流活动。林汝昌（1996）认为，文化导入是对外语教学的延伸、发展和补充，他认真研究了外语教学中文化导入的层次问题，根据他的结论有人将其分为三个层次进行：其一是讲述目的语的语言结构知识，减少在进行外语学习时所遇到的理解困难和交流阻碍，重点是导入有关词汇的知识点和有关课文内容的文化背景；其二是整体根据课文内容构建总体框架，系统导入知识；其三为是对其进行延伸和发展，对相关文化内容进行扩充，可以概括到一个民族的整个历史，即综合表述为一种文化的社会价值与文化系统的表现模式。

（二）文化导入的原则

赵贤洲（1992）、束定芳（1996）、鲍志坤（1997）、张安德和张翔（2002）以及赵爱国和姜雅明（2003）等诸多学者都曾特意研究和讨论过文化导入的原则问题。总体来说，翻译教学时进行文化导入要尽量遵守以下规则。

第一，文化导入应该特别注重母语与目的语不同的地方。在学习外语的过程中或在跨文化交流时，对于学生来讲，两种语言中共同存在的文化相同的地方不会阻碍他们的学习，造成学生困惑的往往是在母语社会中不曾出现过的，抑或是母语社会与目的语社会存在的语言差异或理解差异。而这些内容应该穿插在学生课本、老师讲课、学生测试、课下作业等方面，作为文化导入的内容。例如，在维列夏金和科斯托马罗夫提出的词汇背景理论中，文化伴随意义基本等值的共有事物和现象不应是外语教学的重点，而文化导入应侧重于仅在一种语言中有文化伴随意义或在两种语言中有不同的文化伴随意义的词汇，因为这部分词汇在学习者习得过程中需克服来自母语的干扰，需要付出更多的努力。如汉语中"吃狗肉"这一表达没有独特的文化伴随意义，而在英语中的"eat dog"代表替他人干他人不想干的事情，这个意思主要由美国土著印第安人的习俗演变而来。印第安人在需要商量重大事项或会议做决定的时候吃狗肉，后来，有一部分白人不想吃，但是为了表示对主人的尊敬，他们将一块银圆放在盘子上，让别人替他们吃狗肉并将银圆收起来，所以在早期的美国政治中有这么一种说法——替别人吃狗肉。在进行外语教习时类似"吃狗肉"的情况需要格外注意，因为这种现象会使学生在外语学习过程中对其产生误解，导致文化休克。

第二，跨文化研究专家汉威（R.G.Hanvey，1979）曾说过，人们是通过四个阶段来感知文化差异的：人们通常认为表面的明显的文化特征是新奇、富有异国情调的，这是人们对文化差异敏感性的第一个阶段。在第二阶段，人们有时很难接受那些在理论分析上与自己文化有差异的细微而有意义的文化特征。第三个阶段与第二个阶段在某些方面是相似的，但第三个阶段主要是通过理论上的分析认为可以接受。最后一个阶段是要设身处地去感受非主流文化。第一个阶段到第四个阶段是一个循序渐进的过程。在这期间我们必定经过一个由新奇到疑惑、排斥，然后从理智上理解，并最终做到平等地看待各国文化之间的隔阂，做到设身处地为"他文化"着想。人们对非主流的感知和适应并不是一蹴而就的，这决定了文化导入必须遵循这个规律，即文化导入应当遵循一定的阶段性。翻译教学的目标也只能是使外语学习者最大限度地接近第四个阶段，要知道，让所有外语学习者达到"empathy"（"神人"，即感受不到是不同的文化，认为是自然而然的，就如同母语文化一样）的程度是不现实的。

　　因此，文化导入的过程也要按部就班地进行，因为表层文化是最容易理解的，而学习的初级阶段主要涉及表层文化。学习者对目的语文化的感性和理性认识是循序渐进的，因而将一些涉及价值观、思维模式的深层次的文化差异放到教学内容中来，需要伴随学习者学习的深入进行，只有这样，外语学习者对此才可能有深入、透彻的体悟。谭志明、王平安（1993：74~77）指出，文化导入在英语专业教学的发展应分三个阶段进行。初级阶段的文化导入主要介绍在生活中英汉主流文化之间的异同以及这种异同在语言形式和运用中的具体表现。在该阶段涉及的表层文化有助于提高学生在生活中的英语语言交际能力。由于英语和汉语在语义上存在着很大差别，并且英语表达法中的文化内涵包含众多，所以中级阶段以介绍英汉词语、成语意义及运用方面的差异为主要内容；高级阶段的关键是使学习者提高语言表达能力并能加深了解西方的人际关系及交往的深层次模式，这就要从中西文化差异引起的差别入手。在任何外语教学中都可以使用这种既符合人们感知又适合不同文化心理认知规律和体现外语教学特点的分阶段文化导入模式。

　　第三，文化导入的过程中，在做到量的适度的同时应做到质的优选。我们经常用浩如星海、包罗万象来形容文化，可见其范围之大。但授课时数等客观条件限制了翻译教学，在全部文化当中必然会有一些文化不适用于翻译教学，所以应进行质的优选和量的适度。翻译教学文化是一个能够海纳百川的文化，在选取文化时应注重整体文化而不是单个部分的文化。另外，选取的文化应跟随时代发展潮流。质的优选有助于在限定的时间范围内最大可能地接触到更多的目的语文化的本质，从而可以顺利地进行文化交流。量的适度要求在翻译教学中文化导入的内容一定不能脱离文化交流这一主题，不能把翻译课上成地理课、美术课、音乐课、体育课、政治课、历史课、生物课……之所以翻译教学中的文化导入必须在外语专业教学框架内进行，是因为翻译教学中的文化导入的中心是语言教学，有助于提高学习者跨文化交际的能力，也有助于养成使用异文化交际和思维的习惯。因此，在选择文化知识时要懂得量的适度。

（三）文化导入的内容

　　所谓文化导入，导入不是重点，最重要的是导入的内容。不同的学者对文化细目有着不同的划分方法，这是由于学者们既要考虑在翻译教学中需要举什么文化项目的例子，也要站在外语学习者的角度思考什么是重点和最有效的内容，因而他们的想法多种多样，当然文化清单也就各式各样。

1. 知识文化和交际文化

赵贤洲（1989）、张占一（1994）主张将文化导入的内容分为交际文化和知识文化。当生活在不同文化背景中的两个人进行交流时，有些语言和非语言文化因素会直接影响信息传递以及信息准确性的就是交际文化，那么与之完全相反的就是知识文化。这是以参与交际的文化因素在交际过程中所起的作用来区分交际文化和知识文化的。交际文化因素是直接影响交际的，那么不直接影响交际的，就是知识文化因素。然而，这种分法并不意味着知识文化因素不参与交际。在跨文化背景下，交际过程中的交际文化和知识文化各自起着不同的作用。由此就可以快速地区分开交际文化和知识文化。这种分类方法的主要任务是帮助外语教师区分出哪些因素是属于不直接影响交际的，哪些是属于直接影响交际的，并侧重交际文化的教学。

赵贤洲（1989）将交际文化进一步细分为 12 个具体的方面：

（1）在跨文化交际时出现的不能翻译的词；

（2）在跨文化交际时出现的在一些情况下有不同意义的词；

（3）在跨文化交际时出现的针对固定场合使用的词；

（4）在跨文化交际时出现的词语说法不一；

（5）在跨文化交际过程中会潜移默化地导致观念不同；

（6）不同的文化背景有不同的语音信息；

（7）不同的民族具有的文化不同会产生具有本民族文化的词汇；

（8）名言名句、成语典故等；

（9）反映习俗文化信息的词语；

（10）有些词语具有一定的文化背景意义；

（11）由于文化不同背景形成的语言结构差异；

（12）因世界观、人生观、价值观不同以及风俗习惯不同造成的文化差异。

即使文化背景知识的性质和功能不同，但吴国华同样将文化分为知识文化和交际文化。外语教学始终围绕着交际文化这一主题。根据体现层面的不同，交际文化可以具体分为语域层（包括称呼、问候、致谢、致歉、赞辞、忠告、禁忌等方面）、词汇层（包括不对应词汇、背景词、文化伴随意义词）、身势语（包含手势、面部表情、身体动作、服饰等）和时空观、价值观。

2. 词语文化和话语文化

由于文化导入内容的不同，束定芳（1996）将其分为词语文化和话语文化两类。词语包括单个的词和词组（含习语、成语等），词语文化中最重要的内容有以下几方面。

（1）不同民族中代表本民族的事物和特有概念，在词语和语义上有不同展现的词语。

（2）即使两种不同语言中指称和语面意义相同的词语，但有时其蕴含的内涵意思也可能是南辕北辙的。

（3）两种语言中词语和词语的不等性表现在文化含义上。

（4）由于两种语言间文化的不同，可能会对相同事物产生不同的观念，然而这些观念的划分是有差异的，体现在词语和语义上。

（5）在不同文化中产生的特定的习语：

第一，我们在日常生活中会涉及家庭收入、社会身份等相关话题的选择；

第二，文化程度不同，使用的语言风格就会不同，这就是语码的选择；

第三，话语的组织要求语言具有一定的逻辑。

3. 语构文化、语义文化和语用文化

陈光磊（1992）将文化导入的内容归为语构、语义和语用三种。语构文化是两种不同文化在构词和句法上产生的差异。语义文化是某民族特有的文化在语言语义上的差别。语用文化要求在语言使用过程中遵守文化规约（赵爱国，姜雅明，2003）。此后，在语构文化、语义文化和语用文化的基础上，又增加了语体文化和行为文化这两类，由此把文化导入的内容分为五类：语义文化、语用文化、语构文化、语体文化和行为文化。

按照美国当代外语教育专家拉森·弗里曼（Larsen Freeman，1986）对语言教学的理解，语言教学体现为一个三角关系，即语言学习者 / 学习、语言 / 文化、教师 / 教学。其本质是要解决"学（教）什么""怎样学"和"怎样教"这三个基本问题。这里主要研究第一个问题，即"学（教）什么"的问题。语言是表达意义的符号系统，同时是反映和传播文化的主要手段，其本身是文化的重要组成部分。古迪纳夫认为，文化是"人们为了与其文化群体成员和平友好相处所应知道的和相信的一切"（Goodenough，1957 : 36）。在语言教学中，倘若离开了文化，将无法实现对语言的正确理解和使用。

首先，语言不可能脱离文化存在，语言的社会属性决定了不同语言所蕴含的与该社会历史、地理、信仰、政治等密切相关的独有特征。在翻译教学中，文化因素必须得到正视和考量。

其次，文化导入为翻译教学提供了具体操作的模式，而且越来越多的学者意识到，文化导入绝不可能仅仅是知识导入，还包含了意识的培养和能力的塑造。

　　不管是知识文化和交际文化的划分，还是话语文化和词语文化的划分，抑或是语构文化、语义文化和语用文化的划分，都是从不同角度使学生从习得语言的最初阶段就加强对文化因素的敏感性，并将这种意识贯穿整个外语学习的全过程。随着语言文化理论的发展，现在的外语教学应当摒弃原先对文化进行武断评判的做法，充分认识到对异文化的一味逢迎或一棍子打死均是不理智的，只有全面、客观、理性地对待目的语文化，才能深入文化的实质，也才能算得上是从根本上掌握了语言。对民族中心主义思想和成见的认识与分析是语言学习和文化学习的必经阶段，文化导入的双文化语境使得外语学习者必须从反思的高度审视自我的文化，以包容的心态去理解目的语的文化。

第九章 全球语境下基于文化自觉的现代翻译教学微观探析

第一节 语言认知与文化翻译教学

人们对世界的看法影响着语言。著名语言学家沃尔夫（Whort）曾说，我们经常看见的世界是五彩斑斓、多姿多彩的，我们大脑中的语言系统可以将自然划分为不同的部分并定义其各部分的概念意义。这种规则形式是因为我们以语言的模式达成的协议在支配着整个语言群体。不同民族对世界有着不同的认知模式，对文化熟悉程度有着不同的理解且使用的语言表达模式也不相同。两种语言之间转换的具体形式——翻译，一定会涉及不同民族的认知模式。一方面，因为人类生活在一个地球上，所以不同民族的认知是有相似之处的，就这一点来说翻译是可行的。雅可布逊（Jakobson）就曾说过："我们可以用世界上现有的任何语言来传达认知经验……语言的认知水平可以作为重新编码过程的翻译，而且直接需要这种翻译。"另一方面，虽然是生活在相同的世界中，但是因为民族不同就造就了认知模式不同，进而影响到了表达语义与语法，最终大大阻碍了翻译的进行。由于中英文这两种语言承载了两个不同民族的认知模式，因此在文化翻译教学中对中英文语言进行互译时，翻译者应该进行更多的变通，在保持原文语义信息不变的情况下，在传达语义信息的语言形式以及整个句法结构上做到照顾译入语读者的认知模式。

一、语言、认知模式与文化翻译之间的关系简释

之所以不同的语言在词义和句法结构上存在差异往往会对翻译产生不同的影响，是因为两种语言背后的认知模式不同。

在用词方面的表现是不同民族对事物的反映，不同民族对事物或事情的词汇表达必须放在对世界的认知语境下才能进行考察。邦维利安（Bonvillain）认为，"对跨文化比较之后不难发现，人们对宇宙认知上的基本差异表现在某些词

汇范围内。"由于民族不同，在语言上的"背景设置"或"文化预设"也不同。语言互动的参与者遇到了通过语言表达和传播文化的系列认知和理解（模式），这就是文化预设。文化预设是通过文化适应的过程积累起来的，也就是人们通过经验进行学习。文化预设有复杂和简单之分，由于语义认知模式的复杂性，所以翻译时就会产生障碍。邦维利安还指出，"翻译是沟通两种语言的桥梁，但是如果翻译者不了解一个民族的世界观、人生观和价值观，就不会理解这个民族使用的语言中的文化象征符号，从而总是无法做到从一种语言到另一种语言的完全精确翻译。即使是翻译出来单个词的意思，但原文所要表达的意义也是传达不出来的。"

其次，邦维利安认为，"语言组成部分的排列顺序通常具有认知意义。"沃尔夫指出，任何语言的结构都包含对世界结构的认识。语言的语序、句法结构和表达的视角也受到了认知模式的影响。但是，因为不同的语言背后，不同民族对世界的认知模式是不一样的，有些东西在中国人看来是放在句首，而英国人却不这样认为。比如，汉语的地名和时间排列一般从大到小，头衔和职位一般放在人名前面，多用前置定语，且除主谓句以外，还有一些无主句和主题的评述句等，而英语中地点、时间的排列是从小到大，头衔和职位往往放在人名的后面，多用后置定语，又多用严格的主谓句，这种情况的出现深受语言背后认知思维的影响。正如辜正坤所言，中国人的民族思维模式为：由外向内、由大到小、由远到近、由宏观到微观、由整体到个别、由抽象到具体。而印欧语的民族思维模式却与中国完全相反。所以，翻译者在翻译时应该照顾到译文读者对语序和句法结构的心理认知模式。

翻译在语言表达模式中是相同的，也就是所使用的语义意象或句法结构在相同的情况下进行时是非常简单的。语言中所使用的语义意象或句法结构在更多的时候会因为不同语言使用者对世界认知模式的不同而不同，这大大阻碍了翻译的顺利进行。在一般情况下，只要意思表达清楚了也就达到了作为交流手段之一的目的——翻译，这就印证来了奈达曾经说的翻译就是翻译意思的观点。弗劳利（Frawley）总结出三种观点：第一种观点认为不同语言群体在使用意义时都在用宇宙本身这一参照物；第二种观点认为人类对世界的认知方式相同；第三种观点认为语言本身有共通之处。实际上，第三种观点只能说明翻译的具体操作可以在译入语中找到对应的表达方式，也就是说，因为语言的相通性，如果原语中有一种表达方式 X，那么，可以在译入语中找到与 X 相对应的表达方式 Y。比如，英文"table"可以在汉语中找到对应词"桌子"，但这并不能说明翻译是否可行，也就是说第三种观点并不能解释英文的"table"为什么能在汉语中找到对应词"桌子"这个问题。而前两种观点实际上都是关于人类对世界的认知问题，只不过它涉及了认知内容和认知方式两个方面。我们完全可以这样解释：使用不同语言的两个民族都把这个世界作为参照物，而且他们对这个参照物的认知方式反应在语言上是时通时不通的。笔者认为，并不是说两个民族之间语言的互译不受认知方式的限制。有时候，虽然认知方式不同，但只要两个民族都熟悉某一概念，翻译也是可行的。比如，在翻译英文的"cheese"一词时，汉语读者只要熟悉"奶酪"这一词的概念，译者就能进行翻译。也就是说，从认知角度讲，翻译就是用相同或不同的语言表达模式传达出对同一事物相同或不同的认知模式。这再次说明了不同语言之间的翻译是可行的。

我们可以用反映另外一种认知模式的语言来进行翻译，但要在认知内容相同的条件下且需要进行调整以照顾到译入语的读者。格特（Gutt）就从认知的角度（关联理论）研究翻译，并认为个人的知识、价值和信仰等决定着翻译这一交际行为，这些就是"语境"或"认知环境"。重要的是，与译入语读者的关联决定着翻译对原文的忠实程度和译文的表达方式。这一研究从关联的角度探讨了读者认知与翻译的联系。奈达（Nida）提出的"动态对等（dynamic equivalence）"指出，凡是翻译，一定会有很多的读者。只有与译入语读者的文化认知模式相吻合的译本对这个读者群来说才是一个好的译本。为了使译文读者对译文的感受等同于原文读者对原文的感受，在翻译时必须为读者服务，译者要对译文进行相应调整，以满足读者的需要。

二、认知模式对文化翻译教学的启示

通过上文对语言、认知模式与文化翻译之间关系的简析，可以得出对文化翻译教学的重要启示：语言与文化的对比要应用于翻译教学中。学界关于文化翻译中要重视双语对比这一论断基本达成共识。由于近年来文化转向在翻译教学中盛行，使翻译教学对两种语言中基于认知模式的语言对比大大忽视。翻译作为一种语言转换行为，翻译者在其教学中依然应该提倡语言对比，具体说来，表现在以下几个方面。

第一，翻译教学要重视语义对比并启发翻译学习者词汇应用与认知模式的联系。在两种语言中对同一事物或问题的认知模式基本相同以及所使用的词汇表达模式基本相同的条件下，两种语言在互译时就比较容易找到对应的表达方式，如果不相同但仍想要达到翻译的交际效果，则只能照顾到译入语读者的认知模式，对原文词汇进行变通处理。这一点说明，在英汉互译教学中，应该让翻译学习者认识到两种语言背后文化认知模式的异同并联系相关文本语境和文化语境来选择某一词语在目的语中的对等语，而不能简单地认为原语中的词语X在目的语中一定而且只对应Y。中国翻译学习者深受其影响，中国学生在英语学习过程中将英文单词按照某一中文意思记忆作为一种习惯，由此就会形成一种惯性思维，这导致在大学高年级学习翻译时，一看到某个英文单词马上就想到原来曾经记住的中文意思，殊不知这个中文对应词其实并不适合用在所翻译的语境中。这种惯性思维是万万不可养成的，不能一看到某一中文词语马上望文生"译"，想到自己背过的某一英文单词，尤其是近义词中最先进入记忆的那个单词。在翻译教学中要告诉学习者洞察英汉两种语言背后的认知模式，认识到英汉词义由于认知模式的异同可以分为：冲突关系（如汉语中的"功夫""风水"等在英语中没有对应词）、涵盖关系（如 brother——哥哥 / 弟弟）、对应关系（如 manly——男子气）、替代关系（如妻舅——brother-in-law）、交叠关系（如 food、cereal、grain 都有"粮食"的意思）。根据这些关系可以采取相应的对策，如针对冲突关系可以寻求音译或音义结合，针对涵盖关系和交叠关系可以采取对应翻译，而针对替代关系可以挖掘其真正含义，寻找真正的对应词。总而言之，在翻译的词义教学方面，要想在翻译选词时不出现令目的语读者感到"陌生"的译文，或不闹出笑话，应鼓励学习者多积累，多查阅英语词典，多分析词义和背后的认知模式，联系上下文。

　　第二，翻译教学要重视语序和句法结构的对比。不同民族认知模式的不同使他们在语言的语序和句法结构的安排上出现差异。鉴于在翻译教学中要让学习者意识到英汉认知模式不同导致句式结构和语序的不同，翻译教师应该对英汉对比有一定的研究，尤其是对语序和句法结构的对比有一定的研究，并善于归纳总结英语和汉语在主要句子结构、定语位置、同位语位置、形容词顺序等方面的各种差异，教会学习者在翻译过程根据目的语的认知模式调整语序，从而获得地道的译文。王东风和章于炎指出，"同一概念意义的若干句子会因为各自语序的不同而产生不同的主题意义，具有不同的交际价值。翻译既然要重视原意，就不能置这种意义以及传达这种意义的语序于不顾。我们相信，揭示语序的表意功能和英汉语序的异同规律，将有利于提高翻译的质量和效率……"可见，认知模式的不同说明翻译过程中语序和句法结构的调整决定着翻译的质量和效率。

　　第三，文化翻译教学要重视表达视角的对比。中国的文字是象形文字，像一幅幅图画展现在人们面前，极具艺术性。这反映出中国人对一件事物的认知也比较直观，常常以直观的视角来进行汉语表达。而西方的文字是由字母任意组合而成的，所以抽象性较强。英文句子的语法结构总是以主谓关系为主且逻辑关系是非常严谨的。通顺的译文是基于在翻译的过程中根据译入语读者的认知模式对叙述的视角进行转换得到的。想要使学习者意识到英汉句子的视角和认知模式有关，就要将英汉两种语言表达视角或重心的不同引入翻译教学，这种对语言表象背后认知模式的挖掘可以提高学习者对语言的兴趣，进而提高学习者翻译和对分析两种语言表达视角的兴趣，这对翻译教学的提高有潜移默化的效果。刘宓庆指出，学生如果能在翻译实务教学中认识到和学习到对翻译实践中的句式分析和译句的主谓定位，那么将会是一项了不起的成就。

第四，由于不同民族对世界有着不同的认知模式，其语言表达方式也五彩纷呈。这里从语言背后的认知模式入手，分析了英汉两种语言在语义表达和句法结构上的典型差别，进而讨论由此引起的翻译中对词汇和句式的处理问题。很多时候，翻译者要变通地处理在翻译中因为译入语的认知模式不同而影响了原语认知模式的情况。要想使译文更符合译入语的认知模式，使译入语读者容易接受，从而达到良好的翻译效果，就要在保持原文信息不变的前提下合理选词，并且注意句式和视角的不同。在翻译教学中引入认知模式的对比，可以激发学习者对语言的兴趣，调动他们对翻译的兴趣和对词以及句子分析的兴趣，最后达到提高学习者翻译水平和翻译教学的效果。

第二节　翻译中文化迁移现象及教学策略

笔者对英语专业三年级学生的一次汉译英作业进行分析发现，程度不同的学生在翻译中出现的错误问题存在差异。程度好的同学语法错误较少，问题主要出现在词义和文化符号的传译上；程度较差的同学不仅在选词和文化传达方面出现问题，而且在语法上会出现问题。不难看出，虽然英语专业三年级学生的英语水平较一般外语学习者要高，他们在英语的听说读写方面已经有很强的基本功，但翻译毕竟是一种双语的转换，原语的语法、词语的表面意义和文化符号的含义总是或多或少会对译者的心理机制产生干预。

行为主义者认为，学习者在学习一种新的东西时，会受到学习者原有经验的干预。这种干预表现在外语学习上，很明显的一点就是母语对外语学习的干预，这种干预称为语际迁移。也就是说，"个人会把自己母语的形式、含义以及文化迁移到外语当中去"。语际迁移分为正迁移和负迁移。正迁移就是母语对外语学习的正面影响，使学习者能按照母语的规则对外语进行正确把握；负迁移就是负面影响，使学习者按照母语的规则对外语进行错误把握。由于语言之间的差异，语际负迁移在外语学习的初期表现得尤为明显。但是，从高年级学习者的汉译英作业中可以发现，语际负迁移在汉英翻译的过程中依然是一个非常严重的问题，不能忽视。

一、翻译中的句法语际负迁移及其教学对策

（一）语法负迁移举例及分析

在翻译教学中发现，在大学英语专业高年级学习者的翻译实践中，句法语际负迁移现象依然存在。这种语际负迁移主要表现在对句法和句式的处理上。举例如下：

（1）一个文人，身后能达到如此的豪华气派，在整个地球上怕再也没有第二个了。

（2）但看看孔子的身世，他的生前栖栖惶惶的形状，又让我们文人感到了一份心酸。

句子（1）是主题—评述句（topic-comment sentence），这是汉语一种常见的句式，但英语的句子一般都是主谓句（subject-verb sentence），由于受到汉语句式的影响，学习者不自觉地将这句话译成了：

A scholar can achieve such luxuries after death is afraid to find a match in the world.

或

A scholar can achieve such luxuries after death. There is no second one in the world.

不难看出，无论上述哪种翻译，都存在明显的语际负迁移现象，都是拘泥于汉语的结构而翻译的。第一种翻译完全错误，不符合英语的主谓句特点，还把"怕再也没有"译成了"is afraid to find"，显然也是错误的，因为 be afraid to do sth. 在英语中是"不敢做……"的意思。第二种翻译虽然从英文看是把汉语主题——评述句变为了英文的主谓句，但受汉语结构的影响，英文将原文意思连贯的句子变成了两句，致使意思不连贯。笔者认为，可以将错译修改为：On this planet there has been no other scholar who has enjoyed such luxurious posthumous respect。

对于句子（2），有的学习者也是受到了汉语句子的影响，将其直接译成 Seeing/Looking at Confucius's life and his miserable situation makes us scholars sad。这个英文句子中主语是"seeing/looking at..."这一动名词短语，可以理解为这个动作让我们心酸，意思显然是错误的，因为从原文看，让人心酸的是"孔子的身世"和"凄凄惶惶的形状"，这两者实际上又是一个意思，所以笔者认为可以将错译改为：Confucius's miserable/deplorable experience makes us scholars sad。当然也可以用"我们"作主语，翻译为：When we look back, we can not help feeling sad about Confucius's miserable/deplorable experience/life。

从上述两例中可以看出，翻译学习者汉译英的句法语际负迁移主要表现在把汉语的句式机构（非主谓结构）和语法（时态、单复数、冠词、分词短语的逻辑主语等）直接移植到英译文当中，从而形成了句法的"中式英语"现象，这主要是由于两种语言的句式结构和语法存在差异，所以为了避免出现这种现象，必须在教学中采取一定的措施。

（二）教学对策——语言对比

以上出现的问题主要是因为汉英两种语言语法和句式上的不同造成的。由于已经根深蒂固的汉语思维模式，翻译学习者在汉译英过程中出现这些问题是在所难免的。但是，翻译课的重要任务之一就是要引导学习者注重两种语言的差别，从而避免上述严重的语法和句法错误。针对这些问题，在翻译课中进行汉英对比教学中就显得极为重要，因为"只有对外语和学生的母语进行比较教师才会更好地了解真正的问题所在，才会更好地教学"。刘宓庆指出，翻译实务课堂教学的基本思路之一就是"应着眼于双语对比，特别是双语差异，使学生深明'知己知彼，百战不殆'之理，实际上这也正是传播学的基本原理之一"。刘宓庆进而认为，"翻译的语言对比研究是双语学的课题。TTPS（作为专业技能训练的翻译教学——笔者按）应该有比较语言学这门必修课。比较语言学之所以是必修课，是因为翻译实际上无时无刻都需要比较双语之异同。"只有重视两种语言的对比，才能保证翻译教学的质量和水平。但是，由于本科阶段英语专业的翻译课课时有限，不能像翻译专业研究生阶段那样开始英汉对比的课程，所以笔者建议在翻译教学中加入汉英语言对比的内容，让学习者在翻译实践中把握汉英两种语言的差异，这样势必会促进其翻译技能的提高，优化其译文的表达质量。特别是语法对比这一环节，通过讲授汉英两种语言在句法结构上的差异，可以让学生在翻译过程中有意识地避免出现语法负迁移现象。其具体内容包括一系列专题，如形合和意合、被动与主动、主谓句与主题句／

无主句、后置与前置等。通过这些专题，让翻译学习者了解到英语是形合语言，汉语是意合语言，所以汉译英时需要添加连接词；英语的被动语态使用得比汉语频繁，所以汉译英时要注意是否应该把主动变为被动；英语是句式结构严谨，除祈使句可省略主语外，一般都是主谓句，而汉语的主谓结构可以不那么严谨，有很多主题句和无主句，所以汉译英时要注意是否需要添加主语，并保持主谓一致；英语的修饰成分除单词外，短语或句子一般后置，修饰成分可以向右无限延伸，而汉语的修饰成分一般前置，所以汉译英时应合理安排修饰语的位置，注意从属关系，尤其是定语从句。

二、翻译中的语义负迁移及其教学对策

（一）语义负迁移举例及分析

如果说语言是一座大楼，语法就是这座大楼的设计框架，而词汇便是这座大楼的建筑材料，可见词汇在语言中的重要性。正如英国语言学家威尔金斯（Wilkins）所说，即使没有语音和语法，也可以传达出一些信息，但如果没有词汇，就不能传达任何信息。英汉两种语言形成的环境不同，所表达的思维不同，使用词汇就会存在差异。同时，词汇的意义随着社会实践的深入不断发展和变化，所以词义传达正确也是取得良好翻译效果的重要一环。汉英两种语言的词汇，有的是意义——对应，有的是意义交叉，还有的是意义完全相反。在汉译英实践中，学习者往往"望词生义"，把汉语词汇的表面意义迁移到英语当中，从而出现了选词不当的现象。举例如下。

（1）这是文人的骄傲。

（2）文人都是与富贵无缘，都是生前得不到公正的。

上述翻译作业的原文中很多地方出现"文人"一词，有的学习者望文生义，认为"文人"就是搞文学的人，更何况原文的作者恰恰是一位作家，所以就把这样的理解迁移到英文当中，把"文人"[句（1）]译成了"bookman/men""literati"或"men/man of letters"。事实上，这几个英文单词的意思都与"literature"有关，词义的范围相对于汉语的"文人"一词要窄，"bookman"还有"书商"之意。而且，我们知道，孔子一般被看作是学者、思想家、教育家，而非文学家，所以这里的"文人"应该译为"scholar"。"生前"[句（2）]按照字面意思当然是"去世之前"，但事实上该词涵盖的时间要比"去世之前"长很多，并不只是临终前的那段时间，但有的学习者直接把该词的字面意思迁移到英译文中，译成了"before death"，这样的理解和翻译显然是错误的。笔

者认为，应该译称为"in their life"或"during their life time"。

上述关于词义的理解和汉译英的选词错误明显是因为学生把汉语的字面意义移植到英文当中，造成意思不当。这就需要采取一定的教学对策加以纠正。

（二）教学对策——根据语境选词；善于使用工具书

任何语言都有一词多义的现象，之所以会产生这样的现象是因为不同语境的存在，即同一个词在不同语境中的具体含义会有所不同，甚至是有很大不同，因此语境一直是词义研究的重要因素。平时在使用语言时，每个语言使用者都应该重视语境，就如语言学家莱昂斯（Lyons）所说：

（1）应当了解到在交流与表达的活动中处于那种角色，会产生什么作用；

（2）要辨别在交流与表达的时空；

（3）要辨别交流与表达的情景是否正式；

（4）要了解到交际媒介适用于怎样的情况；

（5）所说的话要符合交流与表达的主题，可以适当地选择方言；

（6）必须要知道在什么样的场合应该说什么样的话。

"在翻译学看来，语境无时无刻不在制约着意义，没有确定意义的单个词。"

所以，在翻译过程中，词的选择依赖于词所处的上下文，即语境。巴尔胡达罗夫（1985）将上下文分为狭义上下文和广义上下文。超出句子范围的语言环境就是广义上下文，而后者是指句子的上下文，即在一个句子的范围内该单位周围的一些语言单位。其中，前者可以是句群、段落、章节，篇章。巴尔胡达罗夫认为，上下文对解决语言的多义性问题起着非常重要的作用。也就是说，上下文可以使某个多义词只有一个意义，从而使译者在译语中的几个可能的对应词中选定最恰当的一个。笔者认为，因为词的内涵意义和外延意义、词义的广狭和感性色彩都受到语境的制约，所以通过语境理解词的意义，可以在目的语中找到内涵意义、外延意义、感情色彩相对应的词。另外，根据语境，有时可以找到固定搭配，通过固定搭配理解词义便容易得多。所以，在翻译教学中，不应忽视语境问题的探讨，不依赖于语境的翻译在很多时候必定是荒唐可笑的。所以，在翻译教学中要培养学生的"语境意识"，摒弃"望词生译"的习惯。刘宓庆指出，"我们自己只有具备判断语境的能力，才能在操作中做到适境。从翻译的角度来说，不仅要对语境的功能进行认识，还要培养自己对语境的判断能力，这是十分重要的。如果连对自己笔下的文章处于什么语境都浑然不知，当然更谈不上符合'言必适境'（译必适境）的要求。"

通过语境理解词义后，还要在目的语中找到意义对等的表达方式。一般说来，翻译学习者可以从自己积累的词汇中搜寻到相应的表达方式。但是，汉译英作业中出现的选词不当往往是因为学习者在这方面失败了，没能在自己积累的词汇中找到恰当的表达方式。这时，工具书的作用就凸显了出来。翻译学习者要能独立使用各类工具书和参考书，并有效地通过计算机网络查阅资料，获取知识。这是高等学校英语专业的教学大纲，同时是对八级的明确要求。笔者认为，在翻译教学中，教师应指导学生善于利用工具书。在汉译英的选词方面，应该指导学生不仅使用较为权威和收词全面的汉英词典，还应通过英英词典对比近义词的内涵意义、外延意义和词义的广狭和感情色彩等，从而为某个汉语词找到恰当的英文表达法，而非把对汉语的理解直接迁移到英译文当中。

三、翻译中的文化负迁移及其教学对策

（一）文化负迁移举例及分析

众所周知，语言是文化的载体和重要组成部分，文化是语言肥沃的土壤。语言和文化相互关联，密不可分。语言不仅记录和反映了人类文明发展的历史和社会文明的进步，还是文化得以传播、交流和延续的发展工具。正如萨丕尔所说（1921），语言究其本质是文化。第一，文化是人类最基本的文化成果，它诞生于人类文明发展的过程中。第二，语言并不是人类生下来就有的，这是人类后天习得的本领，而且主要是为了自我生存的发展而习得的本领，不具有生物遗传性。第三，语言文化性质的主要标志是符号性。以符号承载、传送意义，这是语言符号代码功能的本质。语言交际功能的全部奥秘和魅力是代码所散发出来的。第四，对人类文化和文明发展的反映作用也体现了语言的文化性质：语言的发展与人类文化和文明的发展是齐头并进的。语言记录着人类社会的每一次进步。最后，对文化的凝聚功能彰显着语言的文化性：语言文字记录、叙述和描写着人类的行为、活动、经验、劳作或创造，语言文字是不可替代的。由于语言是用来交流的，而人们交流的正是他们的知识、情感和文化，所以语言真正承载的是使用这种语言的人在长期的实践过程中积累的文化信息。但是，由于不同民族所处的地理环境、历史沿革和思维习惯不同，因此形成了不同的心理认知系统和不同的文化价值体系，从而在其语言中形成了彼此不同的表达方式，这就对两种语言的翻译者提出了挑战，即怎样在目的语中找到恰当的语言来表达语言所承载的文化信息。对于三年级的英语本科阶段的学习者来说，这更是一个挑战。值得注意的是，有的学习者在平时的学习中往往只重视英语

习语的收集，却忽略了很多汉语符号的真正文化背景和文化内涵，从而在翻译中把自己的错误理解迁移到英文当中；还有的学习者不太注意与文化有关的语言形式的积累，在翻译的时候，往往根据汉语的表面意思进行直译，这种直译过来的文化符号往往使英语读者觉得莫名其妙。

下面列举一下本篇作业中最典型的文化传达不当的现象：

（1）孔林；

（2）门子；

（3）诗圣。

"孔林"作为文化遗产，实际上指的是"孔子及其后裔的墓地"，虽然里面也栽植了很多的树，但并不是"孔家的树林"，而大多数学生将之译成了"Confucian Forest"或"Confucian Woods"，这样的翻译并没有把"孔林"的真正文化意义传达出来，笔者认为应该译称"Confucian Cemetery"。"门子"是一个富有文化意义的语言符号，实际上是指"旧时在官府或有钱人家看门通报的人"，而有的同学将之译为"messenger"或"guard"，显然具有现代色彩或异语色彩，所以笔者认为应该译为"gatekeeper"。有的学习者把"诗圣"一词译成了"sainpoet"。我们都知道，"saint"一般具有宗教色彩，所以这种译法显然有失偏颇，笔者认为应该译称"poetry sage"，而且如前文所述，该词应该属于专有名词，在行文中应该大写首字母，成为"the Poetry Sage"。

（二）教学对策——汉英文化对比，增强对汉语文化的理解

文化问题是翻译过程中必然会遇到的问题。针对这一问题，翻译教师可以在教学的过程中穿插中英文化对比。只有对比，才能让学习者更加深刻地认识到两种语言背后的文化差异以及由此产生的语言形式的差异。由于学时有限，所以笔者认为可以在有限的教学时间内将汉英文化对比浓缩为以下几个专题：汉英称谓的不同及其翻译、汉英问候语的不同及其翻译、汉英动植物的不同比喻意义及其翻译、汉英成语及习语的不同与翻译以及汉语历史词汇和当代流行词汇的翻译等。

同时，教师要鼓励翻译学习者课下多积累，多了解。不仅要积累英语中文化语言符号的意义，还要多了解中国的传统文化以及与文化有关的表达方式。通过积累和理解，可以减少翻译中的错误，避免发生文化传达错误的现象。另外，在具体翻译过程中，仍然要多参考工具书和词典。比如，上面提到的作业，在遇到上述文化内涵丰富的字眼时，光凭印象是无法准确传达出原语的意思的，因为很多时候，从字面看，某种英文表达与汉语某种表达意思相近，实际上其

中的文化内涵却并不相同，就像"同舟共济"与"in the same boat"的意思实际上并不一样，所以必须领会其中的内涵，这时可以参考汉语字典或词典、汉语文化词典等查出汉语的意思，还可查阅汉英文化词典等。如果只是望文生义，不求甚解，则势必会扭曲原文文化的意思。

以上所列出的汉英翻译中的语际负迁移现象只是以一篇汉译英作业为例，而事实上，笔者在长期的教学实践中发现上述问题是整个翻译教学中始终存在的问题。翻译学习者在句法、词义、文化的语言符号等方面的语际负迁移是中国翻译学习者翻译实践中的一个重要错误来源，使他们在翻译中出现了句法错误、选词不当和文化传达失误等典型错误问题，同时是造成"英式中文"或"中式英语"现象的重要原因。翻译教师应该根据中国翻译学习者的特点，寻找正确的教学方法，使学生翻译的错误降低，甚至杜绝这些现象。上文针对汉译英教学中发现的典型错误现象，提出了一些教学对策，即汉英语法和句法对比、词义与语境、文化对比、工具书的使用等。既然这里讨论的汉译英作业中的错误是典型的，那么，这些对策也应该是英语专业高年级汉英翻译教学的重点之一，而且这些教学重点同样适用于英汉翻译。当然，在翻译教学过程中，可根据不同学生群体的不同错误现象适当调节教学对策。

第三节　语篇语境与文化翻译教学

根据关联理论，话语交际是一个"语码模式"，即信息编码和解码的模式。而话语的语境是"解释话语使用的一系列前提"。翻译是在译者对原文解码的基础上，用目的语进行二次编码、传达，然后由译文读者解码的过程。在这一过程中，译者要根据动态的语境进行推理，根据对语境的理解来选择语码。因此，翻译是一个认知推理的交际过程，译者最重要的任务是力求在分析语境的过程中找到最佳关联，创造足够的关联效果，忠实地传达出原文作者的意图，使译语读者对译文的解码效果与原文读者对原文的解码效果达到"最佳吻合"，进而达到文化翻译上的"功能对等"。在翻译教学中发现，学习者在翻译过程中的错误者不少都是因为这样或那样的语篇语境认知缺失造成的，可见翻译中语篇语境认知的重要性。

关联理论认为，语境效果的概念是描述理解的关键，理解话语不仅要理解已清楚表明的假设，还要将此假设同前面出现过的假设联系起来。从语言角度讲，语境就是词或句子前后的语言材料或者是理解话语的一系列背景假设。语篇语境是人们用语言系统进行交际的意义单位，是符号分析的基本单位。随着认知语言学的发展，语篇认知成为一个重要的研究领域。认知语篇分析认为，对语篇的理解不是建立在单个的语言表达基础之上的，而是建立在文本内部各种所指的实体之间的概念联系及文本元素所描述的各种事件之间的联系之上。读者在阅读语篇时，一般都会进行自下而上的信息加工（如由词汇到语篇），又会进行自上而下的信息加工（譬如根据上下文进行预测和推理）。但有时可能又缺少这种加工的过程，从而导致对语篇的误解。

在文化翻译实践中，第一步就是要理解原文本的意义，而与理解关系最密切的莫过于语境。刘宓庆提出，语境对意义的作用有四项功能。①语境决定着意义（意向），这体现语境最基本的功能；②新义（和包括转义）的起源于语境；③语境是新词之母；④协调表现式的终端者是语境。刘宓庆进一步认为，翻译中的综合分析调节过程就是"语境调节机制"，即"语境化"。

当然，语境包括短语搭配、分句、句子、语段、整个文本乃至整个社会文化等。这里要强调的是，无论是何种文体的翻译，都是在一定的语篇背景下进行的，所以文化翻译应该以整个语篇为依托，"应该强调在语篇层面上各类意义的映射性转述"。解构主义哲学家德里达（Derrida）认为，翻译要在目的语中找到有关原语的最关联对等，即找到最正确、最贴切、最恰当、最充分、最适宜、最直接、最明确、最常用……的语言。鲍格兰德（Beaugrande）认为，"翻译的基本单位不是单词，也不是单个句子，而是语篇。"在文化翻译过程中，语篇定会对译者产生一定的限制，语篇表征是译者做出判断的基础。正如迈克卡西（McCarthy）所强调的，在解读过程中须建立语篇在认知上的链接。从这个意义上讲，在语篇翻译中，从词、短语、句子的翻译，乃至语气与风格的传达，实际上都离不开语篇语境。因此，译者作为读者和两种语言的转换者，更应该建立语篇上的认知链接，以便保证语篇翻译的效果。

笔者在翻译教学过程中发现，学习者在进行语篇翻译时，仍然没有意识到整个语篇当中的关联性，没有意识到语篇中的内涵结构，从而产生了与整个语篇不相符合的选词、动词形态、句式结构和语气传达等问题。可见，要想做好一篇翻译，对于语篇语境的认知是非常重要的。

第十章　当代翻译教学几点思考

第一节　翻译中的文化和意识形态的转向

近年来，随着西方翻译理论对翻译研究的不断冲刷和洗礼，翻译研究中的各种新视角和范式闪亮登场，它们已经逐渐淡化了传统有感式、印象式和点评式的研究方法。意识形态翻译观是最吸引译界眼球的研究方法之一。中国翻译学者在英国翻译研究学者 Susan Bassnett 和美国翻译研究学者 Andre Lefevere 的创始性牵动下，从意识形态的视角对翻译做了大量研究，如孙艺风（2003）的《翻译研究与意识形态：拓展跨文化对话的空间》、王东风（2003）的《一只看不见的手——论意识形态对翻译实践的操纵》、罗选民（2006）的《意识形态与文学翻译：论梁启超的翻译实践》、王友贵（2003）的《意识形态与 20 世纪中国翻译文学史（1899~1979）》、蒋骁华（2003）的《意识形态对翻译的影响：阐发与新思考》，等等。这些并非具体某一哲学家的意识形态理论，而是学者把意识形态作为一个普遍意义的哲学概念同翻译进行的结合。本节试图以法国结构主义马克思主义哲学家阿尔杜塞的意识形态理论对翻译进行诠释。

一、阿尔杜塞的意识形态理论

阿尔杜塞的意识形态理论是一种结构主义理论。阿尔杜塞认为，因为意识形态没有时间上的变化，所以它没有历史，但在结构上具有永久性；人与世界的关系通过意识形态再一次地显现出来，即与真假问题无关，不是主体头脑里意识的产物，也不是意识，更不是观念的或精神的。它是主体性建构的中介，是类似于语言的无意识结构，是一系列社会实践、表象和仪式。

意识形态作为一种系统，是一种共时性的分析策略，这就表明了意识形态没有历史。阿尔杜塞并不关心意识形态的历时性或嬗变更迭。人们并不会意识到自己总是通过意识形态并在意识形态中体验自己与世界的关系，阿尔杜塞（1994：88）认为，"意识形态这个表象体系与意识毫无关系，它们在一般情况下是形象，少数情况下是概念。他们不通过人们的意识，只是作为结构而强加于绝大多数人。它们作为一种文化客体是被人们感知、接受、忍受的，这一过程是为人们所不知道的。"在意识形态和主体的关系上，阿尔赛杜（1994：106）从词源学的角度出发得出，"意识形态的产生是基于主体和主体的屈从。"英语的"主体"是"subject"，作为名词，是"主体"，作为动词，有"屈从"之意，这两者相互联系，不可或缺。意识形态把个人塑造成主体，这里只对性与意识形态的关系和后殖民主义与翻译的关系进行了评析。

二、性与翻译

人的生理标签和社会标签是性。有性生理特征的人与世界的关系是通过意识形态反映的，那么性的自然性属于意识形态范畴。

在性与翻译的关系问题上，性表现为三个层次：译者的性别；原作品中的性事；翻译理论家在翻译与性的关系上做的比喻。译者性别的差异会影响她（他）对原文内容的选择、对翻译的态度以及对翻译策略的取舍。男性作为"无标记"性别，女性作为"有标记"性别，前者可能对以上三方面采取一种以恩人自居的姿态，表现出男子沙文主义；后者会采用批判男权主义的态度，即女权主义。比如，Suzanne Jill Levine（1991：3~4）是这样描写翻译的：

"好的翻译旨在制造或再创说服读者的效果，以最广阔的意义上讲，翻译是一种政治行为，翻译也是一种批评性行为，在制造疑惑，给读者提出问题的同时，并重新表现原文本中人的意识形态。"

Levine 是一名女性译者，她曾翻译过一本书，该书在意识形态上冒犯了女性。Levine 就采用了"颠覆原文、以不忠对不忠、将全文的模仿逻辑贯彻到底的策略"。这在一定程度上体现了她对翻译的理解（Chamberlain 1988/2000：326）。

实际上，女权主义的一个重要组成部分是女性译者所采用的翻译策略。女权主义者不满意妇女的社会地位，对社会提出了质疑：

"女人从来或很少有过自己的权利，西方世界容不下女人，我曾一度以为这个世界容不下女人。在这个世界中女人被当作男人的延伸、男人的镜子、显示男人的工具以及帮助男人实现梦想的助手，这是十分令人愤怒的"（Bressler, Charles E.，142）。

国家、民族意识形态深深地影响着性在翻译中所表现的第二个层次，即原作品中性事，包括性爱描写、性器官、性心理描写。性爱在大多数民族的文化背景中被列为绝对隐私，通常是不能以明示露骨的语言向公众传达的。在翻译界有一个众人熟知的例子。古希腊喜剧大师阿里斯托芬在其名剧《吕西斯韦拉忒》中写过这样一句台词，英文直译是 "If he doesn't give you his hand, lead him by the penis"。但由于译者受到意识形态的限制，给出的实际译文都将penis 这一性器官换成了其他词汇，如：

（1）If he doesn't give you his hand, lead his by the nose.（By W.J. Hickie, 1902）

（2）If they don't give a hand, a leg will do.（By A.S. Way, 1934）

（3）If hands are refused, conduct them by the handle.（By D. Parker, 1964）

不管是男性译者还是女性译者，在性事的翻译上都做到不悖逆正常伦理，顾及了"风化"。实际上，性描写出现于大多数西方作品中，因为中国传统文化认为公开描写的性爱是有悖纲理伦常的。在中国，细节的性描写会毒害青少年，甚至影响成年人的心理从而走上犯罪道路。所以，中文译者在将其翻译成中文时基本是一笔带过，如 D.H.Lawerance 的作品的翻译。

从一个女性翻译的视角来看，翻译界存在很多个有多种理解的比喻，"不诚实的漂亮的人"便是其中之一。"不怀疑；侵犯；吸收；填充"（Steiner, 1975/1998：312~455）是 George Steiner（1975/1998）在《通天塔之后：语言与翻译面面观》一书中说明翻译具体过程的几个比喻。

从汉语的翻译角度来看，某些单词在作用过程中具有表层含义和深层含义。确切地来说，都与性爱有密切的联系。男子沙文主义、男性的性暴力侵犯都渗透在这些比喻之中，同时认为翻译是"性爱和语言全方位交织"（Steiner, 1975/1998：39）的特殊交流。就这种现象而言，Chamberlain（1988/2000：320）曾用批判性思维提出了自己的看法。

三、后殖民主义与翻译

因研究欧洲列强的前殖民地的需要而产生的后殖民主义研究，也被叫作"属地研究"（Subaltern Studies）。近年来，该研究用于翻译研究的情况呈上升趋势，哪怕是很难清楚地划分出它的具体的研究范围。与此同时，该研究明显更加倾向于翻译和上层建筑的关系，这是与女性主义在翻译中所关心的性别歧视等内容上的显著区别。

先对如何理解后殖民文化中多样化的民族间存在的政治经济关系进行详细的解释。就像人人都知道那样，权利会对意识形态的发展产生重大影响，并且对翻译有着很大的影响。Edward Said 的《东方主义：西方对东方的理解》（1978/1995）是论述两者关系的最早和最具代表的著作，"着迷、不思进取、无知、不走寻常路"与欧洲的"良好的品行、头脑清醒、不无知和正常化（p40）"形成的明显对照是作者在书中记叙的西方对于东方的阐释与理解。1800 年以来，出于政治的动机，这样的形象总是盘踞在西方人的思考中，因而产生了一种强权文化意识形态、种族优越意识、以本民族文化为最优秀的观念。"东方的民族被迫无条件地接受西方意识形态领域的内容和认知就是东方主义"（p5），这是 Said 给出的看法。Niranjana（1992）在《定位翻译》中对于翻译与殖民主义关系的阐释，采用了阿尔杜塞造的一个术语——"质疑"（interpellation）。他认为，"翻译是在歪曲事实的同时树立一个新的形象的过程，并致力于为外来文化服务。"

阿尔杜塞将在制度框架和法规条文的约束下，把人培养成思想观念上忍辱负重的公民的过程，叫作"质疑"。在社会不断发展与进步中，"质疑"含义的范围逐渐变大、变广，凡是能够用来描述一个人的话语或者一个视角的再陈述，都可以称作"质疑"。然而，在译者的世界里，"质疑"主要是一个种族被其他外来文化不断侵占的过程，在这个被侵占的文化世界里，译者往往把"质疑"看作是卑劣的东西。在这种情况下，翻译便是一种方法，甚至有时还是唯一的方法。

Niranjana 在解释"质疑"时用到了一个案例：由于英国人觉得不能够轻易认同当地人的译文，他们必须自己动手翻译印度的法律文献。在这种目的的驱动下，作为一个掌握了多国语言的学者 Sir William Jones，同时将阿拉伯文学、波斯文学、梵语文学以及古梵语法律与法律生涯相联系。在这种情况下，这位在被侵占文化环境中的译者变成了地道的宣扬印度法规的人，只有译者对其进行深入了解，才可以有蔑视被殖民者的资格，进而到达事实上的"质疑"。

只不过被外来文化统治的人会采用"重译"的手段进行反抗与斗争，因为他们不会一直默默地承受着"质疑"。他们将"毁掉当地文化的神圣地位和历史地位，更加关注不同民族文化的区别，目的是更好地巩固入侵者所带来的文化根基，有利于摧毁霸权结构"作为"重译"方针的行动目的。著名的后殖民主义理论家 Homi Bhabha 从传统意义的角度考虑，文化不是知识的简单叠加，而是一种行为或言说，翻译更是这种行为或言说活动中一种最具有创造力的活动。他认为，文化是不可以被翻译的。Bhabha 对"杂合"（也被称作第三空间）最为好奇，在对"杂合"的理解中，关于翻译文化边界范围的问题一直不是十分明确，因而大多数人一直在"居间"的话语群和人群中徘徊不定，让自己不同于他人，让自己永远是一个"他者"的形象。只有"居间"担起了文化意义的重要任务（Bhabha 1994：38），翻译才可以操作。

这里从翻译学意义的角度考虑，选用了阿尔杜塞对翻译进行深入思考时而形成的思想观念，并将其总结为以下两个角度：一方面，性爱与翻译文化；另一方面，后殖民主义与翻译文化。

第一，按照原始的翻译学原则翻译出来的作品只是关系到根据意思翻译、价值相等、事例分析等内容，难以涉及一种哲学或者社会政治的高层次。

第二，翻译研究必须拓宽范围，稳扎稳打，脚踏实地，借鉴其他学科的研究角度与方法。只有这样，才能够像化学一样被全世界公认为一门科学。

第三，对文化的深入探索一定会促进学科进步，成为一股社会潮流，而性别和后殖民主义正好是这股潮流中最关键的阵营。

本节对解释翻译研究做出了一种新的大胆的尝试，主要以西方马克思主义理论的重要组成部分——阿尔杜塞的意识形态理论为阐述的根本，带有浓厚的后结构主义色彩。

第二节　译者从主体性到主体间性的转向

当代翻译教学，不应该单单局限于单纯的教学方法、教案设计的研究，对于译者地位——从主体性到主体间性的转向的正确理解，树立译者的意识感与责任感，更能帮助翻译教学良好进行，也能使学生在未来的翻译工作中更好地实现自己的价值。

一、译者的地位

从翻译史发展的长河中可以看到，译者的历史地位几乎一直位于边缘化。而且，受当时流行翻译理念的影响，译者的地位并不是一成不变的。译者的翻译活动也或多或少地都会受到这些翻译理念的影响。但是，从宏观的角度来看，译者的历史地位大致经历了从"隐身"到"显身"的变化。

（一）西方翻译史中译者的地位

在西方的历史长河中，翻译界对《圣经》的翻译不是一帆风顺的。艾蒂安·多雷（Etienn Dolet）提出，"只有译者拥有了绝对的思想自由，才能够对

《圣经》进行翻译。"在《论如何出色地翻译》一文中，他还提出了译者必须遵守的五个要求，宣扬译者没有必要为了巩固自己的地位，必须按照每个字词都在翻译中一一对应的原则，只不过教会对柏拉图的作品产生了错误的意会，被冠以崇拜其他宗教的罪名。最后，多雷被认为是拥护无神论的人，被绞杀而死。当人类将其翻译的内容与《圣经》进行对照时发现，罗马时候的翻译竟与它没有一点儿相同之处。当时民族与民族之间不存在平等的地位，尤其是政治上的不平等在文化生活上的反映，实际上，民族与民族之间也是征服与被征服的关系。罗马人为了让异域文化归顺以丰富目的语文化，通常用征服文化和剥夺文化的姿态，对待被征服的古希腊文化。施莱格（Schlegel，2006：219）说："在很多年前的罗马，译者根本不会以这种征服与剥夺的态度对待希腊文化，反而是原封不动地照抄。"维斯（Wilss，1982：29）在他的《翻译学——问题与方法》中借鉴了谢尔菲尔德（Thierfelder）的话语，认为由于罗马帝国的逐步强大，古罗马对古希腊的文化才会用奴隶般的态度全盘接受。随着罗马的强大，古罗马对古希腊文化的态度也发生了变化，他们采取意译、归化的策略，将希腊文化看作是可以掠夺和利用的文化，因而译者在翻译中拥有了很大的主观性。

当蒲柏（Alexander Pope）翻译《荷马史诗》时，留下了一个十分非凡的信件。该信件采用对话的形式进行记叙，主要谈到了蒲柏与一位书商林托特关于翻译的不同见解。当谈到"翻译的情景时"，蒲柏介绍到，"两个不是同一时空的人，突然意识到同行的小伙伴不是自己想象中的模样，而不得不一起前行。当他们再谈到译者时，蒲柏说：你认为应该如何对译者进行统治呢？林托特回复道：他们是最难统治与管理的一个群体，他们没有什么超出常人的能力，却信誓旦旦地说自己掌握了所有国家的语言。"（Pope，1960：92）从这段对话中我们可以一目了然地了解到蒲柏想要传达的意思：译者一直有被社会抛在最外端的风险；万一译者没有创造出成功的翻译，那么一定是译者自身的原因造成的。

（二）中国翻译史中译者的地位

在翻译的标准上，我国自古至今一直践行着"忠实性"的基本要求。一般来说，译者十分尊重原作，并在翻译的过程中十分恪守原则，这也是我国翻译界一直坚持的原理。从古代到现代，凡是在我国留存的翻译中都可以看到受其影响的现象。"翻译作品的人一定要认真践行'忠实性'原则，完全按照原来作品的内容进行翻译，不能随意去除文章的内容。"（廖晶、朱献珑，2005：17）"翻译的人对文化传播的影响往往得不到世人的认可，因为他们不能够在翻译的作

品上留下自己的名字，所以不能够被人们知道。但偶尔有几位翻译的较好的高人可以被记载下来。"（王宏印，2003：26）

自1840年国门被打开，外国列强加大了对我国的剥削与掠夺。为了挽救民族危亡，我国的有识之士开始翻译外来文化作品，并把此当成是寻求与西方对话的一种途径。当翻译活动越来越多的时候，相应的翻译理论也会层出不穷。在特定的历史文化背景下，译者如果是在政治需要和个人利益的驱动下进行的翻译活动，很可能会在翻译上出现一些误差。最典型的例子就是，常常会对作品内容进行任意增删的近代学者林琴南，因为他自己不懂英语，所以采用听别人口头讲授的方式进行翻译，这造成了翻译中的误译现象。

被称为我国近代译学之父的严复，学识渊博，翻译的外来作品更是不计其数。他曾经提出很多实用的翻译标准，比如"信、达、雅"至今仍然对翻译学家有着巨大的影响。严复认为，译者的第一要务是"忠实"，他只是从翻译实践的角度对译者提出了一些要求，即"不倍原文"。但是，他忽略了译者的主观能动性在翻译过程中的影响。因此，在这种情况下，译者仍然处于一个被动的位置。

（三）译者地位的思辨

在世界翻译的历史长河中（个别时期除外），译者一直处于历史研究的前沿地位。译者的主体性身份也被彰显出来。罗马鼎盛时期和晚清时的翻译相对而言还不是永久的，仅仅是为了适应译入语的社会文化（廖晶，朱献珑，2005）。原始时代流传下来的翻译观倾向于以原作为中心，强调译者应该完全忠于原文。传统翻译理论坚信译者能够反映作者的初衷、本意和思想风格等，因而在原来既定的翻译观影响下，译者必须继续践行"忠实"原则。

倾向于以作者为中心的理论和倾向于以原作为中心的理论构成了主客体相悖的理论，而"忠实"原则也产生于此理论。当人们接受了这种思想之后，便会努力去实现。因此，一旦译者采用语言作为一种描摹世界的手段，作者就获得了很多的权利。如果译者能够找到一种合适的方法去翻译，就一定能够理解作者的原意。事实上，这是作者的独白语言。此类倾向于以原语为中心的翻译观对翻译者提出了十分严格的标准，认为只有博学多才、见多识广的人才能成为译者，因而便提前铺设了一种原来的作品中肯定有且会一直存在的重大影响。一旦译者没有达到很高深的才识进行翻译时，便会被当成一种"罪人"。在这种情况下，原作和作者便会一直位于译者敬仰的高度，而译者只能处于被动地位，相当于"隐形人"。而人们对翻译的简单化认识根源于人们对客观现实世界、精神世界和语言之间关系的简单化认识。

　　自 1900 年以来西方哲学经历了从语言学到文化研究的过渡，学界也对译者的身份进行了新的评定。传统翻译理论"忠实"在解构主义的视角中受到了怀疑和睥睨，而且解构主义者认为"翻译是作者创作的后续"，宣称"如果让翻译完全地忠于原来的作品是绝对不会发生的"（Benjamin，2004：77）。本杰明认为，原作可以被译者进行改动，因为译者在改动的过程其实上也是原作生命的延续。因此本杰明将译作比成原文的"后续生命"。本杰明这种特殊的见解，一方面突破了传统翻译理论一直遵循的"忠实"原则；另一方面消除了原文与译作之间的对立关系。从解构主义的角度来看，译者的身份不再和以前一样是著者的"奴仆"，反而纵身一跃成了作品的"诠释者"。

二、译者主体性的彰显

　　传统翻译理论受到解构主义的影响出现一些问题时，会不自然地使人们对传统的翻译理论进行反思。首先，解构主义者在引进"延异"定义的时候，就已经推翻了原来的"逻各斯中心主义"，完全没有遵循我国一直坚持的原则。"延异"一方面意味着，任何符号都与别的符号有关系；另一方面意味着，只要是一个存在的作品，肯定会和别的文学作品存在部分重叠的内容，这就造成了内容上的"互文性"。解构主义打破了文章的组织顺序，同时违背了"忠实"原则。其次，解构主义者将译者和作者都看成是创作的主体，降低了作者在创作活动中的核心地位。因而，译者在翻译的时候具有相当大的自主性，让作品在原有情节的基础上不断发展。再次解构主义者希望翻译中存在差异，而不是将所有的翻译慢慢地变成一个类型。

　　"翻译的主体为了达到自己理想的翻译效果，不断发挥自己的想象力和创造力，同时不违背作者的本意，这种过程体现了翻译的人的自觉性"（查明建、田雨，2003：22）。从事翻译的人员主要是译者，他们把"使原语文化更好地融入目的语文化"看作任务，以便译者在能动地操纵原文本的情况下，更好地达到翻译目的。译者主体性可以理解为译者的主观能动性，主要有两个特性：第一，译者能够根据需要自主地进行决定和选择；第二，许多因素会对译者造成影响，如译者所处的时代背景、两种语言的差异、文学研究状况以及社会政治文化环境等。

　　在翻译学界有很多著名的观点，谈到翻译的人会受到先入为主、固定的思维模式的影响，对文章内容产生一些误解。由于译者的思维方式、世界观、价值观以及生活环境的不同，不同的译者会对同一部作品产生不同的理解。在翻译时，译者为了能够更好地表现原作的文化背景，可以对文章内容进行适当的删改。具体可以从以下几个方面进行研究。

第一，译者主体性在翻译材料选择阶段的体现。

如果翻译的人在明白了自己想要把作品翻译成什么样的效果和自己为什么翻译这部作品的情况下，那么她（他）就不会对所有的作品进行翻译，而只是翻译其中的一部分。举个很好的例子来说，近代著名学者——严复，当他意识到我国是出于多么落后的社会发展水平，而西方是多么先进的社会发展水平时，并没有将外国的全部作品进行翻译，只是挑选了其中的一部分，主要是政治等方面的作品。因为他清楚地认识到只有技术科技不能够挽救中华民族，只有让人们了解到其他民族优秀的思想观念及上层建筑时，才有可能增强中华民族的实力，实现富国强兵的目的。

译者的主体性地位在林语堂的 *Moment in Peking* 中得到了很好的彰显。林语堂一直想把这一文学著作翻译成英文，好让世界各地可以欣赏中国古典文化的艺术，尽管他在红楼梦的研究上有非凡的成就，但由于《红楼梦》中古典文化元素被运用得无处不在，因此很难用流利的英语表达其艺术魅力。在这种情况下，林语堂对《红楼梦》有深入的研究，有了一些灵感，于是写了一部很伟大的作品，这部著作的突出之处就在于它清楚明了地表现了当时的社会情景。所以，《红楼梦》对 *Moment in Peking* 的影响巨大，无论是人物还是故事情节中都随处可见。

第二，译者主体性在原文理解阶段的体现。

在翻译的过程中，译者是具有双重身份的人——读者和译者。从读者的角度来看，译者只有在读懂原文的前提下，才可以对文章进行翻译。只不过译者的读解文章并不是全盘认可作者的观点和见解。即使是同一部作品，也会由于译者的不同而产生不同的看法。从翻译的人来看，每一个个体都会对文章内容有自己独一无二的看法。因为人们往往受到先入为主的思维方式的影响，从而对文章内容的理解产生一些偏差。除了这些，翻译的人的已有知识水平和经验既会影响译文的水平，又会影响译者对原文的理解。"对同一个作品会有不同的理解"这种观点曾经在解构主义的"延异"概念中就有所说明，并且在古代好多学者的作品中都会有类似的现象存在。古代老子在《道德经》中所谈到的话就被后来翻译的人进行各种不同的理解，尤其是关于"道"的看法，每个人根据不同的思维方式都有不同的看法。

第三，译者主体性在译文表达阶段的体现。

翻译是一个发挥译者主观能动性的过程。译者可以根据自己的语言文化习惯、原文本的内容和风格来决定自己的表达方式、翻译方法及策略。与此同时，翻译的人为什么进行翻译这部作品和怎样翻译这部作品也会有很大的影响。此外，根据译者的意识形态、目的语文化的主流诗学等选择不同翻译策略、翻译方式以及表达方式。

比如，英译本的《红楼梦》，霍克斯的出发点是读者是否能够接受，翻译的目的是为了能够让许多英语读者喜欢上阅读中国的古典文化名著《红楼梦》，因而他采取了以读者为中心的"归化"翻译策略。在翻译的过程中，他从读者的角度进行思考，为了使读者读起来比较流畅，使用了大量的英语习语；为了使读者更加容易理解，还在译文中插入一些额外的文化背景信息，坚持了以"读者"为中心的归化翻译策略。与他不同的是，杨宪益希望我国的优秀传统文化能够传播到世界各地，于是采用了倾向于作者的战略手段。两个人采用的翻译策略是根据两个人的主观选择决定的结果。

三、译者操纵翻译策略

"忠实"是学界公认的翻译原则之一。王东风（2004：5）认为，"翻译的人常常会在遵循这一原则的情况下，自主地遵守别的要求，像'流畅''自然'等。"

我们可以很清楚地了解到，相同的事物在不同的文化环境中可以用不同的形式表现出来，不同的表现风格和"通顺"特征又会受到不同表现形式的影响。举个例子来说，汉语中的成语"对牛弹琴"在英语中则为"speak to the wind"。显而易见，两者的表现形式和风格不同，但是两者表达的含义却是相同的。此外，我们从译入语的角度来看，两者的通顺程度也有差异。从汉语的角度来说，"对着风说话"是不符合逻辑的，因此根据语境和习惯的要求，只能将"对着风说话"翻译成"对牛弹琴"；从传达信息的角度来看，这样的翻译既符合"忠实"的原则，又符合逻辑。但在某种程度上，把译入语的语言行为习惯、文化价值观强加给了另一种语言，明显抛弃了原来的文化背景。

从本质上来看，原文和原作者比较倾向于"忠实"原则，翻译的时候读者喜欢坚持"流畅"原则。"作者在最开始创作文章的时候并不是写给以后想要翻译的人，而是打算把文章写给所有的可以进行阅读的人参看的，当时的社会环境和翻译的人的文化水平不存在直接的影响，万万不能把两者混为一谈，它们是不一样的。"（王东风，2004：5）这些足以说明，翻译的人既要坚持做到字字落实，又要使文章自然流畅，是十分不切实际的。洪堡特在 1799 年写的一封信中说："每个人的翻译都是一个不完整的项目，当翻译的人进行翻译时，他（她）或多或少地会对原文的理解产生一些偏差。有可能会更加倾向于作者的初衷，不顾自己的语言文化情况；也有可能会坚持按照自己国家的语言文化习惯进行翻译，这样便会不顾作者本来的初衷。翻译的人很难做到把两者平衡，也可以说可能性几乎为零"。（引自 Wilss，1982：35）

施莱尔马赫认为，"翻译的人能够在不违背原来作者初衷的情况下，选择性地倾向于读作品的人；也能够在不影响阅读的人理解的情况下，选择性地倾向于写作的人。"（引自 Wilss，1982：33）立足于原来的翻译学角度来看，翻译学倾向于以读者为中心。简而言之，译者在不改变作者初衷的情况下，更加向读者靠拢。但是，译者在向读者倾斜的同时，难免会违背一些作者的创作初衷，这样的违背只是在一定程度上的改写。所以，在翻译的过程中存在"不忠"的现象也是正常的。

实际上，译者在翻译过程中的"形"与"意"的分离是由不同语言之间的区别决定的。此外"不可译性"和"不忠实"又是受到"形"与"意"分离影响的。在不同国家的语言中，不同的词汇有着不同的语言行为习惯。假如用一个与原文文化没有一点儿关系的词来代替原文，那么它表达的意思并不是作者想要表达的意思，而是译者心中的想法和观点。所以，在这种情况下，译文是不可能完全忠实于原文的。

举个例子来说，林语堂先生是一位有高深造诣的大师，特别是在中西方文化方面，他都用自己的行为来让世人了解他对优秀的语言的驾驭能力。即使是在翻译文学作品时，也不可能一一对应、字字落实地翻译，因为他想要让世界感受我国传统文化的魅力，所以他对待经典诗歌和词往往采取一种既保留又宣扬的态度。所以，在翻译时不用非做到字字落实。那么，他到底是用什么样的方式掌握翻译作品的呢？一般地认为，如果是一篇优秀的翻译作品，表现出来的就必须是与最初的文章特别相近的，并且是特别真实流畅的。在实现这一翻译目的的过程中，译者会遇到一些困难，因为语言是独一无二的，并且其存在和发展一定有非凡的社会文化做保障。作者所在国家的语言运用习惯和目的语国家的不一定一样，如果能够把作者所写到的内容全部用目的语国家的语言表达出来，特别具有挑战性。所以，在这种束手无策的形势下，为了使译作呈现原文的精髓，操纵便成了一种走向理想译文的不可或缺的灵活的方法。为了保障译文精髓传达的准确性和译本的贴切、自然，译者可以在理解原文的基础上对其中必要的内容进行改动，目的是为了最大程度地表达作品的高深意思。韦努蒂曾提到，"既然翻译这种活动能够进行下去，那么在翻译时一定是充分尊重目的语的，如果译者在翻译时发现作者最初表达的意思不是这样的，那也没有办法，必须以目的语为重要参照。在目的语的文化范围内，找到一条出路。"韦努蒂的观点在一定程度上为译文对原文操纵提供了坚实的理论依据。

实际上，操纵违背了传统意义上的"忠实"翻译理论，译者根据自己的语言文化习惯和目的对原文内容进行适当的改动。不同的文本、不同的读者等因素都会影响译者的目的。因而，译者在自己的目的与利益的驱动下，必须确切地把握这个度，而如何确切地把握这个度具体表现在以下几个方面：判断方法是否得当；操纵后的文字是否准确、忠实；读者是否能够接受。

第三节　文化生态视角下的翻译教学展望

生态学是一门主要致力探索生物体与其周围环境（包括非生物环境和生物环境）间关系的学问。从 20 世纪发展至今，它已经属于当今社会的显学之一。用生态知识理论引导学术研究也逐渐成为学术发展的一个热点。与此同时，它的原理广泛地被用于人文社会科研中，为解决许多生活中纷繁复杂的问题提供了参照的标准。当人们的思维方式和三观不断朝着进步的方向发展时，它更有利于给当代翻译创造出一片新的天地；当别的研究领域不断借鉴类比和移植等巧妙的手段时，它更有利于促进一些新奇的复杂事物不断产生和发展，如利用生态理论知识进行的翻译。从生态一体化的视角出发，着眼于探索生态系统的翻译，努力追寻找到生态和"翻译群落"之间关系的跨学科研究被称为"生态翻译学"。总而言之，生态翻译学是立足于生态学并借鉴其研究方法和手段对翻译的探索和思考。

翻译方面的教育不断朝着规模化、正规化的方向前进，目前正在努力挣扎不受传统翻译理念的影响，并试图不再受到其他传统知识的束缚，真正成为一个拥有绝对自由的个体，但是这需要对原来的翻译知识体系进行全面的考查。针对以往在教学中付出大收获小的结果来看，我们是不是对教学理念的理解还有些不太恰当的地方，认识还不达不到多方面的综合水平？本节从生态翻译学的角度出发，思考与翻译教学有关的最为普遍的几个问题，并尝试在原来问题的基础上提出改进措施。

一、生态翻译学的整体观和系统观

生态学提倡关注全局之间的内在逻辑联系及其影响的研究方法，而且这些活动都是在全局性研究的框架之内，生态翻译学的主要思想是以生态学的整体观为指导思想展开的深入探索和思考，他们主要深入探讨一些关于翻译界中全局性和一体性的问题。

一般来说，只要是生态系统就都存在许多性质特点，如整体性、双向性等。正是因为这些性质特点的存在，才能够让整体中的要素形成相互依存、相互影响的关系，形成一种和谐统一的整体。翻译生态系统是一个和谐统一的整体，因而系统内部的各个要素也是整齐划一的。我们可以从整体性的角度考虑，再从总体与部分、组成元素与组成元素、总体与外在因素之间的相互影响的联系上进行思考，努力追求对研究对象进行全面、深入的探索。只有通过这种方式，才能够使困难得到有效处理。

在生态学的视野中，凡是生态整体都是由不同的复杂多样的部分共同构成的。生态系统的存在和发展遵循很多条原则，统一性便是其中之一。整体性原则在很多方面都突出表现为统一性，如系统的运行态势、构成部分、功能等方面。我们可以从三个角度对整体性进行考察。

（1）整体超过每个部分的简单相加。当每个部分按照一定的规则建构起来并形成整体时，不同的部分是在互相影响下的情况下产生了新的功能、性质和规律，特别是在产生新质（emergent properties）的时候。然而，当各个要素独立存在、独自作用的时候，则不能够拥有这种功能和规律。

（2）如果形成了一个系统，各个要素便不能够再独立开来。即使独立出去的要素也不会有整个系统的性质、功能和规律。

（3）各个要素在系统中都具有举足轻重的地位和影响。整体性的前提是各个要素相互依存、相互影响，一旦缺少某些重要因素，系统也不再具有整体性的功能和规律。

在系统一体化影响下，翻译界给出过相近的说明：翻译是一个有机统一的整体。系统之所以能够成为一个统一的整体，是因为各个要素之间相互依存、相互影响。同时，整体所拥有的功能远远大于各个部分功能之和，绝不是各个部分功能的简单相加，因而它具有的"牵一发而动全身"的功能，这种特征体现了整体性效应。

从生态翻译学了解到，翻译和大自然差不多。但相比较而言，翻译是一个更加复杂的过程。而且，"整体主义"科学的基础是生态学，强调相互影响的整体性是主要的研究方法。因而，研究的重要内容应该是对翻译生态系统的综合性论证与整合性研究。所以，应努力凭借生态系统观和整体观来对待翻译。当看到一些之前没有看到的不合理之处时，应该对翻译进行充分解释，并学会将这种思考方式运用到翻译授课上，这有利于教学水平的提高。

二、对翻译教学的启示

传统的语言理论是大多数传统翻译教学方法的基础。先对其两种语言特征进行分析比较，然后介绍常用的方法和技巧，如词性转换、词量的增减、词与词的分离以及词序的顺序等。教学顺序大多是从词法到句法：先讲词语的选择、词类的转换、词语数量的增加或减少，接着讲句子的分离和替换以及句子的连续性段落。在课堂上，学生们接触到大量的翻译，并且他们有足够的翻译技巧，可以随意给出添加单词、减去单词、表达正面和负面的例子。但是，在实际翻译实践中则并非如此。因为用这个概念来安排教学活动似乎符合渐进、深入、易到难的学习规律，所以他们可以有条不紊地选择翻译资料，系统地完成教学计划。然而，由于传统的翻译教学方法主要基于两种语言的词汇和句法的对比练习，学生的语言能力可能会得到加强或提高。但是，他们适应实际工作需要的能力却值得怀疑。

从生态翻译学的角度来看，其本质是将翻译技巧的使用和翻译的选择与翻译系统的整体视角分开。生态整体论的观点考虑了整体决策的本质，而双语对比和翻译技巧主要是基于语言的子系统层次、语言层次和词汇层次。各部分的解释和实践大都是相互独立的。由于缺乏整体观点的应用，使用某些翻译技术来翻译时，从某个句子中获得的翻译是孤立、简单、简洁、流畅的。例如，在教授基于英文和中文形式之间合法对比的翻译技巧时，通常不宜将"when、as"这些单词翻译为"何时……"，或翻译的过于西化。如果要考虑整个翻译系统的功能和作用，上述建议值得考虑。例如，如果仍然使用此翻译技术来反映语言的严肃性和舒缓性，有时不一定是可行的。原因在于，在具体的翻译实践过程中，译者作为翻译活动的主体所应用的任何增加、减少、分割或组合的技术，表面上都是语言转换的结果。不同程度的动态选择实际上是译者在当时适应翻译情况的意图。在翻译教学过程中，应该尽量重塑翻译者的翻译生态环境，以便将翻译技巧加以解释并运用到合理的位置。相比之下，基于静态语法和语言比较的翻译技术忽略了翻译活体与翻译生态环境的交互式整合，并将技术视为解决翻译问题的唯一工具和灵丹妙药。

因此，为了便于学习和采用不同的教学方法，有必要考虑翻译工作的整体性。内部因素必须构成整体，所以它们必须服从于整体的独特性能和功能。当判断翻译或翻译的成本时，需要考虑工作系统中各种因素之间复杂而密切的关系，必须用系统的整体视角来理解翻译。为避免这一问题的复杂关系，将翻译的使用和生态系统的整体效果和功能作为一个简单而快速的解决方案。

类似地，按照制度体系，将传统的经典语法作为翻译单元的单词、短语（词组）、习语（成语）、句子（短句，长句）、段落和文章。正如预期的那样，逐步翻译也很难实现。首先从单词到文章的顺序表达了从简单到复杂的语法结构的重要性，但这并不意味着翻译的难度逐渐增加。换句话说，单词的翻译不一定比翻译一个短语简单。其次翻译一篇文章不一定比翻译一句话更复杂。在翻译生态系统中，从单词到文章，从文章到文字，它们不断地相互作用，展示了复杂情境的非线性排列，并形成了一个单一的有机整体。不管哪一个语法单位被用作翻译单位的基础，它都应该被认为只是一种促进学习活动发展的权宜措施，不可避免地带有一定的主观性和决定性。

生态学认为总功能不等于每个组件功能的总和。当各种组件按照一定的规则排列且功能复杂时，由于相互作用和关系的不同，它们会有不同的功能，而新的功能也会很快出现。因此，从整体和部分之间关系的观点描述词的某些组合，分别描述单词、短语（词组）、习语（成语）、句子（短句，长句）、段落和文章等翻译的简单组合，不一定能够填补某个特定翻译功能的某个功能。像翻译复杂的行为一样，其整体效果绝对不是通过以单词和句子为单位的添加来实现的。

一般认为，提高翻译水平的重要手段之一是翻译的正确和错误。确实，这种技术活动可以帮助读者通过比较正确和错误来学习某些东西，因为这会导致翻译人员在翻译过程中十分警觉。但仔细想想，这只会增加语言技能水平或巩固语法知识、扩大词汇量，并且在理解原文时获得更多的价值。如上所述，传统的翻译培训理念是建立在传统语法教学体系的基础上的，因此理解和表达语言的错误当然会成为翻译错误的主要问题。双方都对翻译正确和翻译不正确的比较分析表现出浓厚的兴趣。对语言的误解，对习语和语法错误的误解，包括文化错误，是由于外语水平低而造成的，与翻译的有效性无关。换句话说，即使没有翻译，这个问题仍然会在用外语听、说、读的过程中表达出来。所谓的翻译，至多只能通过双语比较直接揭示这些问题。毫无疑问，这样的翻译分析能否可以提高学生翻译的水平实在让人质疑。

从系统的一般理论角度来看，翻译错误（语言）、翻译批评和被翻译文章的整体风格以及复杂的效果并不一定具有线性因果关系。换句话说，在翻译教学中，双方都可以在"翻译大牛"的翻译中识别出许多缺点，并且纠正和更新错误的翻译。正如一些学者所指出的，"如果你在翻译大师的作品发现一些错误去否定这个翻译大师，中国的翻译大师不能幸免，中国翻译行业也将举步维艰。这是我们的翻译界，尤其是翻译和评论家，值得特别关注的地方。"当然，这种说法并没有漫无目的地批评翻译不基于事实，如果翻译误差仅限于语言的理解和表达语言的口译可以准确地翻译每一个字甚至锱铢必较，那么将不一定组合成理想的杰作。

事实上，如果将错误分为二元错误和不是二元错误，那么使用该语言的错误当然属于前一种错误，后者与翻译错误有关，即不是二元性的错误。显然，二元性的错误是由于缺乏语言能力。译员有足够的双语能力是翻译的先决条件，否则，翻译活动不能被讨论。虽然双语能力的提高，特别是外语能力的提高是无止境的，但翻译人员与他人交流的活动并不是为了提高自己的语言能力。因此，翻译教学中语言水平不足以及目标语言表达错误导致的原有理解错误应视为在没有翻译的过程中的错误结果。在相关翻译人员的选择、翻译过程中的错误，有一些选择是由几个因素所导致，其中存在翻译人员知道或不知道的。比如，翻译者的文化观念、意识形态的操纵和翻译策略的选择等，显示非二元性。

为了澄清这种非二元性，我们必须认识到翻译的创造性和人文性，这是提高翻译能力的关键。

"回译"是一种常见的教学方法，是一个必须值得考虑的教学现象，即将译文再译回原文文章，它可以用作控制翻译质量的手段，用来比较几种翻译和翻译教学。有些人认为，回译和通常的翻译没有什么不同，除了方向相反。回译的方法常用于教授本土语言翻译为外语。例如，当一位教授将中文翻译成英语时，他可以在学生不知道的情况下，将英语翻译为汉语作为汉语翻译为英语的原文，然后让学生翻译。对学生的翻译与英文原文进行比较，以确定将学生翻译水平的优点和缺点。

但是，从生态系统的总体角度来看，环境中只有一些东西的生成、性质、存在和发展趋势是在生态系统本身的演化过程中产生、形成和发展的。事物移动的过程是不可逆转的，事物不仅有各种各样的空间发展，还有其自己的历史。时间与不可逆转的过程有关。一切东西都有自己的进化和发展过程，人们可以根据自己的历史和流程了解复杂的系统。由于时间的不可逆性，生态系统的演化过程也是不可逆的。翻译生态系统也与自然生态系统类似，有一定的空间结构和时间变化。因此，从整体生态过程的角度来看，尽管思维过程具有不可逆性，但仍然存在回译的训练方法。翻译活动中的一个正常现象是重译或多重翻译，但很难找到两个完全相同的翻译。否则，复译将失去其意义。由于翻译生态系统中各种因素之间复杂的相互作用，很难再现这种翻译的特殊时空环境。每个具体的翻译活动都是不可逆转的，每个人的选择也都不一样。在不同时间的选择并不完全相同，因此使用"回译"翻译方法回到原文来检查翻译是否正确是不恰当的。

许多翻译教科书使用回译法来分析翻译的语言风格与原文的语言风格之间的对应关系。虽然这种做法有其特点，但结论值得考虑。如果确定回译的方法可以准确地再现原文的语言风格，那么"忽略翻译上的基本知识。作为例句的原始翻译已经包含对原始英文对原文来源的主观理解，并且已经根据中文表达进行了语际处理，而这些回译者（中国学生）应该使用原始翻译作为重传的新源文本，这意味着在第一次翻译过程中克服两种外语之间的所有差异必须被删除"。从这个意义上说，所有可以从翻译转换成原文的翻译都值得考虑。因此，在翻译教学过程中，特别是在翻译文学文本的过程中，这样的翻译被用作"原创"，以便学生可以将其翻译成原文并根据翻译成的原文作为衡量学生翻译质量的标准翻译，但显然没有理论支持和实践支持。事实上，知名译者吉迪恩·图里指出，翻译的不可逆性决定了对逆向翻译的适当研究不可靠；彼得·纽马克认为，回译仅适用于直译的翻译。对翻译进行反向翻译，反向翻译对于语言差异明显的两种语言没有意义。因此，尽管"回译"可以增加对学习的兴趣，但这可能无助于提高学生的翻译质量。

评估价体系的改进是生态翻译教学体系的重要组成部分之一。在生态翻译理论指导下，基于生态系统的完整性和关系，翻译评价体系应具有以下特点。

从目标的定位到过程的方向和对象定向的评价。目标的方向在操作和细节上很简单。例如，我国英语专业八级的英文翻译要求测试人员每小时翻译250~300个英文单词或汉字。美国翻译协会发布了22种类型的错误，用于评价专业翻译人员的工作和评估翻译结果的方法。然而，估价目标个体的定向，依靠太多定量形式，过分强调公共和一般状况，并且根据所述评价和被评者作为主对象之间的关系，使评价者只能在评价中处于被动，没有地位和话语权。对流程导向的评价强调评价过程本身的价值，并认识到评估是价值评估的过程。

评估的主要内容考虑到学生的具体表现水平，强调了评价人员的理解和具体评估情况的相互作用。人的互动对人的主观性和创造性给予了一定的尊重。因此，强调翻译是一个非线性的探索和生成过程。其中，翻译者不断发现和重新组织自己的想法，以理解原文的意义。在这个过程中，翻译原文意思并考虑到语言的表达。翻译的心理活动直接影响到翻译好坏，从而使翻译者的知识可以不断得到证实。TAP 研究可以用作评估过程方向的方法。

对学科方向的评估认为，评估课程是评价者和被评价者、教师和学生一起创造意义的过程。这种评估关系到教师和学生之间的平等关系，这是一种实质性的关系。评价过程的特点是民主参与、磋商、交流和对话。它侧重于译员培训课程的主要能力，重点在于主体和整体及部分。这种关系强调了翻译者对生态环境翻译的理解和感受，在对话中建立了翻译意义模型，尊重个体差异和人类情感，并评价翻译者动员主动权的各种能力。此外，主体的意图也随着现代教育所强调的形成性评价的趋势和量化结果被侵蚀，主要观点的评价也鼓励主体积极参与其他人的自我评估和评估。他们相互学习，在互动评估活动中互相鼓励。他们帮助人们以诚实和客观的态度了解自己并提高自我反思的能力。因此，在翻译教学中，教师应该积极鼓励学生反思自己的翻译活动以求改进。同时，应鼓励学生在翻译问题上评价和建议教师，并在测试过程中反思和评价他人。这种自我评价方法与其他评价相结合，可以充分反映翻译活动在生态翻译环境中的复杂性、相对性和人文性。因此，该主题的方向是生态的。在课程评估中引入生态学的概念，充分体现了课程评估时代的精神，也意味着翻译教学模式的转变。

对上述生态翻译的整体观念进行总结，可以使一些重大问题上面的分析和反思环境转移到整体的角度，进而对双方学习、拓展视野、转变观念产生了巨大的效益。当然，我们可以再次对与它相关的其他更复杂的问题进行反映。例如，看到了所谓的"翻译标准"和学生翻译之间的关系，是否以一个老师或学生为中心，教学是否被翻译的结果导向或者以翻译过程为指导。

我们相信，随着生态翻译理论的不断发展，将进一步丰富和完善包括完整性在内的翻译生态系统研究，进一步加深对翻译教学及其组成要素的互动和影响，从而真正提高学习者的实际翻译能力。

参考文献

[1] VENUTI, LAWRENCE. The Translators Invisibility[M]. Shanghai：Shanghai Foreign Language Education Press，2004.

[2] ANDERMAN G，M ROGERS. Translation Today：Trends and Perspectives [M]. Beijing：Foreign Language Teaching and Research Press，2004.

[3] BAKER M. Routledge Encyclopedia of Translation Studies [M]. Shanghai：Shanghai Foreign Language Education Press，2004.

[4] BAKER M. In Other Words：A Coursebook on Translation [M]. Beijing：Foreign Language Teaching and Research Press，2000.

[5] BASSNETT S. Translations Studies（3rd ed.）[M]. Shanghai：Shanghai Foreign Language Education Press，2004.

[6] CATFORD J C. A Linguistic Theory of Translation：An Essay in Applied Linguistics [M]. London：Oxford University Press，1965.

[7] GENTZLER E. Contemporary Translation Theories（Revised 2nd ed.）[M]. Shanghai：Shanghai Foreign Language Education Press，2004.

[8] GUTT E A. Translation and Relevance：Cognition and Context [M]. Shanghai：Shanghai Foreign Language Education Press，2004.

[9] HATIM B. Communication across Culture[M]. Shanghai：Shanghai Foreign Language Education Press，2001.

[10] HATIM B，I MASON. Discourse and the Translator [M]. Shanghai：Shanghai Foreign Language Education Press，2001.

[11] HU W. Crossing Cultural Barriers [M]. Beijing：Foreign Language Teaching and Research Press，2004.

[12] LEFEVERE A. Translating Literature：Practice and Theory in a Comparative Literature Context[M]. Beijing：Foreign Language Teaching and Research Press，2006.

[13]　NEWMARK P. Approaches to Translation [M]. Shanghai：Shanghai Foreign Language Education Press，2001a.

[14]　NIDA E A. Toward a Science of Translating [M]. Shanghai：Shanghai Foreign Language Education Press，2004.

[15]　ROBINSON D. What Is Translation—Centrifugal Theories，Critical Interventions[M]. Beijing：Foreign Language Teaching and Research Press，2007.

[16]　SINGER M R. Intercultural Communication：A Perspective Approach[M]. N. J.：Prentice-hall Inc，1987.

[17]　KITTEL H，A P. Interculturality and the Historical Study of Literary Translations [M]. Beijing：Foreign Language Teaching and Research Press，2007.

[18]　HU W. Selected Readings in Intercultural Communication[C]. Changsha：Hunan Education Press，1990.

[19]　阿诺德·汤因比. 历史研究 [M]. 曹末风，译. 上海：上海人民出版社，1997.

[20]　爱德华·霍尔. 无声的语言 [M]. 刘建荣译. 上海：上海人民出版社，1991.

[21]　爱德华·霍尔. 超越文化 [M]. 韩海深，译. 重庆：重庆出版社，1990.

[22]　李少华. 英语全球化与本土视野中的中国英语 [M]. 银川：宁夏人民出版社，2006.

[23]　王向远，陈言. 二十世纪中国文学翻译之争 [M]. 南昌：百花洲文艺出版社，2006.

[24]　郑延国. 翻译方圆 [M]. 上海：复旦大学出版社，2009.

[25]　埃德加·斯诺. 西行漫记 [M]. 董乐山，译. 北京：生活·读书·新知三联书店，1979.

[26]　卞建华. 传承与超越：功能主义翻译目的论研究 [M]. 北京：中国社会科学出版社，2008.

[27]　邓炎昌，刘润清. 语言与文化 [M]. 北京：外语教学与研究出版社，1989.

[28]　王秉钦. 文化翻译学 [M]. 天津：南开大学出版社，2007.

[29]　刘宓庆. 文化翻译论纲：修订本 [M]. 天津：中国对外翻译出版公司，2007.

[30]　徐晓飞，孙瑞雪，等. 语言认知与文化 [M]. 黑龙江：哈尔滨地图出版社，2012.

[31]　卡伦·维妮. 我们时代的神经症人格 [M]. 徐晓飞，译. 北京：煤炭工业出版社，2017.

[32]　费孝通.反思·对话·文化自觉 [J].北京大学学报，1997（3）：15–22.

[33]　乐黛云.文化自觉与中西文化会通 [J].河北学刊，2008（1）：185–189.

[34]　胡治洪，丁四新.辩异观同论中西—安乐哲教授访谈录 [J].中国哲学史，2006（4）：112–119.

[35]　包通法.论"和而不同"跨文化翻译策略的哲学认知 [J].南平师专学报，2006（1）：94–98.

[36]　蔡毅.关于国外翻译理论的三大核心概念 [J].中国翻译，1995（6）：11–15.

[37]　陈敏.传播学与翻译的创造性 [J].怀化学院学报，2006（10）：150–152.

[38]　陈卫星.跨文化传播的全球化背景 [J].国际新闻界，2001（2）：11–14.

[39]　韩亚文.语言习得中的性别差异探析 [J].南京工业大学学报（社会科学版），2004，（4）：101–104.

[40]　申连云.中国翻译教学中译者主体的缺失 [J].四川外语学院学报，2006，（1）：136–140.

[41]　陈忠华，杨春苑，赵明炜.批评性话语分析述评 [J].外语学刊，2002（1）：82–86.

[42]　冯亚武，刘全福."文化转向"与文化翻译范式 [J].西安外国语大学学报，2008，16（4）：47–50.

[43]　陈琳.文化翻译中语用用意的翻译研究 [J].外国语文，2001，17（6）：82–85.

[44]　彭爱和，伍先禄.论文化中心主义对中西跨文化翻译的操纵 [J].外语学刊，2008（1）：131–133.

[45]　李家春，崔常亮.跨文化翻译中的文化缺省现象与文化补偿策略 [J].黑龙江教育学院学报，2007，26（2）：117–119.

[46]　蒋林.后殖民视域：文化翻译与译者的定位 [J].南京社会科学，2007（4）：146–151.

[47]　王建国.翻译的推理空间等距原则与文化翻译 [J].基础外语教育，2002（3）：80–84.

[48]　耿小超，张思洁.论文化翻译策略的选择 [J].内蒙古农业大学学报（社会科学版），2010，12（1）：343–345.

[49]　杨仕章.异化视域中的文化翻译能力 [J].解放军外国语学院学报，2013，36（1）：102–108.

[50]　陈先芝．认知图式理论对文化翻译的启示 [J]. 社科纵横，2004（4）：184–185.

[51]　徐晓飞．英语学习中关于翻译的几点思考 [J]. 科技信息（科学教研），2008（20）：587.

[52]　徐晓飞．外语教育中的跨文化交际问题 [J]. 科学技术创新，2010（22）：191–191.

[53]　徐晓飞．心理语言学理论与大学外语教学 [J]. 大众文艺，2010（18）：285–285.

[54]　徐晓飞，房国铮．文化语言学与外语教学 [J]. 教育探索，2011：34–35.

[55]　徐晓飞．英汉委婉语在语用上的几点思考 [J]. 大众文艺，2011（20）：157–158.

[56]　徐晓飞．全球化背景下翻译出版过程中的对话与文化传递 [J]. 出版广角，2016（1）：46–47.

[57]　徐晓飞．德意志民族主义的"摈斥"思想和行为探究 [J]. 中国比较文学，2016（4）：36–46.

[58]　房国铮．语言的立体交叉教学方式 [J]. 牡丹江师范学院学报（哲学社会科学版），2004（04）：65–66.

[59]　房国铮．日语方言用语粗考 [J]. 牡丹江师范学院学报（哲学社会科学版），2006（03）：60–61.

[60]　房国铮，徐晓飞．外语教学中加强基本范畴词汇的重要 [J]. 科技信息（科学教研），2008（05）：250–250.

[61]　房国铮．对外语教育中文化问题的思考 [J]. 黑龙江科技信息，2009（07）：165–165.

[62]　房国铮．跨文化交际与外语教学 [J]. 科技资讯，2010（05）：209–209.

[63]　房国铮．语言的象似性研究 [J]. 大舞台，2010（11）：99–101.

[64]　房国铮，徐晓飞．小议隐喻在教育教学中的价值 [J]. 教育探索，2011（04）：29–30.

[65]　房国铮．平淡的压抑——日本作家川端康成《风中之路》解读 [J]. 名作欣赏，2011（05）：43–44.

[66]　徐晓飞，房国铮．文化语言学与外语教学 [J]. 教育探索，2011（08）：34–35.

[67] 房国铮,徐晓飞.利用多元智能理论培养应用型人才[J].大众文艺,2011(12)：271–272.

[68] 房国铮.《古事记》的修史与史观[J].黑龙江教育学院学报，2013（10）：122–123.

[69] 房国铮.外语教学中的语言文化整合观[J].大众文艺，2013（11）：243–243.

[70] 房国铮,徐晓飞,娄德欣.高等学校外语教学法新编[M].黑龙江：哈尔滨地图出版社，2009.

[71] 房国铮，王雪，王奕丽.第二语言习得：学习者与社会文化[M].黑龙江：黑龙江省朝鲜民族出版社，2012.

[72] 房国铮.文化语言学研究[M].黑龙江：哈尔滨地图出版社，2012.

索 引